MINISTÈRE DES FINANCES.

SUPPLÉMENT

A L'INSTRUCTION GÉNÉRALE

SUR

LE SERVICE DES POSTES.

MANUEL

DES FRANCHISES.

PARIS,
DE L'IMPRIMERIE ROYALE.

Juillet 1833.

AVERTISSEMENT.

Le présent Manuel offre, divisées en deux parties, les exemptions de taxe ou franchises attribuées à la correspondance de service des fonctionnaires publics.

La première partie comprend les franchises déterminées par la seule qualité des destinataires, sans égard à la qualité des expéditeurs; elle a pour titre : *Des Franchises sans condition de contre-seing*.

La seconde partie comprend les franchises déterminées à la fois par la qualité des destinataires et par la qualité des expéditeurs; elle a pour titre : *Des Franchises sous la condition d'un contre-seing*.

Ces deux parties, qui renferment, dans une suite de tableaux, tout le système des franchises, sont précédées d'une Introduction où l'on s'est appliqué à réunir dans un ordre méthodique les diverses dispositions règlementaires, relatives aux franchises, qui sont contenues dans les deux premiers volumes de l'Instruction générale.

Les franchises sans condition de contre-seing, qui font l'objet de la première partie du Manuel, sont classées dans l'ordre de leur étendue. Les fonctionnaires et les personnes à la correspondance desquels se rapportent ces franchises sont présentés dans l'ordre hiérarchique.

La seconde partie du Manuel, qui traite des franchises sous la condition d'un contre-seing, offre :

1° Dans une première colonne, et classés selon l'ordre alphabétique, les fonctionnaires autorisés à contre-signer leur correspondance de service;

2° Dans la colonne suivante, en regard de chaque contre-signataire, et classés également selon l'ordre alpha-

1.

bétique, les fonctionnaires auxquels la correspondance du contre-signataire doit être remise exempte de taxe.

De cette disposition principale des tableaux composant la seconde partie du Manuel des franchises, il résulte que, dans le cas où deux fonctionnaires sont autorisés à correspondre, et où ils doivent par conséquent contre-signer les lettres qu'ils s'adressent réciproquement, chacun d'eux figure tour à tour à son ordre alphabétique, et en regard de l'autre, dans la première et dans la seconde colonne de ces tableaux.

Lorsque deux fonctionnaires sont dans cette position, on dit que leur contre-seing est réciproque.

Pour indiquer sur-le-champ la réciprocité du contre-seing, on a fait suivre d'un astérisque la désignation du fonctionnaire destinataire.

Cependant, deux observations sont à faire à ce sujet :

Premièrement, la réciprocité du contre-seing ne donne pas toujours au fonctionnaire à qui cette réciprocité est accordée, la faculté d'expédier ses lettres à son correspondant sous la même forme que celui-ci est autorisé à employer vis-à-vis de lui. Pour connaître cette forme, il est donc nécessaire de se reporter à la page du Manuel où ce fonctionnaire figure, à son ordre alphabétique, comme contre-signataire.

En second lieu, il existe certains cas où la réciprocité du contre-seing est indiquée à la suite de la désignation du fonctionnaire destinataire, et où, cependant, il serait inutile de chercher ce même fonctionnaire à son ordre alphabétique, comme contre-signataire par rapport à son correspondant. C'est ce qui arrive lorsque ce correspondant jouit déjà de la franchise, à raison de sa qualité, dans la circonscription où le fonctionnaire à qui il écrit se trouve lui-même placé : dans ce cas, il est évident que le contre-seing de celui-ci est surabondant.

On a ouvert, dans les tableaux dont se compose ce Manuel, quatre colonnes qui renvoient au deuxième volume de l'Instruction générale, pour donner le moyen de consulter, au besoin, soit le texte des dispositions règlementaires, soit les tableaux de circonscription.

Une colonne d'observations contient, en outre, les explications que rendent nécessaires certaines franchises qui s'écartent des règles habituelles.

On a ménagé, dans la colonne 2, en regard de chacun des contre-signataires dont les relations sont les plus étendues, une ou plusieurs lignes en blanc, pour qu'on puisse y inscrire, à la suite des correspondants qui existent déjà, les correspondants qui pourraient être ajoutés à ceux-ci par la suite. C'est dans le même but qu'on a laissé, à la fin de chaque série de fonctionnaires classés sous une même lettre, une ou plusieurs pages disponibles, où pourront être inscrits les contre-signataires de nouvelle création, ainsi que leurs correspondants et les conditions de la franchise.

Dans les cas de création ou de suppression de franchises, la colonne d'observations pourra servir à mentionner, en regard des correspondances créées ou supprimées, les décisions ou circulaires qui auront introduit ces modifications.

Enfin, on a cru devoir ajouter à ce travail, sous la forme d'Appendice, le tableau des franchises attribuées par le règlement sur les postes militaires, en date du 1er mars 1823, à la correspondance de service des officiers et fonctionnaires faisant partie des armées. Cette Appendice, établie d'après le même plan que le Manuel, se trouve à la fin du volume.

INTRODUCTION.

§ 1er.

La correspondance de service des fonctionnaires publics est exempte de taxe. (Art. 332 de l'Instruction générale.)

L'exemption de taxe s'appelle franchise.

§ 2.

On distingue deux espèces de franchises :

1° La franchise qui est déterminée par la qualité seule du fonctionnaire à qui l'on écrit, sans égard à la qualité de celui qui écrit; (Art. 331 de l'Instruction générale.)

2° La franchise qui est déterminée à la fois par la qualité de celui qui écrit et par la qualité de celui à qui l'on écrit.

§ 3.

Pour que la première de ces deux espèces de franchises reçoive son application, il suffit que la qualité du destinataire soit exactement indiquée sur l'adresse des lettres qui lui sont envoyées. Les auteurs de ces lettres n'ont pas besoin de se faire connaître.

§ 4.

L'application de la seconde espèce de franchise ne peut avoir lieu que sous la condition que l'auteur de la correspondance de service sera connu. (Art. 333 de l'Instruction générale.)

L'auteur se fait connaître en apposant, sur l'adresse des lettres, son contre-seing.

§ 5.

(Art. 333 de l'Instruction générale.)

On entend par contre-seing la désignation des fonctions de l'envoyeur, suivie de sa signature. La désignation des fonctions de l'envoyeur peut être imprimée sur l'adresse de la lettre, ou indiquée par un timbre; mais la signature doit être mise à la main.

§ 6.

(Art. 335 et 338 de l'Instruction générale.)

Par exception au principe établi dans le paragraphe précédent, le Roi, le Prince royal et les fonctionnaires de l'Etat, désignés dans le tableau n° 1 annexé au présent Manuel, ne contre-signent pas leur correspondance; ils la font frapper d'une griffe délivrée par l'administration des postes.

Cette griffe est confiée à une seule personne, qui demeure responsable de son usage.

§ 7.

(Art. 340 et 341 de l'Instruction générale.)

Excepté les divers agents du trésor, qui peuvent, mais en cas d'absence ou de maladie seulement, déléguer leur contreseing à des fondés de pouvoirs, nul n'a le droit de déléguer le contre-seing qui lui est attribué.

§ 8.

(Art. 341 de l'Instruction générale.)

Lorsqu'un fonctionnaire se trouve empêché de remplir ses fonctions pour cause d'absence, maladie ou autre motif légitime, le contre-seing passe au fonctionnaire qui vient immédiatement après lui dans la hiérarchie des grades. Celui-ci, en contre-signant chaque lettre, doit énoncer sa qualité, et indiquer qu'il remplit *par intérim* les fonctions auxquelles le contre-seing est attribué.

§ 9.

(Art. 342 de l'Instruction générale.)

On peut tolérer dans le contre-seing l'omission des mots *par intérim*, si le fonctionnaire suppléant les remplace par l'indication de la cause pour laquelle le fonctionnaire à qui appartient le contre-seing est éloigné de ses fonctions.

§ 10.

Le contre-seing des avocats-généraux et des substituts est admis, pourvu que ces magistrats indiquent qu'ils agissent pour le procureur-général ou pour le procureur du Roi *empêché*. L'omission du mot *empêché* donne lieu à l'application de la taxe; mais les lettres et paquets ainsi taxés pourront être ouverts au bureau de destination, conformément au § 33 ci-après. (*Art. 343 de l'Instruction générale.*)

§ 11.

Les sous-intendants militaires, en cas d'absence ou d'empêchement, peuvent être remplacés par les conseillers de préfecture, les sous-préfets et les maires, suivant les localités; et dans les lieux où il n'existe pas de sous-intendant militaire, les sous-préfets, les maires ou les lieutenants de Roi peuvent en remplir les fonctions. Dans ces diverses positions, le contre-seing de ces fonctionnaires doit être ainsi conçu : (*Art. 343 de l'Instruction générale.*)

Dans le premier cas,

Le conseiller de préfecture, *Le sous-préfet,* *Le maire,*	*remplaçant le sous-intendant militaire;*

Dans le second cas,

Le sous-préfet, *Le maire,* *Le lieutenant de Roi,*	*faisant fonctions de sous-intendant militaire.*

§ 12.

Les fondés de pouvoirs des agents du trésor doivent contresigner de cette sorte : (*Art. 344 de l'Instruction générale.*)

Pour le receveur général, *Pour le receveur particulier,* *Pour le payeur,*	*absent ou malade, le fondé de pouvoirs.*

§ 13.

(Art. 354 de l'Instruction générale.)

Les journaux et publications de librairie, les échantillons de toute espèce et les registres reliés ou cartonnés, ne sont point considérés comme correspondance de service et ne peuvent pas jouir de l'exemption de taxe, quand bien même ces objets seraient revêtus d'un contre-seing d'ailleurs valable.

§ 14.

Sont assimilés toutefois à la correspondance de service les objets ci-après désignés, savoir :

(2e volume de l'Instruction générale, page 89.)

1° Le *Bulletin des lois* et le *Bulletin des arrêts de la Cour de cassation*, expédiés dans tout le royaume par le directeur de l'Imprimerie royale et par l'administration du Bulletin des arrêts de la Cour de cassation ;

(2e volume de l'Instruction générale, page 94.)

2° Le *Journal officiel militaire* adressé, sous le contre-seing du ministre de la guerre, à divers officiers de l'armée et à certains fonctionnaires publics désignés page 116 du présent Manuel.

(Circ. n° 13, du 20 avril 1833.)

3° Le *Bulletin de la Société d'encouragement pour l'industrie nationale*, adressé, sous le contre-seing du ministre du commerce et des travaux publics, aux fonctionnaires à l'égard desquels ce contre-seing opère la franchise;

(Idem.)

4° Le *Recueil des Annales scientifiques et administratives de l'agriculture*, adressé, sous le contre-seing du ministre du commerce et des travaux publics, aux préfets, et, sous le contre-seing des préfets, aux sous-préfets de leurs départements respectifs;

(Idem.)

5° L'ouvrage intitulé : *Description des Machines et Procédés consignés dans les brevets d'invention*, et les *Prospectus des écoles royales des arts et métiers* à Châlons et à Angers, adressés, sous le contre-seing du ministre du commerce et des travaux publics, aux fonctionnaires à l'égard desquels le contre-seing de ce ministre est valable;

(Circ. n° 15, du 15 juillet 1833.)

6° Les ouvrages élémentaires, destinés à être distribués gratuitement aux élèves indigents, mais seulement lorsqu'ils sont présentés *sous bandes*, revêtus du contre-seing du ministre de l'instruction publique, et adressés aux préfets, aux sous-préfets, aux recteurs des académies et aux présidents des comités d'arrondissement de l'instruction primaire;

7° Toutes publications faites directement par le Gouvernement, ou par ses agents en son nom, telles que budgets, rapports, comptes-rendus, circulaires, proclamations, affiches, lorsque ces pièces, expédiées d'ailleurs sous un contre-seing valable, portent un titre ou une signature indiquant qu'elles émanent, soit d'un ministre secrétaire d'État, soit d'un fonctionnaire, soit d'une commission nommée par le Gouvernement; *(Circ. nº 13, du 20 avril 1833.)*

8° Les échantillons pour servir au jugement des espèces, et les poinçons de garantie relatifs au service des monnaies, ainsi que les poinçons destinés à la marque de révision des poids et mesures; *(2e volume de l'Instruction générale, page 170.)*

9° Les registres reliés ou cartonnés qui seraient, en tout ou seulement en partie, remplis à la main, et qui porteraient ainsi le caractère de pièces de comptabilité ou de correspondance administrative, à condition qu'ils seront pliés ou ficelés de manière que les préposés des postes puissent facilement en vérifier le contenu. *(Art. 355 de l'Instruction générale.)*

§ 15.

Pourront également être admis à circuler en exemption de taxe, quand même ils seraient présentés sous la forme de registres cartonnés, les objets ci-après désignés, savoir : *(Art. 356 de l'Instruction générale.)*

1° Les listes électorales et du jury;

2° Les registres destinés à l'inscription des actes de l'état civil.

§ 16.

La correspondance de service admise à circuler en franchise peut être présentée sous deux formes différentes : *(Art. 346 de l'Instruction générale.)*

1° Sous enveloppe ou sous pli;

2° Sous bandes;

§ 17.

La faculté de présenter la correspondance de service sous enveloppe ou sous pli est permanente ou éventuelle. *(Art. 348, 1er volume, et page 83, 2e volume.)*

§ 18.

Le Roi, le Prince royal et les fonctionnaires de l'État, désignés dans le tableau nº 2 annexé au présent Manuel, jouissent d'une manière permanente, du droit de faire expédier leur correspondance sous enveloppe ou sous pli. *(2e volume de l'Instruction générale, pages 82, 83 et 84.)*

2.

§ 19.

(*Art. 348 de l'Instruction générale.*) Les fonctionnaires publics désignés dans le tableau n° 3, annexé au présent Manuel, peuvent, mais éventuellement, et seulement *en cas de nécessité*, expédier sous enveloppe ou sous pli la correspondance qu'ils adressent aux fonctionnaires à l'égard desquels leur contre-seing est valable.

§ 20.

(*Art. 349 de l'Instruction générale.*) Le fonctionnaire qui est autorisé, *en cas de nécessité*, à expédier sa correspondance sous enveloppe ou sous pli, doit, indépendamment de son contre-seing, indiquer par une note sur l'adresse, qu'il y a nécessité de fermer la lettre ou le paquet.

§ 21.

(*Art. 350 de l'Instruction générale.*) Les lettres ou papiers relatifs au service, expédiés sous bandes, ne doivent être ni cachetés, ni fermés par des fils ou attaches quelconques sous les bandes qui les couvrent.

§ 22.

(*Art. 347 de l'Instruction générale.*) La largeur des bandes ne peut excéder le tiers de la surface de la lettre ou du paquet.

§ 23.

(*Art. 230 et 365 de l'Instruction générale.*) Les lettres contre-signées doivent être remises aux mains des préposés des postes.

Celles qui auraient été jetées à la boîte seront soumises à la taxe, à moins qu'elles ne soient adressées à des fonctionnaires ayant déjà droit à la franchise à raison de leur seule qualité.

§ 24.

(*Art. 333 de l'Instruction générale.*) Les lettres et paquets adressés à des personnes jouissant, à raison de leur qualité, de la franchise *illimitée*, ne doivent jamais être reçus à l'affranchissement.

§ 25.

(*Art. 303 de l'Instruction générale.*) Les directeurs ne doivent appliquer aux lettres et paquets circulant en franchise la formalité du chargement que sur une réquisition écrite et signée du fonctionnaire qui fait l'envoi.

Cette réquisition sera annexée au registre des chargements en envoi.

§ 26.

Les lettres et paquets circulant en franchise qui seront présentés au chargement ne peuvent être adressés qu'à un fonctionnaire à l'égard duquel l'envoyeur a droit de contre-seing. (Art. 304 de l'Instruction générale.)

Ces lettres ou paquets seront sous bandes, lorsque le fonctionnaire qui les expédie ne jouit du contre-seing que sous bandes.

Dans ce dernier cas, les bandes doivent être fermées de deux cachets en cire avec empreinte, ainsi qu'il est prescrit à l'égard des chargements expédiés sous enveloppe. Ces cachets ne doivent porter que sur les bandes.

§ 27.

Les chargements expédiés en franchise sont inscrits au registre et sur la feuille spéciale des chargements, à la suite des chargements affranchis et des chargements d'office. (Art. 303 de l'Instruction générale.)

§ 28.

Les lettres et paquets chargés, circulant en franchise, doivent porter, sur l'adresse, le timbre du bureau expéditeur, le timbre : *Chargé*, et le numéro d'enregistrement. (Art. 306 de l'Instruction générale.)

§ 29.

La perte d'une lettre ou d'un paquet chargé, circulant en franchise, ne donne droit à aucune indemnité. (Art. 307 de l'Instruction générale.)

§ 30.

Lorsque les formalités prescrites par les règlements sur les franchises n'auront pas été remplies, les directeurs des postes en feront faire aussitôt la remarque aux expéditeurs. (Art. 351 de l'Instruction générale.)

Si les rectifications à faire peuvent avoir lieu avant le départ du courrier, les directeurs insisteront pour qu'elles soient immédiatement effectuées.

§ 31.

(Art. 358 de l'Instruction générale.)

Si les fonctionnaires dûment avertis de l'omission des formalités prescrites ne se rendent pas aux observations des directeurs, ces préposés soumettront à la taxe les lettres et paquets pour lesquels on aurait refusé de se conformer aux formalités, et ils en informeront le directeur de l'administration.

§ 32.

(Art. 357 de l'Instruction générale.)

Dans le cas de suspicion d'abus, ou d'omission des formalités prescrites, les directeurs des postes, soit au départ, soit à l'arrivée, taxeront les lettres et paquets.

Le motif de l'application de la taxe devra être exprimé, sur l'adresse de la lettre ou du paquet taxé, par la citation du numéro de l'article de l'Instruction générale dont les dispositions auraient été enfreintes.

§ 33.

(Art. 358 de l'Instruction générale, et circ. nº 12 du 28 fév. 1833.)

Lorsque les directeurs reconnaîtront, soit par le contreseing régulier ou irrégulier apposé sur une lettre ou un paquet de service soumis à la taxe, soit par tout autre indice extérieur, que cette lettre ou ce paquet a été expédié par un fonctionnaire autorisé à écrire en franchise au destinataire, ils devront proposer à ce destinataire de faire l'ouverture de la lettre ou du paquet au bureau et en leur présence.

§ 34.

(Art. 358 de l'Instruction générale.)

Si, de la vérification *sommaire* qui aura lieu en vertu du paragraphe précédent, il résulte que les paquets ne contiennent que des lettres ou papiers de service non cachetés, le directeur en fera la remise en exemption de taxe, et il constatera ce résultat au dos de l'enveloppe ou des bandes, par ces mots : *Ne contenait rien d'étranger au service.*

L'omission de cette déclaration pourra donner lieu à faire tomber à la charge du directeur la taxe du paquet.

§ 35.

(Idem.)

Si, parmi les pièces contenues dans un paquet ouvert en vertu du § 33 ci-dessus, il se trouve des lettres cachetées, portant l'adresse du fonctionnaire désigné dans la suscription extérieure du paquet, ces lettres pourront être également soumises à l'ouverture.

§ 36.

Les directeurs conserveront, pour servir à la justification de la détaxe des lettres et paquets désignés dans les paragraphes précédents, les bandes, enveloppes ou portions d'adresse sur lesquelles la taxe aura été appliquée. (*Art. 760 de l'Instruction générale.*)

§ 37.

Si le directeur ne pouvait obtenir la portion d'adresse sur laquelle la taxe serait appliquée, il se ferait délivrer, par le fonctionnaire auquel la lettre est adressée, un certificat constatant les motifs qui s'opposent à ce que l'adresse de la lettre soit produite. (*Art. 761 de l'Instruction générale.*)

Ce certificat sera signé par le fonctionnaire et devra énoncer le nom du lieu d'où venait la lettre, la qualité de l'envoyeur ainsi que la taxe dont cette lettre était frappée.

§ 38.

Le fonctionnaire destinataire ou la personne déléguée par lui pour faire l'ouverture des lettres à détaxer émargera l'état n° 443, sur lequel les détaxes doivent être inscrites. (*Art. 763 de l'Instruction générale.*)

§ 39.

Sauf les cas prévus au § 51 ci-après, lorsqu'il aura été reconnu que les objets renfermés dans un paquet sont étrangers aux fonctions du destinataire ou adressés à d'autres que lui, les directeurs en dresseront procès-verbal et enverront ces objets, avec une expédition du procès-verbal, au directeur de l'administration des postes, qui en rendra compte au ministre des finances. (*Art. 359 de l'Instruction générale.*)

§ 40.

Si, parmi les objets abusivement renfermés dans les paquets qui auront été soumis à l'ouverture en vertu du § 33 précédent, il se trouve des papiers relatifs aux fonctions du destinataire, ces papiers seront délivrés sur-le-champ et sans taxe; les di- (*Art. 360 de l'Instruction générale.*)

recteurs ne retiendront, pour les envoyer au directeur de l'administration, avec le procès-verbal d'ouverture, que les lettres et objets étrangers au service.

§ 41.

(Art. 362 de l'Instruction générale.)

L'ouverture et la vérification *sommaire* des lettres et paquets taxés pour cause d'infraction aux règlements sur les franchises, devant toujours avoir lieu au bureau de poste, les fonctionnaires destinataires qui seraient empêchés ou qui doivent être dispensés de s'y rendre, se feront remplacer par une personne autorisée d'eux.

§ 42.

(Art. 362 de l'Instruction générale, et circ. n° 12 du 22 fév. 1835.)

Il est bien entendu que l'ouverture et la vérification au bureau de poste ne sont autorisées que pour les lettres et paquets dont les auteurs ont le droit de contre-seing à l'égard des destinataires; cette ouverture est autorisée quand bien même les auteurs ne seraient reconnus que par un contre-seing irrégulier, ou par tout autre indice existant à l'extérieur des lettres ou paquets.

§ 43.

(Art. 363 de l'Instruction générale.)

Les lettres et paquets adressés à des fonctionnaires publics, qui auront été refusés à cause de la taxe, et dont les auteurs n'ont pas le droit de contre-seing à l'égard de ces fonctionnaires, seront envoyés immédiatement à Paris et traités comme rebuts.

§ 44.

(Idem.)

Les lettres et paquets taxés dont les auteurs ont le droit de contre-seing à l'égard des destinataires, mais que ces destinataires auront refusé à la fois de retirer et d'ouvrir en présence du directeur des postes, seront envoyés immédiatement à Paris et traités comme rebuts.

§ 45.

(Art. 364 de l'Instruction générale.)

Dans le cas prévu par le paragraphe précédent, les directeurs énonceront au dos des lettres et paquets le double refus d'en acquitter le port et d'en faire ou laisser faire l'ouverture, par ces mots : *Refusé à cause de la taxe et refus d'ouvrir.*

L'omission de ces énonciations, ou l'envoi tardif des lettres et paquets à Paris, pourra donner lieu à faire tomber à la charge des directeurs les taxes dont ces objets auront été frappés.

§ 46.

Tout paquet présumé contenir des publications de librairie qui sera expédié de Paris sous un contre-seing et avec une taxe, sera accompagné d'une note imprimée, collée sur la suscription, et conçue dans les termes suivants : (Circ. nº 13 du 20 avril 1833.)

N° 784. **ADMINISTRATION DES POSTES.**

[illegible]

[illegible]

[illegible]

[illegible]

Paquet contresigné par

adressé à , pesant gr.,

et contenant les imprimés ci-après désignés, savoir :

TITRE DES IMPRIMÉS.	NOMBRE des volumes.	[illegible]	NOMBRE de pages.

§ 47.

L'exécution des dispositions prescrites dans la note précédente donnera lieu, de la part des inspecteurs, dans le cours de la vérification des comptes du produit ordinaire de la taxe des lettres, à l'application des règles ci-après indiquées. (Circ. nº 13 du 20 avril 1833.)

§ 48.

(*Circ. nº 13 du 20 avril 1835.*)

Les détaxes des paquets contenant des imprimés qui auront été retenus par suite de l'ouverture de ces paquets, seront admises, par les inspecteurs des postes, dans la vérification des détaxes, sur le vu de la déclaration constatant que le contenu des paquets a été envoyé à Paris, avec le procès-verbal d'ouverture.

§ 49.

(*Idem.*)

Les détaxes des paquets contenant des imprimés qui auront été délivrés en franchise, ne seront admises par les inspecteurs, dans les comptes des directeurs, qu'autant que les titres des imprimés, reproduits dans les déclarations des directeurs annexées aux bandes ou enveloppes, fourniront la preuve que ces imprimés étaient réellement publiés par le Gouvernement, ou par ses agents en son nom.

§ 50.

(*Idem.*)

S'il résulte de ces déclarations que les imprimés délivrés en franchise n'avaient pas droit à l'exemption de taxe, l'inspecteur établira le montant de la taxe de dimension (1) dont ces imprimés étaient passibles, à raison, tant de leur nature que de leur format et du nombre de pages, et il forcera en recette du montant de cette taxe les directeurs qui auront mal à propos délivré ces imprimés en franchise.

§ 51.

(*8e volume de l'Instruction générale.*)

Sont admises à circuler en franchise, mais seulement sous le contre-seing des préfets, des sous-préfets, des maires et des receveurs de l'enregistrement, dans les cas et aux conditions exprimés dans les paragraphes suivants, les correspondances de service désignées ci-après :

Page 115.

1° La correspondance relative au service de la garde nationale;

(1) Voyez article 198 et suivants de l'Instruction générale.

2° La correspondance relative au service de l'agence judiciaire du trésor; *Page 128.*

3° La correspondance relative au recouvrement des droits à percevoir par la régie de l'enregistrement; *Page 130.*

4° La correspondance entre le préfet du Finistère à Quimper et le receveur des douanes à Morlaix; *Page 111.*

5° La correspondance entre le préfet de la Corse et les receveurs de l'enregistrement dans ce même département. *Page 130.)*

§ 52.

Les officiers, sous-officiers et autres personnes exerçant des fonctions dans la garde nationale, qui sont désignés dans le tableau n° 4, annexé au présent Manuel, devront remettre la correspondance qu'ils auront à expédier pour le service au préfet, au sous-préfet ou au maire du lieu de leur résidence, selon les localités. *(2ᵉ volume de l'Instruction générale, page 116.)*

§ 53.

Toutes les pièces dont se composera la correspondance désignée dans le paragraphe précédent, devront être exclusivement relatives au service de la garde nationale; elles seront signées par leurs auteurs, et mention expresse sera faite, au-dessous de la signature, du grade ou de la qualité des signataires. *(Idem.)*

§ 54.

Les pièces mentionnées ci-dessus ne pourront être ni pliées en forme de lettres, ni revêtues d'adresses extérieures, ni cachetées, ni fermées par des fils ou attaches quelconques; elles seront simplement pliées en deux ou en quatre. *(Idem.)*

§ 55.

Le préfet, le sous-préfet ou le maire, entre les mains de qui ces pièces seront déposées, les fera revêtir de deux bandes croisées, de la largeur prescrite par le § 22 précédent, apposera son contre-seing sur ces bandes, et adressera le tout, selon les localités, au maire, au sous-préfet ou au préfet du lieu de destination. *(Idem.)*

Cette correspondance ne pourra circuler que dans l'étendue du département où elle aura pris naissance.

§ 56.

(2e volume de l'Instruction générale, page 128.) Les avoués agrégés à l'agence judiciaire du trésor public dans les départements correspondent en franchise avec les avoués qui sont leurs correspondants dans les arrondissements, mais seulement sous le couvert et le contre-seing du préfet et des sous-préfets de leur département, et à la charge de remettre leurs lettres et paquets *ouverts* aux préfectures et sous-préfectures.

§ 57.

(2e volume de l'Instruction générale, page 130.) Les receveurs de l'enregistrement et les conservateurs des hypothèques adressent aux maires et en reçoivent en franchise, *sous bandes*, les avertissements destinés aux redevables de l'enregistrement. Ces avertissements, dont la formule est imprimée, peuvent contenir de l'écriture à la main; mais ils ne doivent être ni cachetés, ni pliés en forme de lettres, ni revêtus d'adresses extérieures.

§ 58.

(2e volume de l'Instruction générale, page 131.) Le préfet du Finistère, à Quimper, est autorisé à correspondre en franchise avec le receveur des douanes, à Morlaix. Cette correspondance doit être expédiée sous le couvert du sous-préfet de Morlaix.

§ 59.

(2e volume de l'Instruction générale, page 130.) Les receveurs de l'enregistrement en Corse sont autorisés à faire parvenir en franchise au préfet, et à recevoir de lui, sous le couvert des sous-préfets et des maires, les états de taxes à témoins, qui doivent être revêtus du visa de ce magistrat.

PREMIÈRE PARTIE.

DES FRANCHISES
SANS CONDITION DE CONTRE-SEING.

Explication des Signes et Abréviations employés dans les colonnes 2, 3 et 4 des Tableaux composant le Manuel des franchises.

Signe employé dans la colonne 2.		L'Astérique *, placé à la suite de la désignation du fonctionnaire, indique que le contre-seing est réciproque. (*Voir l'Avertissement, page 4.*)

Abréviations employées dans la colonne 3.	L. F.	*signifie*	Lettres fermées, c'est-à-dire, sous enveloppe ou sous pli.
	S. B.	———	Sous bandes.
	S. B. *	———	Sous bandes, avec faculté de fermer, c'est-à-dire, de mettre sous enveloppe ou sous pli, *mais seulement en cas de nécessité.*

Abréviations employées dans la colonne 4.	Arr. acad.	*signifie*	Arrondissement académique.
	Arr. cant.	———	Arrondissement cantonnal.
	Arr. insp. har.	———	Arrondissement d'inspection des haras et dépôts d'étalons.
	Arr. ing. en ch. m. u.	———	Arrondissement des ingénieurs en chef des mines et usines.
	Arr. ing. ord. m. u.	———	Arrondissement des ingénieurs ordinaires des mines et usines.
	Arr. insp. div. p. ch.	———	Arrondissement des inspections divisionnaires des ponts et chaussées.
	Arr. insp. g. d'arm.	———	Arrondissement des inspecteurs généraux d'armes.
	Arr. insp. lot.	———	Arrondissement des inspecteurs de la loterie.
	Arr. mar.	———	Arrondissement maritime.
	Arr. rec. enreg.	———	Arrondissement des receveurs de l'enregistrement.
	Arr. rec. pp. doua.	———	Arrondissement des recettes principales des douanes.
	Arr. s.-pr.	———	Arrondissement de sous-préfecture.
	Circ. dioc.	———	Circonscription diocésaine.
	Circ. har.	———	Circonscription des haras et dépôts d'étalons.
	Circ. m. charp.	———	Circonscription des maîtres charpentiers entretenus.
	Conserv. for.	———	Conservation forestière.
	Contr. c. dir.	———	Contrôle des contributions directes.
	C. roy.	———	Cour royale.
	Dép.	———	Département.
	Dir. d'art.	———	Direction d'artillerie.
	Dir. doua.	———	Direction des douanes.
	Dir. du gén.	———	Direction du génie.
	Div. har.	———	Division des haras.
	Div. insp. en ch. lot.	———	Division des inspecteurs en chef de la loterie.
	Div. insp. m. u. ...	———	Division d'inspection des mines et usines.
	Div. mil.	———	Division militaire.
	Insp. doua.	———	Inspection des douanes.
	Insp. ec. conf. d'Aug.	———	Inspection ecclésiastique de la confession d'Augsbourg.
	Lég. gend.	———	Légion de gendarmerie.
	Ress. cons. loc.	———	Ressort des consistoires locaux.
	S.-insp. doua.	———	Sous-inspection des douanes.
	Subd. mil.	———	Subdivision militaire.
	Tout le R.	———	Tout le Royaume.

ÉTENDUE des FRANCHISES ACCORDÉES sans condition de contre-seing.	DÉSIGNATION DES FONCTIONNAIRES et des personnes qui jouissent de la franchise à raison de leur qualité et sans condition de contre-seing.	FORME sous laquelle la correspondance circulant en franchise doit être présentée.	ARRONDISSEMENT, circonscription ou ressort dans l'étendue duquel la correspondance circule en franchise.	RENVOI au deuxième volume de l'Instruction générale, pour le texte des dispositions réglementaires.		pour les tableaux de circonscription.		OBSERVATIONS.
				Page.	Article.	Nos des tableaux	Page.	
1.	2.	3.	4.	5.	6.	7.	8.	9.
	§ I. *Famille royale.*							
	Le Roi. La Reine. S. A. R. Madame Adélaïde, princesse d'Orléans, sœur du Roi. Les Princes et Princesses, fils et filles du Roi.	L. F.	Tout le R.	78	I.	«	«	
	§ II. *Maison du Roi.*							
	L'intendant général de la liste civile. L'administrateur du domaine privé. L'aide-de-camp du Roi chargé du service de la maison du Roi. Les aides-de-camp du Roi, de service. Les secrétaires du cabinet du Roi.	L. F.	Tout le R.	78	II.	«	«	
Franchise illimitée.								
	§ III. *Maisons de LL. AA. RR.*							
	Le secrétaire des commandements de S. A. R. le duc d'Orléans, prince royal. Le secrétaire des commandements de S. A. R. le duc de Nemours.	L. F.	Tout le R.	78	III.	«	«	
	(*La suite au verso.*)							

ÉTENDUE des FRANCHISES ACCORDÉES sans condition de contre-seing.	DÉSIGNATION DES FONCTIONNAIRES et des personnes qui jouissent de la franchise à raison de leur qualité et sans condition de contre-seing.	FORME sous laquelle la correspondance circulant en franchise doit être présentée.	ARRONDISSEMENT, circonscription ou ressort dans l'étendue duquel la correspondance circule en franchise.	RENVOI au deuxième volume de l'Instruction générale, pour le texte des dispositions réglementaires.		pour les tableaux de circonscription.		OBSERVATIONS.
				Page.	Article.	Nos des tableaux.	Page.	
1.	2.	3.	4.	5.	6.	7.	8.	9.
	§ IV. *Grands Fonctionnaires de l'État.*							
	Le président de la Chambre des Pairs. . . .							
	Le président de la Chambre des Députés. .							
	Le grand référendaire de la Chambre des Pairs.							
	Les ministres secrétaires d'état à département.							
	Le grand chancelier de la Légion d'honneur.							
	Le président du contentieux du Conseil d'état.							
	Le premier président de la Cour de cassation.							
	Le premier président de la Cour des comptes.							
	Le procureur général de la Cour de cassation.							
	Le procureur général de la Cour des comptes.							
	Le commandant supérieur des gardes nationales de Paris et du département de la Seine.							
	Le commandant de la 1re division militaire.							
Franchise illimitée. (*Suite.*)	Le commandant de Paris et du département de la Seine.	L. F.	Tout le R.	29	IV.	»	»	
	Le préfet de police.							
	Le directeur général des ponts et chaussées et des mines.							
	Le directeur général de l'enregistrement et des domaines.							
	Le directeur de l'administration des forêts.							
	Le directeur de l'administration des douanes.							
	Le directeur de l'administration des contributions indirectes.							
	Le directeur de l'administration des tabacs.							
	Le directeur de l'administration des postes.							
	Le directeur de l'administration de la loterie.							
	Le directeur de l'administration de la caisse d'amortissement et de la caisse des dépôts et consignations.							
	Le secrétaire général du Conseil d'état. . . .							
	Le commissaire du Roi près la commission d'indemnité des colons de Saint-Domingue.							

(*La suite ci-contre.*)

ÉTENDUE des FRANCHISES ACCORDÉES sans condition de contre-seing.	DÉSIGNATION DES FONCTIONNAIRES et des personnes qui jouissent de la franchise à raison de leur qualité et sans condition de contre-seing.	FORME sous laquelle la correspondance circulant en franchise doit être présentée.	ARRONDISSEMENT, circonscription ou réseau dans l'étendue duquel la correspondance circule en franchise.	RENVOI au deuxième volume de l'Instruction générale.				OBSERVATIONS.
				pour le texte des dispositions réglementaires.		pour les tableaux de circonscription.		
				Page.	Article.	N.os des tableaux.	Page.	
1.	2.	3.	4.	5.	6.	7.	8.	9.
Franchise illimitée (*Suite.*)	*Grands Fonctionnaires de l'État* (*Suite.*)							
	Le secrétaire général près la commission d'indemnité des colons de Saint-Domingue.	L. F.	Tout le R.	79	IV	"	"	
	L'intendant civil à Alger.							
	§ V.							
	Le directeur de l'imprimerie royale.	S. B.	Tout le R.	88	12	"	"	Cette franchise ne s'applique qu'aux demandes d'abonnement au Bulletin des lois.
	L'administrateur en chef du Bulletin des arrêts de la Cour de cassation.			89	13	"	"	Cette franchise ne s'applique qu'aux demandes d'abonnement au Bulletin des arrêts.

ÉTENDUE des FRANCHISES ACCORDÉES sans condition de contre-seing.	DÉSIGNATION DES FONCTIONNAIRES et des personnes qui jouissent de la franchise à raison de leur qualité et sans condition de contre-seing.	FORME sous laquelle la correspondance circule en franchise doit être présentée.	[illegible] dans l'étendue duquel la correspondance circule en franchise.	RENVOI au deuxième volume de l'Instruction générale, dans le texte des dispositions réglementaires.		dans les tableaux de contre-seing.		OBSERVATIONS.
				Page.	Article.	N° des tableaux.	Page.	
1.	2.	3.	4.	5.	6.	7.	8.	9.
	§ I.							
	Les procureurs généraux	L. F. ou S. B.	C. roy.	81 87	I 5	5	130	
	Les procureurs du Roi près les Cours d'assises	L. F. ou S. B.	Dép.	81 88	II 7	2	130	
	Les procureurs du Roi près les tribunaux de 1re instance	L. F. ou S. B.	Arr. a.-pr.	81 88	III 6	"	"	
	Le sous-chef de l'état-major des gardes nationales de Paris et du département de la Seine	L. F. ou S. B.	Dép. de la Seine	"	"	"	"	
	§ II.							
Franchise limitée	Le lieutenant-général commandant supérieur des 4e, 12e et 13e divisions militaires	L. F. ou S. B.	4e, 12e et 13e divisions militaires	64	3	6	130	[illegible]

ÉTENDUE des FRANCHISES ACCORDÉES sans condition de contre-seing.	DÉSIGNATION DES FONCTIONNAIRES et des personnes qui jouissent de la franchise à raison de leur qualité et sans condition de contre-seing.	FORME sous laquelle la correspondance circulant en franchise doit être présentée.	ARRONDISSEMENTS, circonscriptions ou rayons dans l'étendue desquels la correspondance circule en franchise.	RENVOI au deuxième volume de l'Instruction générale, pour le texte des dispositions réglementaires.		pour les tableaux de circonscription.		OBSERVATIONS.
				Page.	Articles.	N^os des tableaux.	Page.	
1.	2.	3.	4.	5.	6.	7.	8.	9.

ÉTENDUE des FRANCHISES ACCORDÉES sans condition de contre-seing.	DÉSIGNATION DES FONCTIONNAIRES et des personnes qui jouissent de la franchise à raison de leur qualité et sans condition de contre-seing.	FORME sous lesquelles la correspondance circulant en franchise doit être présentée.	ARRONDISSEMENT, circonscription ou ressort dans l'étendue duquel la correspondance circule en franchise.	RENVOI au deuxième volume de l'Instruction générale,				OBSERVATIONS.
				POUR le texte des dispositions réglementaires.		POUR les tableaux de circonscription.		
				Page.	Article.	Nos des tableaux.	Page.	
1.	2.	3.	4.	5.	6.	7.	8.	9.

DEUXIÈME PARTIE.

DES FRANCHISES

SOUS LA CONDITION D'UN CONTRE-SEING.

DÉSIGNATION DES FONCTIONNAIRES ET DES PERSONNES		FORME sous laquelle la correspondance circulant en franchise doit être présentée.	ARRONDISSEMENT, circonscription ou ressort dans l'étendue duquel la correspondance réciproquement contre-signée circule en franchise.	RENVOI au deuxième volume de l'Instruction générale,				OBSERVATIONS.
autorisés à contre-signer leur correspondance de service. (Article 253 de l'Instruction générale.)	auxquels la correspondance de service des fonctionnaires et des personnes désignés dans la colonne ci-contre doit être remise en franchise.			POUR le texte des dispositions réglementaires.		POUR les tableaux de circonscriptions.		
				Pages.	Articles.	Nos des tableaux.	Pages.	
1.	2.	3.	4.	5.	6.	7.	8.	9.
LE ROI ET LA FAMILLE ROYALE.								
Le Roi (1)	Tous fonctionnaires et toutes personnes indistinctement	L. F.	Tout le R.	82	»	»	»	(1) Le contre-seing du Roi est exercé, savoir : 1° Par l'intendant général de la Liste civile, au moyen d'une griffe portant ces mots : *Service du Roi*, et d'une autre griffe portant ces mots : *L'Intendant général de la Liste civile*; 2° Par l'administrateur du domaine privé, au moyen d'une griffe portant ces mots : *Service du Roi, l'administrateur du domaine privé*; 3° Par le secrétaire en chef du cabinet du Roi, au moyen d'une griffe portant ces mots : *Service du Roi, cabinet du Roi*; 4° Par l'aide-de-camp du Roi, chargé du service de la maison du Roi, au moyen d'une griffe portant ces mots : *Service du Roi, maison du Roi*; 5° Par l'aide-de-camp de service près de S. M., au moyen d'une griffe portant ces mots : *Service du Roi, l'aide-de-camp de service*.

DÉSIGNATION DES FONCTIONNAIRES ET DES PERSONNES		FORME sous laquelle la correspondance circulant en franchise doit être présentée.	ARRONDISSEMENT, circonscription ou rayon dans l'étendue duquel la correspondance contre-signée circule en franchise.	RENVOI au deuxième volume de l'Instruction générale,				OBSERVATIONS.
autorisés à contre-signer leur correspondance de service. (*Article 353 de l'Instruction générale.*)	auxquels la correspondance de service des fonctionnaires et des personnes désignés dans la colonne ci-contre doit être remise en franchise.			entre le texte des dispositions réglementaires.		entre les tableaux de classement.		
				Page.	Article.	Nos des tableaux.	Page.	
1.	2.	3.	4.	5.	6.	7.	8.	9.
FAMILLE ROYALE.								
S. A. R. le duc d'ORLÉANS, prince royal (1).........	Fonctionnaires publics, officiers de terre et de mer, et employés tant civils que militaires relevant de l'autorité, soit des ministres secrétaires-d'état, soit de l'intendant général de la Liste civile*	L. F.	Tout le R.	83	[illegible]	[illegible]	[illegible]	(1) Ce contre-seing s'opère au moyen d'une griffe délivrée par l'administration des postes.

DÉSIGNATION DES FONCTIONNAIRES ET DES PERSONNES autorisés à contre-signer leur correspondance de service. (Article 353 de l'Instruction générale.)	DÉSIGNATION DES FONCTIONNAIRES ET DES PERSONNES auxquels la correspondance de service des fonctionnaires et des personnes désignés dans la colonne ci-contre doit être admise en franchise.	FORME sous laquelle la correspondance doit circuler en franchise des fonctionnaires précités.	ARRONDISSEMENT, circonscription ou ressort, dans l'étendue duquel la correspondance officielle contre-signée circule en franchise.	RENVOI au deuxième volume de l'Instruction générale. Suite du texte des dispositions réglementaires. Pages.	Articles.	Suite des tableaux de contre-seings. Nos d'ordre des tableaux.	Pages.	OBSERVATIONS
1.	2.	3.	4.	5.	6.	7.	8.	9.
	A							
Adjoints des maires exerçant le ministère public près les tribunaux de simple police.	Juges d'instruction*	S. B.	Arr. s.-pr.	83	6	[illegible]	[illegible]	
	Premiers présidents des cours royales*	S. B.	C. roy.	86	2	2	143	
	Présidents des cours d'assises*	S. B.	Département où se tiennent les assises (1)	87	3	[illegible]	[illegible]	(1) Cette franchise s'étend même au lieu de la résidence ordinaire des présidents des cours d'assises.
Administrateur de l'hôtel royal des militaires invalides.	Administrateurs des hospices civils, dans les lieux où il n'existe pas d'hôpit. militaires*							
	Colonels chefs d'état-major des divisions militaires*							
	Commandants d'artillerie*							
	Commandants des brigades de gendarmerie*							
	Commandants des corps militaires*							
	Commandants des dépôts de recrutement*	S. B.*	Tout le R.	98	8	[illegible]	[illegible]	
	Commandants des dépôts de remonte*							
	Commandants des détachements militaires*							
	Commandants des écoles royales militaires*							
	Commandants des places, forts et postes*							
	Conseils d'administration des corps militaires*							
	Conseils d'administration des deux régiments d'infanterie de la marine*							
	Conseil d'administration du dépôt des régiments d'infanterie de la marine (dépôt colonial), à *Landerneau**	S. B.*	»	98	8	»	»	
	Conseils de guerre*	S. B.*	Tout le R.	98	8	»	»	
	Directeur de la fabrique de pierres à feu, à *Saint-Aignan**	S. B.*	»	99	8	»	»	
	Directeurs d'artillerie*	S. B.*	Tout le R.	98	8	»	»	
	Directeurs des fortifications*							
	Directeurs des manuf. royales d'armes*							
	Greffier en chef de la cour des comptes	L. F.	»	100	23	»	»	Cette franchise ne concerne que l'envoi des comptes et pièces transmis à la cour des comptes.
	Inspecteurs des fonderies*							
	Inspecteurs des forges*							
	Inspecteurs des manuf. royales d'armes*							
	Inspecteurs des poudreries*							
	Inspecteurs des raffineries de salpêtre*							
	Inspecteurs généraux d'armes en tournée*							
	Intendants militaires*							
	Lieutenants généraux commandant les divisions militaires*							
	Lieutenants de Roi des places de guerre*							
	Maires*	S. B.*	Tout le R.	98	8	»	»	
	Maréchaux de France*							
	Maréchaux de camp commandant les subdivisions militaires*							
	Offic. comptables du service des hôp. milit.*							
	Officiers de gendarmerie*							
	Officiers de la garde municipale de Paris*							
	Officiers du bataillon de voltigeurs corses*							
	Officiers du génie*							
	Préfets*							
	Présidents des conseils d'administration des corps militaires*							

(La suite au verso.)

DÉSIGNATION DES FONCTIONNAIRES ET DES PERSONNES autorisés à contre-signer leur correspondance de service. (Article 333 de l'Instruction générale.)	auxquels la correspondance de service des fonctionnaires et des personnes désignés dans la colonne ci-contre doit être remise en franchise.		Forme sous laquelle la correspondance circulant en franchise doit être présentée.	Département, circonscription ou canton dans l'étendue duquel la correspondance valablement contre-signée circule en franchise.	Renvoi au deuxième volume de l'Instruction générale, pour le texte des dispositions réglementaires. Page.	Article.	pour les tableaux de circonscription. N° des tableaux.	Page.	OBSERVATIONS.
1.	2.		3.	4.	5.	6.	7.	8.	9.
Administrateur de l'hôtel royal des militaires invalides... (Suite.)	Présidents des conseils d'administration des deux régiments d'infanterie de la marine*		S. B.*	Tout le R.	86	8	»	»	
	Président du conseil d'administration du dépôt des régiments d'infanterie de la marine (dépôt colonial), à Landerneau*...		S. B.*	»	93	8	»	»	
	Présidents des conseils de guerre*.......								
	Procureurs-généraux*..................								
	Procureurs du Roi*....................								
	Sous-inspecteurs des fonderies*........		S. B.*	Tout le R.	98	8	»	»	
	Sous-inspecteurs des forges*...........								
	Sous-intendans militaires*............								
	Sous-intendants militaires adjoints*.....								
	Sous-préfets*..........................								
	....								
	....								
Administrateur en chef des lignes télégraphiques...	Directeurs des télégraphes à........	*Avranches**.......							
		*Baïonne**.........							
		*Blaye**...........							
		*Bordeaux**........							
		*Brest**...........							
		*Calais**..........							
		*Lille**...........							
		*Lyon**............							
		*Marseille**.......							
		*Metz**............							
		*Nantes**..........							
		*Rennes**..........	L. F.	»	113	10	»	»	
		*Semur**...........							
		*Strasbourg**......							
		*Saint-Servan**....							
		*Toulon**..........							
		*Tours**...........							
	Inspecteurs des télégraphes à........	*Argenton**........							
		*Auxerre**.........							
		*Clermont (Meuse)**							
		*Mâcon**...........							
		*Orange**..........							
		*Poitiers**........							
	....								
	....								
	....								
	....								
Administrateur en chef du Bulletin des arrêts de la cour de cassation........	Abonnés au Bulletin des arrêts de la cour de cassation*................		S. B.	Tout le R.	99	13	»	»	
Administrateurs de la marine. (1)	....		»	»	»	»	»	»	(1) Voyez *Chefs d'administration de la marine.*
Administrateurs des classes.. (2)	....		»	»	»	»	»	»	(2) Voyez *Commissaires des classes.*
Administrateurs des établissements de bienfaisance....	Préfets*................................		S. B.	Dép.	110	1	»	»	
	Sous-préfets*...........................		S. B.	Arr. s.-p.	110	2	»	»	

DÉSIGNATION DES FONCTIONNAIRES ET DES PERSONNES autorisés à contre-signer leur correspondance de service. (*Article 153* de l'*Instruction générale.*)	auxquels la correspondance de service des fonctionnaires et des personnes désignés dans la colonne ci-contre doit être remise en franchise.	FORME sous laquelle la correspondance circulant en franchise doit être présentée.	ARRONDISSEMENT, circonscription ou ressort dans l'étendue duquel la correspondance valablement contre-signée circule en franchise.	RENVOI au deuxième volume de l'Instruction générale, pour le texte des dispositions réglementaires. Page.	Article.	pour les tableaux de circonscription. N[os] des tableaux.	Page.	OBSERVATIONS.
1.	2.	3.	4.	5.	6.	7.	8.	9.
Administrateurs des hospices civils, dans les lieux où il n'existe pas d'hôpitaux militaires.	Administrateur de l'hôtel royal des inval.*.	S. B.	″	96	8	″	″	
	Colonels, chefs d'état-major des div. milit.*	S. B.	Div. mil.	94	2	6	150	
	Inspecteurs généraux d'armes*	S. B.	Arr. insp. g. d'arm.	94	6	″	″	
	Inspecteurs généraux de gendarmerie*	S. B.	Tout le R.	96	8	″	″	
	Intendants militaires*	S. B.	Tout le R.	96	8	7	152	
	Lieutenants-généraux commandant les divisions militaires*	S. B.	Div. mil.	94	2	6	150	
	Maréchaux de camp commandant les subdivisions militaires*	S. B.	Subd. mil.	94	2	6	151	
	Officiers de gendarmerie*; de la garde municipale de Paris*; du bataillon de voltigeurs Corses*	S. B.	Tout le R.	98	8	″	″	
	Sous-intendants militaires*; Sous-intendants militaires adjoints*	S. B.	Tout le R.	96	10	7	152	
Agent d'administration de l'atelier du fort *St-François*.	Sous-intendant militaire, à *Saint-Omer**.	S. B.	″	100	22	″	″	
Agent spécial de l'administration sanitaire à *Saint-Nazaire*(1).		″	″	″	″	″	″	(1) Voyez *Délégué de la commission de salubrité navale à Saint-Nazaire.*
Agent spécial des douanes près les tribunaux, à *Douai*(2).	Receveur principal des douanes, à *Lille**.	S. B.	″	134	37	25	218	(2) Ces deux agents spéciaux des douanes ont aussi le contre-seing, relativement aux receveurs subordonnés du même service.
Agent spécial des douanes près les tribunaux, à *Vervins*(2).	Recev. princip. des douanes, à *Aubenton**.	S. B.	″	134	37	25	218	
Agents comptables des vivres et fourrages.	Directeurs des subsistances militaires*	S. B.	Div. mil.	100	24	6	150	
	Intendants militaires*	S. B.	Tout le R.	96	8	7	152	
	Sous-intendants militaires*; Sous-intendants militaires adjoints*	S. B.	Tout le R.	96	10	7	152	
Agents consulaires de France à l'étranger.	Commissions sanitaires à *Boulogne-sur-Mer**, *Calais**, *Cherbourg**, *Dunkerque**, *Granville**, *Gravelines**, *Lannion**, *Montreuil-sur-Mer**, *Paimpol**, *Saint-Brieuc**, *St-Valery-sur-Somme**	S. B.	″	118	2	″	″	
	Intendances sanitaires*	S. B.	Tout le R.	118	2	″	″	
Agents de l'administration des finances, soumis à la vérification des inspecteurs.	Inspecteurs généraux des finances*; Inspecteurs des finances*	S. B.	Tout le R.	125	1	″	″	
Agents généraux des remontes des haras.	Chefs des dépôts d'étalons*; Directeurs des haras*; Inspecteurs généraux des haras*	S. B.	Tout le R.	118	5	″	″	
	Préfets*	S. B.	Div. har.	118	5	16	172	
	Sous-Préfets*	S. B.	Div. har.	118	5	16	173	

DÉSIGNATION DES FONCTIONNAIRES ET DES PERSONNES		FORME sous laquelle la correspondance circulant en franchise doit être présentée.	ARRONDISSEMENT circonscription ou ressort dans l'étendue duquel la correspondance valablement contre-signée circule en franchise.	RENVOI au deuxième volume de l'Instruction générale,				OBSERVATIONS.
autorisés à contre-signer leur correspondance de service. (*Article 358 de l'Instruction générale.*)	auxquels la correspondance de service des fonctionnaires et des personnes désignés dans la colonne ci-contre doit être remise en franchise.			POUR le texte des dispositions réglementaires.		POUR les tableaux de circonscription.		
				Page.	Article.	N.os des tableaux.	Page.	
1.	2.	3.	4.	5.	6.	7.	8.	9.
Archevêques	Curés* Desservants* Grands-vicaires*	S. B.*	Circ. dioc.	106	1	12	167	
	Maires	S. B.	Circ. dioc.	107	2	12	167	Cette franchise ne concerne que l'envoi des mandements imprimés des archevêques.
	Préfets*	S. B.*	Circ. dioc.	106	1	12	167	Pour la correspondance proprement dite.
		S. B.	Circ. dioc.	107	2	12	167	Pour les mandem. impr.
	Premiers présidents des cours royales*	S. B.*	C. roy.	86	2	2	144	
	Présidents des comités d'arrondissement de l'instruction primaire* Présidents des comités communaux de l'instruction primaire*	S. B.*	Circ. dioc.	106	1	12	167	
	Procureurs du Roi près les cours d'assises*	L. F.	Circ. dioc.	88	7	12	167	
	Procureurs du Roi près les tribunaux de première instance*	L. F.	Circ. dioc.	88	6	12	167	
	Recteurs d'académie*	S. B.*	Arr. acad.	108	7	14	172	
	Sous-préfets*	S. B.*	Circ. dioc.	106	1	12	167	Pour la correspondance proprement dite.
		S. B.	Circ. dioc.	107	2	12	167	Pour les mandem. impr.
	Succursalistes* Supérieurs des écoles secondaires ecclés.* Supérieurs des séminaires*	S. B.*	Circ. dioc.	106	1	12	167	
	....							
Architectes du Roi	Conservateur du mobilier de la couronne*	S. B.	»	142	5	»	»	
	Directeur des dépenses des bâtiments de la couronne*	S. B.	»	143	4	»	»	
	Directeur des domaines et du contentieux de la liste civile*	S. B.	»	142	8	»	»	
Archiviste de la couronne	Conservateur des forêts de la couronne* Conservateur des résidences et maisons royales à *Paris** Conservateur du mobilier de la couronne* Directeur des dépenses de la liste civile* Directeur des dépenses des bâtiments de la couronne* Directeur des domaines et du contentieux de la Liste civile* Trésorier de la couronne*	S. B.	»	142	2	»	»	
	....							
Arpenteur employé aux opérations à faire sur le cours de l'*Yonne* et de la *Seine*. (Le S.t *Benoît*)	Ingénieur en chef du canal de Bourgogne, résidant à *Tronchoy* (Yonne), chargé de l'étude des projets d'amélioration de la navigation de l'*Yonne* jusqu'à *Montereau**	S. B.	(1)	120	13	»	»	(1) Cette franchise s'étend à tous les lieux situés sur les bords de la *Seine* et de l'*Yonne*.
Aspirants des mines et usines.	Ingénieurs en chef des mines et usines*	S. B.	Arr. ing. en ch. m. u.	115	9	19	176	
	Ingénieurs ordinaires des mines et usines*	S. B.	Arr. ing. ord. m. u.	115	8	19	176	
Aspirants des ponts et chaussées	Aspirants des ponts et chaussées* Conducteurs des ponts et chaussées sous les ordres des contre-signataires* Élèves des ponts et chaussées* Ingénieurs en chef des ponts et chaussées* Ingénieurs ordinaires des ponts et chaussées*	S. B.	Dép.	120	16	»	»	
	Inspecteurs divisionnaires des ponts et chaussées*	S. B.	Arr. insp. div. p. ch.	126	16	17	174	

DÉSIGNATION DES FONCTIONNAIRES ET DES PERSONNES		FORME sous laquelle la correspondance circulant en franchise doit être présentée.	ARRONDISSEMENT, circonscription ou ressort dans l'étendue duquel la correspondance valablement contre-signée circule en franchise.	RENVOI au deuxième volume de l'Instruction générale.				OBSERVATIONS.
autorisés à contre-signer leur correspondance de service (*Article 352 de l'Instruction générale.*)	auxquels la correspondance de service des fonctionnaires et des personnes désignés dans la colonne ci-contre doit être remise en franchise.			POUR le texte des dispositions réglementaires.		POUR les tableaux de circonscription.		
				Page.	Article.	Nos des tableaux.	Page.	
1.	2.	3.	4.	5.	6.	7.	8.	9.
Aspirants des ponts-et-chaussées dans les départements de l'*Aisne*, de l'*Oise* et de *Seine-et-Oise*	Ingénieur en chef, chargé de la navigation de l'*Oise**	S. B.	″	121	13	″	″	
Aspirants des ponts et chaussées dans les départements de l'*Allier*, du *Cher*, d'*Indre-et-Loire* et de *Loir-et-Cher*.	Ingén. en chef, directeur du canal du *Berry*, résidant à *Bourges**	S. B.	″	121	13	″	″	
Aspirants des ponts-et-chaussées dans les départements de la *Côte-d'Or*, du *Rhône* et de *Saône-et-Loire*.	Ingénieur des ponts-et-chaussées résidant à *Châlons-sur-Saône*, chargé de travaux relatifs à l'entretien des routes dans les départements de la *Côte-d'Or*, du *Rhône* et de *Saône-et-Loire**	S. B.	(1)	121	13	″	″	(1) En quelque lieu que soit cet ingénieur dans les trois départements désignés ci-contre.
Aspirants des ponts et chaussées dans le département de la *Seine*.	Ingénieur en chef de *Seine-et-Oise**	S. B.	″	121	13	″	″	
Aspirants des ponts et chaussées dans le département de *Seine-et-Marne*.	Inspecteur divisionnaire du canal de l'*Ourcq* et des eaux de *Paris**	S. B.	″	121	13	″	″	
Autorités espagnoles des provinces limitrophes aux départements frontières. ...	Préfets ...... de l'*Ariège** .... de la *Haute-Garonne** .. des *Basses-Pyrénées**... des *Hautes-Pyrénées** .. des *Pyrénées-Orientales**	S. B. (2)	″	111	8	″	″	(2) Les usages des offices étrangers ne permettant pas d'assujettir cette correspondance à un mode de formalité bien fixe, les directeurs peuvent la laisser circuler également sous enveloppe.
Autorités espagnoles des provinces limitrophes à la 11e division militaire.	Lieutenant-général commandant la 11e division militaire*	L. F.	″	95	5	6	150	
Autorités étrangères des pays limitrophes aux départements frontières	Procureurs-gén. dans les dép. frontières*.. Procureurs du Roi dans les dép. frontières*	S. B. (3)	″	89	8	″	″	(3) Même faculté de mettre sous enveloppe que ci-dessus.
Autorités étrangères des pays limitrophes à la frontière de l'*Est*.	Préfets ...... du *Bas-Rhin** .... du *Haut-Rhin**	S. B. (3)	″	111	8	″	″	
Autorités étrangères des provinces situées sur le *Rhin*.	Inspecteur du premier district de la navigation du *Rhin*, résidant à *Strasbourg**....	S. B.	(4)	97	3	″	″	(4) Cette franchise peut s'étendre aux lieux situés sur les rives du Rhin, jusqu'à l'embouchure de la *Lauter*.

DÉSIGNATION DES FONCTIONNAIRES ET DES PERSONNES		FORME sous laquelle la correspondance devant circuler en franchise doit être présentée.	ARRONDISSEMENT, circonscription ou endroit dans l'étendue duquel la correspondance valablement contresignée circule en franchise.	RENVOI au deuxième volume de l'Instruction générale,				OBSERVATIONS.
autorisés à contre-signer leur correspondance de service. (*Article 353 de l'Instruction générale.*)	auxquels la correspondance de service des fonctionnaires et des personnes désignés dans la colonne ci-contre doit être remise en franchise.			pour le texte des dispositions réglementaires.		pour les tableaux de circonscription.		
				Page.	Article.	N^os des tableaux.	Page.	
1.	2.	3.	4.	5.	6.	7.	8.	9.

DÉSIGNATION DES FONCTIONNAIRES ET DES PERSONNES		FORME sous laquelle la correspondance circulant en franchise doit être présentée.	ARRONDISSEMENT, circonscription ou ressort dans l'étendue duquel la correspondance valablement contre-signée circule en franchise.	RENVOI au deuxième volume de l'Instruction générale,				OBSERVATIONS.
autorisés à contre-signer leur correspondance de service. (Article 332 de l'Instruction générale.)	auxquels la correspondance de service des fonctionnaires et des personnes désignés dans la colonne ci-contre doit être remise en franchise.			pour le texte des dispositions réglementaires.		pour les tableaux de circonscription.		
				Page.	Article.	N° des tableaux.	Page.	
1.	2.	3.	4.	5.	6.	7.	8.	9.
	B							

DÉSIGNATION DES FONCTIONNAIRES ET DES PERSONNES		FORME sous laquelle la correspondance circulant en franchise doit être présentée.	ARRONDISSEMENT, circonscription ou rayon dans l'étendue duquel la correspondance, valablement contre-signée, circule en franchise.	RENVOI au deuxième volume de l'Instruction générale.				OBSERVATIONS.
autorisés à contre-signer leur correspondance de service. (*Article 353 de l'Instruction générale.*)	auxquels la correspondance de service des fonctionnaires et des personnes désignés dans la colonne ci-contre doit être remise en franchise.			POUR le texte des dispositions réglementaires.		POUR les tableaux de circonscription.		
				Page.	Article.	Numéros des tableaux.	Page.	
1.	2.	3.	4.	5.	6.	7.	8.	9.

DÉSIGNATION DES FONCTIONNAIRES ET DES PERSONNES autorisés à contre-signer leur correspondance de service. (*Article 353 de l'Instruction générale.*)	DÉSIGNATION DES FONCTIONNAIRES ET DES PERSONNES auxquels la correspondance de service des fonctionnaires et des personnes désignés dans la colonne ci-contre doit être remise en franchise.	FORME sous laquelle la correspondance circulant en franchise doit être présentée.	ARRONDISSEMENT, circonscription ou ressort dans l'étendue duquel la correspondance valablement contre-signée circule en franchise.	RENVOI au deuxième volume de l'Instruction générale, POUR le texte des dispositions réglementaires. Pages.	Articles.	POUR les tableaux de circonscription. N.os des tableaux.	Pages.	OBSERVATIONS.
1.	2.	3.	4.	5.	6.	7.	8.	9.
	C							
Capitaines commandant les détachements, dépôts, etc. (1)	....	″	″	″	″	″	″	(1) Voyez *Commandants des détachements, dépôts, etc.*
Capitaines d'armement de la garde nationale de l'arrondissement de *Sceaux*.	Sous-préfet de *Sceaux**.	S. B.	″	″	″	″	″	
Capitaines d'armement de la garde nationale de l'arrondissement de *Saint-Denis*.	Sous-préfet de *Saint-Denis**.	S. B.	″	″	″	″	″	
Capitaines de brigade des douanes.	Directeurs des douanes*.	S. B.	Dir. doua.	133	32	22	204	
	Inspecteurs des douanes*.	S. B.	Insp. doua.	133	34	22	204	
	Sous-inspecteurs des douanes*.	S. B.	S.-insp. doua.	133	35	22	204	
Capitaines de recrutement (2)	....	″	″	″	″	″	″	(2) Voyez *Commandants des dépôts de recrutement.*
Capitaines rapporteurs près les conseils de guerre.	Premiers présidents des Cours royales*.	S. B.	C. roy.	86	2	2	114	
	Procureurs généraux*.	S. B.	Tout le R.	93	13	″	″	
	Procureurs du Roi*.	S. B.	Tout le R.	93	13	″	″	
Chefs d'administration de la marine.	Chefs d'administration de la marine*. Chefs maritimes*. Commissaires généraux de la marine*. Commissaires principaux de la marine*. Commissaires chargés en chef du service dans les ports*.	S. B.*	Tout le R.	107	1	″	″	
	Commissaires de la marine*. Commissaires des classes*. Commissaires rapporteurs près les tribunaux maritimes*.	S. B.*	Arr. mar.	103	1	11	165	
	Conseils d'administration des deux régiments d'infanterie de la marine*.	S. B.*	Tout le R.	103	7	″	″	
	Conseils d'administration du corps royal d'artillerie de la marine*.	S. B.*	Arr. mar.	102	1	11	165	
	Conseils d'administration des dépôts des équipages de ligne, à *Brest**, *Cherbourg**, *Lorient**, *Rochefort**, *Toulon**.	S. B.*	″	103	8	″	″	
	Conseil d'administration du dépôt des régiments d'infanterie de la marine (dépôt colonial) à *Landerneau**.	S. B.*	″	103	7	″	″	
	Directeur de la manufacture royale de machines à vapeur d'*Indret**. Directeur du service de la surveillance des fournitures des bois de marine*.	S. B.*	″	101	1	″	″	
	Directeurs des fonderies royales*, des forges royales*, des manufact. royales d'armes*.	S. B.*	Tout le R.	109	1	″	″	
	Inspecteurs de la marine dans les ports*. Inspecteurs adjoints de la marine dans les ports secondaires*. Inspecteurs des différents services dépendant du département de la marine*. Inspecteurs généraux du corps royal d'artillerie de la marine*.	S. B.*	Arr. mar.	103	1	11	165	
	Maîtres charpentiers entreteneurs*.	S. B.*	Tout le R.	102	1	30	228	
	Officiers d'administration préposés à l'inscription maritime*.	S. B.*	Arr. mar.	102	1	11	165	
	(*La suite au verso.*)							

DÉSIGNATION DES FONCTIONNAIRES ET DES PERSONNES		FORME sous laquelle la correspondance circulant en franchise doit être présentée.	ARRONDISSEMENT, circonscription ou ressort dans l'étendue duquel la correspondance valablement contre-signée circule en franchise.	RENVOI au deuxième volume de l'Instruction générale,				OBSERVATIONS.
autorisés à contre-signer leur correspondance de service. (*Article 333 de l'Instruction générale.*)	auxquels la correspondance de service des fonctionnaires et des personnes désignés dans la colonne ci-contre doit être remise en franchise.			pour le texte des dispositions réglementaires.		pour les tableaux de circonscription.		
				Page.	Article.	N.os des tableaux.	Page.	
1.	2.	3.	4.	5.	6.	7.	8.	9.
Chefs d'administration de la marine. (*Suite.*)	Officiers de la marine royale, commandant en chef une armée navale, escadre ou division, ou un bâtiment ayant une destination particulière*	S. B.*	Arr. mar.	102	1	11	165	
	Payeur général de la marine*	S. B.*	»	102	1	»	»	
	Préfets*							
	Préfets maritimes*	S. B.*	Tout le R.	102	1	»	»	
	Sous-inspecteurs de la marine dans les ports secondaires*	S. B.*	Arr. mar.	102	1	11	165	
	Trésorier général des invalides de la marine*	S. B.*	»	102	1	»	»	
	Trésoriers des invalides de la marine*	S. B.*	Arr. mar.	102	1	11	165	
Chef d'administration de la marine à *Rochefort*	Payeur du trésor à *la Rochelle**	S. B.*	»	»	»	»	»	
Chefs de corps; chefs de détachements militaires, etc. (1)	»	»	»	»	»	»	»	(1) Voyez : Commandants des corps militaires ; commandants de détachements des corps militaires, etc.
Chefs de recette des contributions indirectes, quelque soit leur titre	Employés des contrib. indirectes, placés sous les ordres des contre-signataires (2)*	S. B.	»	126	46	»	»	(2) L'état de ces employés, pour chaque département, sera transmis aux directeurs des postes par le directeur des contributions indirectes du chef-lieu.
Chefs de service des forêts (3)	Gardes à pied des forêts*	S. B.	Conserv. for.	138	30	»	»	(3) L'expression de chef de service doit s'entendre en ce sens que ce n'est que dans le cas où il n'existerait pas de garde à cheval dans un arrondissement, que les simples gardes pourraient correspondre, non avec les gardes généraux, mais, à défaut de ceux-ci, avec les sous-inspecteurs, et en remontant successivement jusqu'au grade dont aucun intermédiaire ne les séparerait.
	Gardes de la pêche*							
Chefs des dépôts d'étalons	Agents généraux des remontes des haras*	S. B.	Tout le R.	119	5	»	»	
	Inspecteurs généraux des haras*	S. B.	Arr. insp. har.	119	6	16	173	
	Préfets*	S. B.	Circ. har.	119	7	16	173	
	Sous-préfets*							
Chefs des états-majors généraux des armées	Conseils d'administration des corps faisant partie des armées auxquelles appartiennent les contre-signataires*	S. B.	(4)	98	17	»	»	(4) Sur quelque point du royaume que les dépôts de ces corps soient établis.
Chefs d'institution	Inspecteurs d'académie*	S. B.	Arr. acad.	108	8	15	172	
	Recteurs d'académie*							
Chefs maritimes	Chefs d'administration de la marine*	S. B.*	Tout le R.	102	1	»	»	
	Chefs maritimes*							
	Commissaires généraux de la marine*							
	Commissaires principaux de la marine*							
	Commissaires chargés en chef du service dans les ports*							
	Commissaires de la marine*	S. B.*	Arr. mar.	102	1	11	165	
	Commissaires des classes*							
	Commissaires rapporteurs près les tribunaux maritimes*							
	Conseils d'administration des deux régiments d'infanterie de la marine*	S. B.*	Tout le R.	153	7	»	»	
	Conseils d'administration du corps royal d'artillerie de la marine*	S. B.*	Arr. mar.	102	1	11	165	

(*La suite ci-contre.*)

DÉSIGNATION DES FONCTIONNAIRES ET DES PERSONNES — autorisés à contre-signer leur correspondance de service. (Article 233 de l'Instruction générale.)	auxquels la correspondance de service des fonctionnaires et des personnes désignés dans la colonne ci-contre doit être remise en franchise.	FORME sous laquelle la correspondance circulant en franchise doit être présentée.	ARRONDISSEMENT, circonscription, ou ressort dans l'étendue duquel la correspondance valablement contre-signée circule en franchise.	RENVOI au deuxième volume de l'instruction générale, pour le texte des dispositions réglementaires. Pages.	Articles.	pour les tableaux de circonscription. N.os des tableaux.	Pages.	OBSERVATIONS.
1.	2.	3.	4.	5.	6.	7.	8.	9.
Chefs maritimes. (Suite.)	Conseils d'administration des dépôts des équipages de ligne, à Brest*, Cherbourg*, Lorient*, Rochefort*, Toulon*	S. B.*	//	103	8	//	//	
	Conseil d'administration du dépôt des régiments d'infanterie de la marine (dépôt colonial) à Landerneau*	S. B.*	//	103	7	//	//	
	Directeur de la manufacture royale de machines à vapeur d'Indret* ; Directeur du service de la surveillance des fournitures des bois de marine*	S. B.*	//	101	1	//	//	
	Directeurs des fonderies royales*, des forges royales*, des manufact. royales d'armes*	S. B.*	Tout le R.	102	1	//	//	
	Inspecteurs de la marine dans les ports* ; Inspecteurs adjoints de la marine dans les ports secondaires* ; Inspecteurs des différents services dépendant du département de la marine* ; Inspecteurs généraux du corps royal d'artillerie de la marine*	S. B.*	Arr. mar.	102	1	11	163	
	Maîtres charpentiers entretenus*	S. B.*	Tout le R.	102	1	36	238	
	Officiers d'administration préposés à l'inscription maritime* ; Officiers de la marine royale, commandant en chef une armée navale, escadre ou division, ou un bâtiment ayant une destination particulière*	S. B.*	Arr. mar.	102	1	11	163	
	Payeur général de la marine*	S. B.*	//	102	1	//	//	
	Préfets* ; Préfets maritimes*	S. B.*	Tout le R.	102	1	//	//	
	Sous-inspecteurs de la marine dans les ports secondaires*	S. B.*	Arr. mar.	102	1	11	163	
	Trésorier général des invalides de la marine*	S. B.*	//	102	1	//	//	
	Trésoriers des invalides de la marine*	S. B.*	Arr. mar.	102	1	11	163	
Colonels absents de leurs corps	Conseils d'administration des corps auxquels appartiennent les contre-signataires*	S. B.	(1)	98	19	//	//	(1) En quelque lieu que les régiments se trouvent placés.
Colonels chefs d'état-major des divisions militaires	Administrateur de l'hôtel royal des inval.*	S. B. (2)	//	98	3	6	150	(2) Les colonels chefs d'état-major des divisions militaires peuvent aussi, au besoin, écrire par lettres fermées aux fonctionnaires et agents désignés dans la colonne 2, mais seulement en l'absence du lieutenant-général commandant la division, et sous la condition de déclarer sur l'adresse qu'il y a nécessité de fermer.
	Administrateurs des hospices civils dans les lieux où il n'existe pas d'hôpitaux militaires* ; Commandants d'artillerie* ; des brigades de gendarmerie*, de la garde municip. de Paris*, du bataill. de voltig. corses* ; des corps militaires* ; des dépôts de recrutement*, de remonte* ; des détachements militaires* ; des écoles royales militaires* ; des places, forts et postes*	S. B. (2)	Div. mil.	98	3	6	150	

(La suite au verso.)

DÉSIGNATION DES FONCTIONNAIRES ET DES PERSONNES autorisés à contre-signer leur correspondance de service. (*Article 353 de l'Instruction générale.*)	auxquels la correspondance de service des fonctionnaires et des personnes désignés dans la colonne ci-contre doit être remise en franchise.	FORME sous laquelle la correspondance circulant en franchise doit être présentée.	ARRONDISSEMENT, circonscription ou ressort dans l'étendue duquel la correspondance valablement contre-signée circule en franchise.	RENVOI au deuxième volume de l'Instruction générale, pour le texte des dispositions réglementaires. Page.	Article.	pour les tableaux de circonscription. N° des tableaux.	Page.	OBSERVATIONS.
1.	2.	3.	4.	5.	6.	7.	8.	9.
Colonels chefs d'état-major des divisions militaires... (*Suite.*)	Conseils d'administration des corps militaires*... Conseils d'administration des deux régiments d'infanterie de la marine*... Conseils de guerre*... Directeurs d'artillerie*... des fortifications*... des manufact. royales d'armes*. Inspecteurs des fonderies*... des forges*... des manufact. royales d'armes*. des poudreries*... des raffineries de salpêtre*...	S. B. (1)	Div. mil.	94	2	6	160	
	Inspecteurs généraux d'armes en tournée*.	S. B. (1)	Arr. insp. g. d'arm.	94	2	6	150	
	Inspecteurs généraux de gendarmerie*...	S. B. (1)	Tout le R.	96	8	6	160	
	Intendants militaires*...	S. B. (1)	Tout le R.	96	8	7	152	
	Lieutenants-généraux commandant les divisions militaires*... Lieutenants de roi des places de guerre*... Maires*... Maréchaux de France*... Maréchaux de camp commandant les subdivisions militaires*... Officiers comptables du service des hôpitaux militaires*...	S. B. (1)	Div. mil.	94	2	9	150	(1) Les colonels chefs d'état-major des divisions militaires peuvent aussi, au besoin, écrire par lettres fermées aux fonctionnaires et agents désignés dans la colonne 2 [illegible] de déclarer sur l'adresse qu'il y a nécessité de fermer.
	Officiers de gendarmerie*... de la garde municipale de Paris*... du bataillon de voltigeurs corses*...	S. B. (1)	Tout le R.	96	8	6	150	
	Officiers du génie*... Préfets*... Présidents des conseils d'administration des corps militaires*... Présidents des conseils d'administration des deux régiments d'infanterie de la marine*... Présidents des conseils de guerre*... Sous-inspecteurs des fonderies*... Sous-inspecteurs des forges*...	S. B. (1)	Div. mil.	94	2	5	150	
	Sous-intendants militaires*... Sous-intendants militaires-adjoints*...	S. B. (1)	Tout le R.	96	10	7	152	
	Sous-préfets*...	S. B. (1)	Div. mil.	94	2	5	150	
Colonel chef d'état-major de la 2e division militaire...	Directeur de la fabrique de pierres à feu à *Saint-Aignan**...	S. B. (2).	*i*	94	2	8	150	
Colonel chef d'état-major de la 11e division militaire...	Directeur de la manufacture royale de machines à vapeur d'*Indret**...	S. B. (2).	*i*	104	12	8	150	(2) Même faculté de fermer que ci-dessus.
Colonel chef d'état-major de la 13e division militaire...	Conseil d'administration du dépôt des régiments d'infanterie de la marine (dépôt colonial), à *Landerneau*, ou son président*.	S. B. (2).	*i*	94	2	8	150	

DÉSIGNATION DES FONCTIONNAIRES ET DES PERSONNES autorisés à contre-signer leur correspondance de service. (*Article 252 de l'Instruction générale.*)	DÉSIGNATION DES FONCTIONNAIRES ET DES PERSONNES auxquels la correspondance de service des fonctionnaires et des personnes désignés dans la colonne ci-contre doit être remise en franchise.	FORME sous laquelle la correspondance circulant en franchise doit être présentée.	ARRONDISSEMENT, circonscription ou rayon dans l'étendue duquel la correspondance réciproquement contre-signée circule en franchise.	BENVOI au deuxième volume de l'Instruction générale, pour le texte des dispositions réglementaires. Page.	pour le texte des dispositions réglementaires. Article.	pour les tableaux de circonscription. N.os des tableaux.	pour les tableaux de circonscription. Page.	OBSERVATIONS.
1.	2.	3.	4.	5.	6.	7.	8.	9.
Colonels commandant les corps militaires (1)	....	»	»	»	»	»	»	(1) Voyez Commandants des corps militaires.
Colonels ayant partie des conseils de révision des opérations de recrutement dans les départements ci-contre: *Ain*, *Allier*, *Alpes (Basses)*, *Ardèche*, *Ariège*, *Aube*, *Aude*, *Aveyron*, *Cantal*, *Charente*, *Cher*, *Corrèze*, *Côtes-du-Nord*, *Creuse*, *Eure*, *Finistère*, *Gers*, *Hérault*, *Indre*, *Isère*, *Landes*, *Loire*, *Loire (Haute)*, *Loiret*, *Loir-et-Cher*, *Lot*, *Lot-et-Garonne*, *Lozère*, *Marne*, *Marne (Haute)*, *Mayenne*, *Oise*, *Orne*, *Saône (Haute)*, *Saône-et-Loire*, *Sarthe*, *Seine-et-Marne*, *Sèvres (Deux)*, *Tarn*, *Vendée*, *Vosges*	Conseils d'administrat. des corps militaires, ou leurs présidents*. Conseils d'admin. des deux régim. d'infanterie de la marine, ou leurs présidents*.	S. B.	Tout le R.	97	12	»	»	
	Conseil d'administration du dépôt des deux régiments d'infanterie de la marine (dépôt colonial), à *Landerneau*, ou son président*.	S. B.	»	97	12	»	»	
	Intendants militaires*.	S. B.	Tout le R.	97	12	7	152	
	Lieutenants-généraux commandant les divisions militaires*. Maréchaux de camp commandant les subdivisions militaires*.	S. B.	Div. mil.	97	12	6	150	
	Officiers.. { de gendarmerie*. de la garde municip. de Paris*. du bataill. de voltig. corses*.	S. B.	Tout le R.	97	12	»	»	
	Sous-intendants militaires*. Sous-intendants militaires adjoints*.	S. B.	Tout le R.	97	12	7	152	
Commandant supérieur des gardes nationales de *Paris* et du département de la *Seine*	Officiers de tous grades des gardes nationales du département de la *Seine**.	L. F.	»	84	»	»	»	

DÉSIGNATION DES FONCTIONNAIRES ET DES PERSONNES		FORME sous laquelle la correspondance désignée ci-contre en franchise doit être présentée.	ARRONDISSEMENT, circonscription ou ressort dans l'étendue duquel la correspondance valablement contre-signée circule en franchise.	RENVOI au deuxième volume de l'Instruction générale.				OBSERVATIONS.
autorisés à contre-signer leur correspondance de service. (*Article 355 de l'Instruction générale.*)	auxquels la correspondance de service des fonctionnaires et des personnes désignés dans la colonne ci-contre doit être remise en franchise.			pour le texte des dispositions réglementaires.		pour les tableaux de circonscription.		
				Page.	Articles.	N.os des tableaux.	Page.	
1.	2.	3.	4.	5.	6.	7.	8.	9.
Commandants d'artillerie…	Administr. de l'hôtel royal des Invalides*	S. B.	»	96	8	»	»	
	Colonels chefs d'état-major des divisions militaires*	S. B.	Div. mil.	94	3	6	150	
	Commandants d'artillerie*	S. B.	Dir. d'art.	99	20	9	154	
	Directeur de la fabrique de pierres à feu à *Saint-Aignan**	S. B.	»	99	20	»	»	
	Directeurs d'artillerie*	S. B.	Dir. d'art.	99	20	9	154	
	Directeurs des manufact. royales d'armes*	S. B.	Tout le R.	99	20	»	»	
	Inspecteurs des fonderies* des forges*	S. B.	Dir. d'art.	99	20	9	154	
	Inspecteurs des manufact. royales d'armes*	S. B.	Tout le R.	99	20	»	»	
	Inspecteurs des poudreries* des raffineries de salpêtre*	S. B.	Dir. d'art.	99	20	9	154	
	Inspecteurs généraux d'armes en tournée*	S. B.	Arr. insp. g. d'arm.	94	1	»	»	
	Inspecteurs généraux de gendarmerie*	S. B.	Tout le R.	96	8	»	»	
	Intendants militaires*	S. B.	Tout le R.	96	8	7	152	
	Lieutenants-généraux commandant les divisions militaires*	S. B.	Div. mil.	94	2	6	150	
	Maréchaux de camp commandant les subdivisions militaires*	S. B.	Subd. mil.	94	7	6	151	
	Officiers… de gendarmerie* de la garde municip. de Paris* du bataillon de voltig. Corses*	S. B.	Tout le R.	96	8	»	»	
	Sous-inspecteurs des fonderies* Sous-inspecteurs des forges*	S. B.	Dir. d'art.	99	20	9	154	
	Sous-intendants militaires* Sous-intendants militaires adjoints*	S. B.	Tout le R.	96	10	7	152	
Commandants d'artillerie de la 13e direction…	Directeur de la manufacture royale de machines à vapeur d'*Indret**	S. B.	»	104	12	9	155	
Commandants des brigades de gendarmerie…	Administrat. de l'hôtel royal des invalides*	S. B.*	»	96	8	»	»	
	Colonels chefs d'état-major des divisions militaires*	S. B.*	Div. mil.	94	3	6	150	
	Commandants des brigades de gendarmerie* de la garde municipale de Paris* du bataillon de voltigeurs Corses*	S. B.*	Lég. gend.	98	14	8	153	
	Directeurs des postes*	S. B.*	Arr. s.-pr.	136	43	»	»	
	Inspecteurs des postes*	S. B.*	Dép.	137	52	»	»	
	Inspecteurs généraux d'armes en tournée*	S. B.*	Arr. insp. g. d'arm.	94	1	»	»	
	Inspecteurs généraux de gendarmerie*	S. B.*	Tout le R.	96	8	»	»	
	Intendants militaires*	S. B.*	Tout le R.	96	8	7	152	
	Lieutenants-généraux commandant les divisions militaires*	S. B.*	Div. mil.	94	2	6	150	
	Maréchaux de camp commandant les subdivisions militaires*	S. B.*	Subd. mil.	94	7	6	151	
	Officiers de gendarmerie* de la garde municipale de Paris* du bataillon de voltigeurs Corses*	S. B.*	Tout le R.	96	8	»	»	

(*La suite ci-contre.*)

DÉSIGNATION DES FONCTIONNAIRES ET DES PERSONNES		FORME sous laquelle la correspondance circulant en franchise doit être présentée.	ARRONDISSEMENT, circonscription ou ressort dans l'étendue duquel la correspondance valablement contre-signée circule en franchise.	RENVOI au deuxième volume de l'Instruction générale,				OBSERVATIONS.
autorisés à contre-signer leur correspondance de service. (*Article 353 de l'Instruction générale.*)	auxquels la correspondance de service des fonctionnaires et des personnes désignés dans la colonne ci-contre doit être remise en franchise.			POUR le texte des dispositions réglementaires.		POUR les tableaux de circonscription.		
				Page.	Article.	N° des tableaux.	Page.	
1.	2.	3.	4.	5.	6.	7.	8.	9.
Commandants des brigades de gendarmerie (*Suite*)...	Préfets*	S. B.*	Dép.	110	1	”	”	
	Procureurs généraux* Procureurs du Roi*	S. B.*	Tout le R.	98	14	”	”	
	Sous-intendants militaires* Sous-intendants militaires adjoints*	S. B.*	Tout le R.	96	10	7	153	
	Sous-préfets*	S. B.*	Arr. s. pr.	110	1	”	”	
Commandants des brigades de gendarmerie de la *Meurthe*.	Commissaires de police à *Dieuze**, *Vic**	S. B.*	(1)	115	14	”	”	(1) Cette franchise s'étend à tous les lieux où les deux commissaires de police peuvent être envoyés en mission.
Commandants des brigades de la garde municipale de Paris. Commandants des brigades du bataillon de voltig. Corses.	”	”	”	”	”	”	”	*Même correspondance que les commandants des brigades de gendarmerie.*
Commandants des compagnies du train... Commandants des compagnies d'ouvriers du train...	Directeur des établissements et commandant supérieur du train des équipages à *Vernon**	S. B.	”	99	13	”	”	
Commandants des corps militaires...	Administrat. de l'hôtel royal des invalides*	S. B.	”	96	8	”	”	
	Colonels chefs d'état-major des div. milit.*	S. B.	Div. mil.	94	2	6	150	
	Conseils d'administration des corps auxquels appartiennent les contre-signataires*	S. B.	(2)	98	16	”	”	(2) En quelque lieu que les dépôts de ces corps soient établis.
	Inspecteurs généraux d'armes en tournée*	S. B.	Arr. insp. g. d'arm.	94	2	”	”	
	Inspecteurs généraux de gendarmerie*	S. B.	Tout le R.	90	8	”	”	
	Intendants militaires*	S. B.	Tout le R.	95	8	7	152	
	Lieutenants-généraux commandant les divisions militaires*	S. B.	Div. mil.	94	2	6	150	
	Maréchaux de camp commandant les subdivisions militaires*	S. B.	Subd. mil.	94	2	6	151	
	Officiers de gendarmerie* Officiers de la garde municipale de Paris* Officiers du bataillon de voltigeurs corses*	S. B.	Tout le R.	96	8	”	”	
	Sous-intendants militaires* Sous-intendants militaires adjoints*	S. B.	Tout le R.	96	10	7	153	
Commandants des corps militaires stationnés à *Château-Salins* et à *Marsal*...	Commissaires de police à *Dieuze**, *Vic**	S. B.	(3)	115	14	”	”	(3) Cette franchise s'étend à tous les lieux où les deux commissaires de police peuvent être envoyés en mission.

DÉSIGNATION DES FONCTIONNAIRES ET DES PERSONNES		FORME sous laquelle la correspondance circulant en franchise doit être présentée.	ARRONDISSEMENT, circonscription ou rayon dans l'étendue duquel la correspondance échangée contre-signée circule en franchise.	RENVOI au deuxième volume de l'Instruction générale, pour le texte des dispositions réglementaires		pour les tableaux de circonscription.		OBSERVATIONS.
autorisés à contre-signer leur correspondance de service. (Article 353 de l'Instruction générale.)	auxquels la correspondance de service des fonctionnaires et des personnes désignés dans la colonne ci-contre doit être remise en franchise.			Page	Article	N° des tableaux	Page	
1.	2.	3.	4.	5.	6.	7.	8.	9.
	Administrateur de l'Hôtel royal des invalides*	S. B.	»	96	8	»	»	
	Colonels chefs d'état-major des divisions militaires*	S. B.	Div. mil.	93	2	6	150	
	Conseils d'administration des corps militaires*	S. B.	Tout le R.	98	15	»	»	
	Conseils d'administrat. des dépôts des équipages de ligne, à... Brest*, Cherbourg*, Lorient*, Rochefort*, Toulon*	S. B.	»	103	8	»	»	
	Conseils d'administration des deux régiments d'infanterie de la marine*	S. B.	Tout le R.	103	7	»	»	
Commandants des dépôts de recrutement	Conseils d'administration du dépôt des régiments d'infanterie de la marine (dépôt colonial) à *Landerneau**	S. B.	»	103	7	»	»	
	Inspecteurs généraux d'armes en tournée*	S. B.	Arr. insp. g. d'arm.	94	2	1	[illegible]	
	Inspecteurs généraux de gendarmerie*	S. B.	Tout le R.	96	8	»	»	
	Intendants militaires*	S. B.	Tout le R.	98	13	7	157	
	Lieutenants-généraux commandant les divisions militaires* / Maréchaux de camp commandant les subdivisions militaires*	S. B.	Div. mil.	93	15	6	150	
	Officiers de gendarmerie* / de la garde municipale de Paris* / du bataillon de voltigeurs corses*	S. B.	Tout le R.	96	8	»	»	
	Sous-intendants militaires* / Sous-intendants militaires adjoints*	S. B.	Tout le R.	98	16	7	157	
	Administrateur de l'Hôtel royal des invalides*	S. B.	»	96	8	»	»	
	Colonels chefs d'état-major des divisions militaires*	S. B.	Div. mil.	93	2	6	150	
	Commandants de détachements de remonte* / Conseils d'administration des corps d'artillerie* / Conseils d'administration des corps de cavalerie* / Conseils d'administration des corps du génie* / Conseils d'administration des équipages militaires*	S. B.	Tout le R.	97	11	»	»	
	Conseil d'administration de l'école de cavalerie, à *Saumur**	S. B.	»	97	11	»	»	
Commandants des dépôts de remonte de la guerre	Inspecteurs généraux d'armes en tournée*	S. B.	Arr. insp. g. d'arm.	94	2	»	»	
	Inspecteurs généraux de gendarmerie*	S. B.	Tout le R.	96	8	»	»	
	Intendants militaires*	S. B.	Tout le R.	98	8	7	157	
	Lieutenants-généraux commandant les divisions militaires*	S. B.	Div. mil.	93	2	6	150	
	Maréchaux de camp commandant les subdivisions militaires*	S. B.	Subd. mil.	93	2	8	151	
	Officiers de gendarmerie* / de la garde municipale de Paris* / du bataillon de voltigeurs corses*	S. B.	Tout le R.	96	8	»	»	
	Sous-intendants militaires* / Sous-intendants militaires adjoints*	S. B.	Tout le R.	98	16	7	157	

DÉSIGNATION DES FONCTIONNAIRES ET DES PERSONNES autorisés à contre-signer leur correspondance de service (Article 353 de l'Instruction générale.)	auxquels la correspondance de service des fonctionnaires et des personnes désignés dans la colonne ci-contre doit être remise en franchise.	FORME sous laquelle la correspondance doit circuler en franchise doit être présentée.	ARRONDISSEMENT, circonscription ou rayon dans l'étendue duquel la correspondance réciproquement contre-signée circule en franchise.	RENVOI au deuxième volume de l'Instruction générale, pour le texte des dispositions réglementaires: Page.	Article.	pour les tableaux de circonscription: N° des tableaux.	Page.	OBSERVATIONS.
1.	2.	3.	4.	5.	6.	7.	8.	9.
Commandants des dépôts de remonte à { Alençon, Caen, Saint-Lô, St-Maixent.	Commandant du dépôt provisoire de remonte à Pontivy (1)*	S. B.	»	97	11	»	»	(1) Indépendamment de la correspondance ci-attribuée plus haut aux commandants des dépôts de remonte, de la guerre en général.
Commandant du dépôt provisoire de remonte à Pontivy.	Commandants des dépôts de remonte, à { Alençon*, Caen*, Saint-Lô*, Saint-Maixent*	S. B.	»	97	11	»	»	
	Intendants militaires des 12e, 13e et 14e divisions militaires*. Lieutenants-généraux commandant les 12e, 13e et 14e divisions militaires*. Sous-intendants militaires dans les 12e, 13e et 14e divisions militaires*.	S. B.	»	97	11	6	139	
Commandants de détachements de remonte.	Commandants des dépôts de remonte, à { Alençon*, Aurillac*, Caen*, Castres*, Clermont-Ferrand*, Guingamp*, Morlaix*, Strasbourg*, Saint-Avold*, St-Jean-d'Angely*, Saint-Lô*, Saint-Maixent*, Tarbes*	S. B.	»	97	11	»	»	
Commandants de détachements des corps militaires.	Administrateurs de l'Hôtel royal des invalides*	S. B.	»	90	9	»	»	
	Colonels chefs d'état-major des divisions militaires*	S. B.	Div. mil.	91	2	9	138	
	Commandants des sous-détachements sous les ordres des contre-signataires*	S. B.	(2)	98	18	»	»	(2) En quelque lieu que soient placés les corps ou sous-détachements.
	Conseils d'administration des corps auxquels appartiennent les contre-signataires*	S. B.	(2)	98	18	»	»	
	Inspecteurs généraux d'armes en tournée*	S. B.	Arr. insp. g. d'arm.	94	5	»	»	
	Inspecteurs généraux de gendarmerie*	S. B.	Tout le R.	98	8	»	»	
	Intendants militaires*	S. B.	Tout le R.	88	8	7	132	
	Lieutenants-généraux commandant les divisions militaires*	S. B.	Div. mil.	94	2	6	130	
	Maréchaux de camp commandant les subdivisions militaires*	S. B.	Subd. mil.	94	2	6	131	
	Officiers { de gendarmerie*, de la garde municipale de Paris*, du bataillon de voltigeurs corses*	S. B.	Tout le R.	96	8	»	»	
	Sous-intendants militaires*. Sous-intendants militaires adjoints*	S. B.	Tout le R.	96	10	7	132	

DÉSIGNATION DES FONCTIONNAIRES ET DES PERSONNES autorisés à contre-signer leur correspondance de service. (Article 354 de l'Instruction générale.)	auxquels la correspondance de service des fonctionnaires et des personnes désignés dans la colonne ci-contre doit être remise en franchise.	FORME sous laquelle la correspondance contenue en franchise doit être présentée.	ARRONDISSEMENT, circonscription ou rayon dans l'étendue duquel la correspondance réciproquement contre-signée circule en franchise.	RENVOI au deuxième volume de l'Instruction générale : dans le texte des Dispositions réglementaires. Page.	Articles.	dans les tableaux de contreseing. Nos des sections.	Page.	OBSERVATIONS.
1.	2.	3.	4.	5.	6.	7.	8.	9.
Commandants des détachements militaires stationnés à *Château-Salins* et à *Marsal*	Commissaires de police à *Dieuze**, *Vic**	S. B.	(1)	113	11	»	»	(1) Cette franchise n'a lieu [illegible]
Commandants des écoles royales militaires	Administrateur de l'Hôtel royal des invalides*	S. B.	»	98	8	»	»	
	Colonels chefs d'état-major des divisions militaires*	S. B.	Div. mil.	94	9	6	150	
	Inspecteurs généraux d'armes en tournée*	S. B.	Arr. insp. g. d'arm.	94	7	»	»	
	Inspecteurs généraux de gendarmerie*	S. B.	Tout le R.	96	5	»	»	
	Intendants militaires*	S. B.	Tout le R.	96	8	7	152	
	Lieutenants-généraux commandant les divisions militaires*	S. B.	Div. mil.	94	3	6	150	
	Maréchaux de camp commandant les subdivisions militaires*	S. B.	Subd. mil.	94	8	9	151	
	Officiers de gendarmerie*, de la garde municipale de Paris*, du bataillon de voltigeurs corses*	S. B.	Tout le R.	96	8	»	»	
	Sous-intendants militaires*, Sous-intendants militaires adjoints*	S. B.	Tout le R.	96	10	7	152	
Commandants des places, forts et postes	Administrateur de l'Hôtel royal des invalides*	S. B.	»	98	8	»	»	
	Colonels chefs d'état-major des divisions militaires*	S. B.	Div. mil.	94	3	6	150	
	Commandants des places, forts et postes*	S. B.	Div. mil.	100	33	6	150	
	Inspecteurs généraux d'armes en tournée*	S. B.	Arr. insp. g. d'arm.	94	7	»	»	
	Inspecteurs généraux de gendarmerie*	S. B.	Tout le R.	96	5	»	»	
	Intendants militaires*	S. B.	Tout le R.	96	8	7	152	
	Lieutenants-généraux commandant les divisions militaires*	S. B.	Div. mil.	94	2	6	150	
	Lieutenants de roi des places de guerre*	S. B.	Div. mil.	100	34	6	150	
	Maréchaux de camp commandant les subdivisions militaires*	S. B.	Subd. mil.	94	8	9	151	
	Officiers de gendarmerie*, de la garde municipale de Paris*, du bataillon de voltigeurs corses*	S. B.	Tout le R.	96	8	»	»	
	Sous-intendants militaires*, Sous-intendants militaires adjoints*	S. B.	Tout le R.	96	10	7	152	
Commandants des sous-détachements des corps militaires	Commandants des détachements dont les contre-signataires dépendent*	S. B.	(2)	93	18	»	»	(2) En quelque lieu que soient placés les détachements.
Commandants du génie militaire (3)	Commandants du génie militaire*, Directeurs des fortifications*, Gardes du génie chargés du service dans les places*	S. B.	Dir. du gén.	99	11	10	138	(3) Voyez aussi Officiers du génie, page 130.
Commandants du génie milit. à *Huningue* et *Neuf-Brisach*	Ingénieur en chef du service du Rhin, à *Strasbourg**	S. B.	»	121	12	»	»	

DÉSIGNATION DES FONCTIONNAIRES ET DES PERSONNES autorisés à contre-signer leur correspondance de service. (Article 324 de l'Instruction générale.)	DÉSIGNATION DES FONCTIONNAIRES ET DES PERSONNES auxquels la correspondance de service des fonctionnaires et des personnes désignés dans la colonne ci-contre doit être remise en franchise.	FORME sous laquelle la correspondance circulant en franchise doit être présentée.	ARRONDISSEMENT, circonscription ou rayon dans l'étendue duquel la correspondance est admise à circuler en franchise.	RENVOI au deuxième volume de l'Instruction générale, pour le texte des dispositions réglementaires. Page.	Article.	pour les tableaux de circonscription. Numéros des tableaux.	Page.	OBSERVATIONS.
1.	2.	3.	4.	5.	6.	7.	8.	9.
Commandant supérieur du train des équipages, à *Vernon* (1)............	....	»	»	»	»	»	»	(1) Voyez *Directeur des établissements, et commandant supérieur du train des équipages, à Vernon*, page 68.
Commandant du dépôt des équipages, à *Sampigny*...	Directeur des établissements et commandant supérieur du train des équipages, à *Vernon**............	S. B.	»	29	12	»	»	
Commissaire aux revues et aux armements du port de *Brest*............	Conseil d'administration du dépôt des régiments d'infanterie de la marine, en garnison à *Landerneau* (dépôt colonial)*	S. B.	»	103	5	»	»	
Commissaires aux revues... Commissaires des approvisionnements............ Commissaires des armements.	....	»	»	»	»	»	»	Voyez *Commissaires de la marine*, page 50.
Commissaire du Roi pour la démarcation des frontières de l'Est (2)............	Préfets des départements............ de l'*Ain**....... des *Basses-Alpes**. des *Hautes-Alpes** du *Doubs**....... de l'*Isère**....... du *Jura**....... du *Bas-Rhin**.... du *Haut-Rhin**.... du *Rhône**....... du *Var**.......	L. F.	»	91	1	»	»	(2) Le contre-seing de cet agent n'est valable que pendant la durée de sa mission.
Commissaire du Roi pour la démarcation des frontières du *Nord* (3)............	Préfets............ des *Ardennes**.... de la *Moselle**.... du *Nord**.......	L. F.	»	91	1	»	»	(3) Même observation que ci-dessus.
Commissaire en chef des douanes à *Saint-Genis*....	Commissaires particuliers des douanes, à............ *Collonge**. *Gex**.... Directeurs des douanes à.... *Belley**.. *Besançon** Inspecteurs des douanes, à.... *Nantua**. *S.-Claude**. Maires dans l'arrondissement de *Gex**.... Sous-préfet de *Gex**............	S. B.	»	134	28	»	»	
Commissaire particulier des douanes, à *Collonge*	Commissaire en chef des douanes, à *Saint-Genis**............ Commissaire particulier des douanes, à *Gex** Directeurs des douanes à.. *Belley**.... *Besançon**... Inspecteurs des douanes à *Nantua**... *Saint-Claude** Maires dans l'arrondissement de *Gex**.... Sous-préfet de *Gex**............	S. B.	»	134	28	»	»	
Commissaire particulier des douanes à *Gex*............	Commissaire en chef des douanes à *Saint-Genis**............ Commissaire particulier des douanes à *Collonge**............ Directeurs des douanes à.. *Belley**.... *Besançon**... Inspecteurs des douanes à.. *Nantua**... *Saint-Claude** Maires dans l'arrondissement de *Gex**.... Sous-préfet de *Gex**............	S. B.	»	134	28	»	»	

DÉSIGNATION DES FONCTIONNAIRES ET DES PERSONNES autorisés à contre-signer leur correspondance de service (*Article 333 de l'Instruction générale.*) 1.	auxquels la correspondance de service des fonctionnaires et des personnes désignés dans la colonne ci-contre doit être remise en franchise. 2.	FORME sous laquelle la correspondance circulant en franchise doit être présentée. 3.	ARRONDISSEMENT, circonscription ou rayon dans l'étendue duquel la correspondance est admise à circuler en franchise. 4.	RENVOI au deuxième volume de l'Instruction générale, pour le texte des dispositions réglementaires. Page. 5.	Article. 6.	pour les tableaux de circonscription. Nos des tableaux. 7.	Page. 8.	OBSERVATIONS. 9.
Commissaire-estampilleur à *Septème*	Préfet de l'*Isère** ; Sous-préfet de *Vienne**	S. B.	»	110	1	»	»	
Commissaire général du Roi près la régie intéressée des salines de l'*Est*	Commissaires particuliers des salines de l'*Est**	S. B.	»	128	14	»	»	
Commissaire particulier des salines de l'*Est* à *Dieuze* et à *Moyenvic*	Commissaire général du Roi près la régie intéressée des salines de l'*Est**	S. B.	»	128	14	»	»	
	Maires dans le département de la *Meurthe** ; Payeur du département de la *Meurthe**	S. B.	»	128	15	»	»	
Commissaire particulier des salines de l'*Est* à *Salins* et à *Lons-le-Saunier*	Commissaire général du Roi près la régie intéressée des salines de l'*Est**	S. B.	»	128	14	»	»	
	Maires, Payeurs des départements du *Doubs**, du *Jura**	S. B.	»	128	15	»	»	
Commissaire central de police à *Bordeaux*	Commissaires de police dans le département de la *Gironde** ; Maires dans le département de la *Gironde**	S. B.*	»	115	14	»	»	
Commissaire central de police à *Nîmes*	Commissaires de police dans le département du *Gard** ; Maires dans le département du *Gard**	S. B.*	»	115	14	»	»	
Commissaires de police	Juges d'instruction*	S. B.*	Arr. s.-pr.	84	2	»	»	
	Préfets*	S. B.*	Dép.	110	1	»	»	
	Premiers présidents des cours royales*	S. B.*	C. roy.	82	2	7	131	
	Présidents des cours d'assises*	S. B.*	Département où se tiennent les assises (1).	87	3	»	»	(1) Cette franchise s'étend même au lieu de la résidence ordinaire des présidents des cours d'assises.
	Sous-préfets*	S. B.*	»	110	1	»	»	
Commissaires de police dans le département du *Gard*	Commissaire central de police à *Nîmes**	S. B.*	»	115	12	»	»	
Commissaires de police dans le département de la *Gironde*	Commissaire central de police à *Bordeaux**	S. B.*	Arr. s.-pr.	115	12	»	»	
Commissaires de police à *Dieuze* et à *Vic* (2)	Commandants des brigades de gendarmerie dans le département de la *Meurthe** ; Commandants des corps ou détachements militaires stationnés à *Château-Salins**, *Marsal** ; Directeurs des contributions indirectes à *Château-Salins**, *Lunéville**, *Nancy**, *Sarrebourg** ; Maires dans le département de la *Meurthe** ; Officiers de gendarmerie dans le département de la *Meurthe** ; Préfet de la *Meurthe** ; Sous-préfets dans le départ. de la *Meurthe**	S. B.*	»	115	13	»	»	(2) Le contre-seing de ces deux agents est applicable aux dépêches qu'ils expédient, soit du lieu de leur résidence ordinaire, soit des lieux où ils sont envoyés en mission.
Commissaire de police au *Pont-de-Beauvoisin*	Préfet du *Rhône**	S. B.*	»	111	4	»	»	

DÉSIGNATION DES FONCTIONNAIRES ET DES PERSONNES autorisés à contre-signer leur correspondance de service. (Article 331 de l'Instruction générale.)	auxquels la correspondance de service des fonctionnaires et des personnes désignés dans la colonne ci-contre doit être remise en franchise.	FORME sous laquelle la correspondance circulant en franchise doit être présentée.	ARRONDISSEMENT, circonscription ou ressort dans l'étendue duquel la correspondance réciproque circule en franchise.	RENVOI au deuxième volume de l'Instruction générale, pour le texte des dispositions réglementaires. Pages.	Articles.	pour les tableaux de circonscription. Nos des tableaux.	Pages.	OBSERVATIONS.
1.	2.	3.	4.	5.	6.	7.	8.	9.
Commissaires généraux de la marine	Chefs d'administration de la marine* ; Chefs maritimes* ; Commissaires généraux de la marine* ; Commissaires principaux de la marine* ; Commissaires chargés en chef du service dans les ports*	S.B.*	Tout le R.	102	1	″	″	
	Commissaires de la marine* ; Commissaires des classes* ; Commissaires rapporteurs près les tribunaux maritimes*	S.B.*	Arr. mar.	102	1	11	163	
	Conseil d'administration des deux régiments d'infanterie de la marine*	S.B.*	Tout le R.	103	7	″	″	
	Conseils d'administration du corps royal d'artillerie de la marine*	S.B.*	Arr. mar.	102	1	11	163	
	Conseils d'administration des dépôts des équipages de ligne à *Brest**, *Cherbourg**, *Lorient**, *Rochefort**, *Toulon**	S.B.*	″	103	8	″	″	
	Conseil d'administration du dépôt des régiments d'infanterie de la marine (dépôt colonial) à *Landerneau**	S.B.*	″	103	7	″	″	
	Directeur de la manufacture royale de machines à vapeur, d'*Indret** ; Directeur du service de la surveillance des fournitures des bois de marine*	S.B.*	″	102	1	″	″	
	Directeurs des fonderies royales*, des forges royales*, des manuf. royales d'armes*	S.B.*	Tout le R.	102	1	″	″	
	Inspecteurs généraux du corps royal d'artillerie de la marine* ; Inspecteurs des différents services dépendant du département de la marine* ; Inspecteurs de la marine dans les ports* ; Inspecteurs adjoints de la marine dans les ports secondaires*	S.B.*	Arr. mar.	102	1	11	163	
	Maîtres charpentiers entretenus*	S.B.*	Tout le R.	102	1	30	228	
	Officiers d'administration préposés à l'inscription maritime* ; Officiers de la marine royale, commandant en chef une armée navale, escadre ou division, ou un bâtiment ayant une destin. particul.*	S.B.*	Arr. mar.	102	1	11	163	
	Payeur général de la marine*	S.B.*	″	102	1	″	″	
	Préfets* ; Préfets maritimes*	S.B.*	Tout le R.	102	1	″	″	
	Sous-insp. de la mar. dans les ports second.*	S.B.*	Arr. mar.	102	1	11	163	
	Trésorier général des invalides de la marine*	S.B.*	″	102	1	″	″	
	Trésoriers des invalides de la marine*	S.B.*	Arr. mar.	102	1	11	163	

DÉSIGNATION DES FONCTIONNAIRES ET DES PERSONNES autorisés à contre-signer leur correspondance de service (Article 353 de l'Instruction générale.) 1.	auxquels la correspondance de service des fonctionnaires et des personnes désignés dans la colonne ci-contre doit être remise en franchise. 2.	FORME sous laquelle la correspondance doit circuler en franchise, dans l'arrondissement précité. 3.	ARRONDISSEMENT (circonscription) ou rayon dans l'étendue duquel la correspondance valablement contre-signée circule en franchise. 4.	RENVOI au deuxième volume de l'Instruction générale, pour le texte des dispositions réglementaires. Page. 5.	Articles. 6.	pour les tableaux de circonscriptions. N° des tableaux. 7.	Page. 8.	OBSERVATIONS. 9.
Commissaires principaux de la marine	Chefs d'administration de la marine*							
	Chefs maritimes*							
	Commissaires généraux de la marine*	S.B.*	Tout le R.	102	1	″	″	
	Commissaires principaux de la marine*							
	Commissaires chargés en chef du service dans les ports*							
	Commissaires de la marine*							
	Commissaires des classes*	S.B.*	Arr. mar.	102	1	11	165	
	Commissaires rapp. près les tribun. marit.*							
	Conseils d'administration des deux régiments d'infanterie de la marine*	S.B.*	Tout le R.	103	1	″	″	
	Conseils d'administration du corps royal d'artillerie de la marine*	S.B.*	Arr. mar.	103	1	11	165	
	Conseils d'administration des dépôts des équipages de ligne, à Brest*							
	Cherbourg*							
	Lorient*	S.B.*	″	102	6	″	″	
	Rochefort*							
	Toulon*							
	Conseil d'administration du dépôt des régiments d'infanterie de la marine (dépôt colonial) à *Landerneau**	S.B.*	″	104	1	″	″	
	Directeur de la manufacture royale de machines à vapeur, d'*Indret**	S.B.*	″	102	1	″	″	
	Directeur du service de la surveillance des fournitures des bois de la marine*							
	Directeurs des fonderies royales*							
	Directeurs des forges royales*	S.B.*	Tout le R.	102	1	″	″	
	Directeurs des manufact. royales d'armes*							
	Inspecteurs-généraux du corps royal d'artillerie de la marine*							
	Inspecteurs des différents services dépendants du département de la marine*	S.B.*	Arr. mar.	102	1	11	165	
	Inspecteurs de la marine dans les ports*							
	Inspecteurs adjoints de la marine dans les ports secondaires*							
	Maîtres charpentiers entretenus*	S.B.*	Tout le R.	102	1	30	128	
	Officiers d'administration préposés à l'inscription maritime*							
	Officiers de la marine royale, commandant en chef une armée navale, escadre ou division, ou un bâtim. ayant une destinat. particul.*	S.B.*	Arr. mar.	102	1	11	165	
	Payeur général de la marine*	S.B.*	″	102	1	″	″	
	Préfets*	S.B.*	Tout le R.	102	1	″	″	
	Préfets maritimes*							
	Sous-insp. de la mar. dans les ports second.*	S.B.*	Arr. mar.	102	1	11	165	
	Trésorier général des invalides de la marine*	S.B.*	″	102	4	″	″	
	Trésoriers des invalides de la marine*	S.B.*	Arr. mar.	102	1	11	165	

DÉSIGNATION DES FONCTIONNAIRES ET DES PERSONNES		FORME sous laquelle la correspondance devra circuler en franchise doit être présentée.	ARRONDISSEMENT, circonscription ou étendue dans l'étendue duquel la correspondance valablement contre-signée circule en franchise.	RENVOI au deuxième volume de l'Instruction générale,				OBSERVATIONS.
autorisés à contre-signer leur correspondance de service. (*Article 353 de l'Instruction générale.*)	auxquels la correspondance de service des fonctionnaires et des personnes désignés dans la colonne ci-contre doit être remise en franchise.			POUR le texte des dispositions réglementaires. Page.	Articles.	POUR les tableaux de circonscription. Nos des tableaux.	Page.	
1.	2.	3.	4.	5.	6.	7.	8.	9.
Commissaire principal de la marine à *Nantes, président de la commission de salubrité navale*	Délégué de la commission de salubrité navale, à *Saint-Nazaire**	S.B.*	»	103	3	»	»	
Commissaires de la marine (1)	Chefs d'administration de la marine* ..... Chefs maritimes* ..... Commissaires généraux de la marine* ..... Commissaires principaux de la marine* ..... Commissaires chargés en chef du service dans les ports* ..... Préfets maritimes*	S. B.	Arr. mar.	103	1	11	165	(1) Les commissaires de marine prennent aussi les titres suivants, savoir : *Commissaires des approvisionnements ; Commissaires des armements ; Commissaires aux revues.*
Commissaires chargés en chef du service dans les ports.	Chefs d'administration de la marine* ..... Chefs maritimes* ..... Commissaires généraux de la marine* ..... Commissaires principaux de la marine*	S.B.*	Tout le R.	103	1	»	»	
	Commissaires chargés en chef du service dans les ports* ..... Commissaires de la marine* ..... Commissaires des classes* ..... Commissaires rapporteurs près les tribunaux maritimes* ..... Conseils d'administration du corps royal d'artillerie de la marine*	S.B.*	Arr. mar.	103	1	11	165	
	Directeur de la manufacture royale de machines à vapeur d'*Indret** ..... Directeur du service de la surveillance des fournitures des bois de marine*	S.B.*	»	103	1	»	»	
	Directeurs des fonderies royales* ..... Directeurs des forges royales* ..... Directeurs des manufact. royales d'armes*	S.B.*	Tout le R.	103	1	»	»	
	Inspecteurs-généraux du corps royal d'artillerie de la marine* ..... Inspecteurs de la marine dans les ports* ..... Inspecteurs des différents services dépendant du département de la marine* ..... Inspecteurs-adjoints de la marine dans les ports secondaires*	S.B.*	Arr. mar.	103	1	11	165	
	Maîtres charpentiers entreteneurs*	S.B.*	Tout le R.	103	1	50	238	
	Officiers d'administration préposés à l'inscription maritime* ..... Officiers de la marine roy. command. en chef une armée navale, escadre ou division, ou un bâtiment ayant une destin. particul.*	S.B.*	Arr. mar.	103	1	11	165	
	Payeur général de la marine*	S.B.*	»	103	1	»	»	
	Préfets* ..... Préfets maritimes*	S.B.*	Tout le R.	103	1	»	»	
	Sous-inspecteurs de la marine dans les ports secondaires*	S.B.*	Arr. mar.	103	1	11	165	
	Trésorier général des invál. de la marine*	S.B.*	»	103	1	»	»	
	Trésoriers des invalides de la marine*	S.B.*	Arr. mar.	103	1	11	165	

DÉSIGNATION DES FONCTIONNAIRES ET DES PERSONNES — autorisés à contre-signer leur correspondance de service. (Article 353 de l'Instruction générale.)	auxquels la correspondance de service des fonctionnaires et des personnes désignés dans la colonne ci-contre doit être remise en franchise.	FORME sous laquelle la correspondance doit être présentée.	ARRONDISSEMENT, circonscription ou rayon dans l'étendue duquel la correspondance établie et contre-signée circule en franchise.	RENVOI au deuxième volume de l'Instruction générale — pour le texte des dispositions législatives — Pages.	Articles.	pour le tableau de ... — Numéros.	Pages.	OBSERVATIONS.
1.	2.	3.	4.	5.	6.	7.	8.	9.
Commissaires des classes	Chefs d'administration de la marine* Chefs maritimes* Commissaires généraux de la marine* Commissaires principaux de la marine* Commissaires chargés en chef du service dans les ports*	S. B.	Arr. mar.	102	1	11	163	
	Commissaires des classes*	S. B.	Tout le B.	103	6	»	»	
	Conseils d'administration des deux régiments d'infanterie de la marine*	S. B.	Tout le B.	103	7	»	»	
	Conseils d'administration des dépôts des équipages de ligne, à *Brest*, *Cherbourg**, *Lorient**, *Rochefort**, *Toulon**	S. B.	»	103	8	»	»	
	Conseil d'administration du *dépôt* des régiments d'infanterie de la marine (dépôt unique) à *Landerneau**	S. B.	»	103	9	»	»	
	Inspecteurs de la marine à *Brest**, *Cherbourg**, *Lorient**, *Rochefort**, *Toulon** Inspecteurs adjoints de la marine dans les ports secondaires*	S. B.	»	103	3	11	163	
	Préfets maritimes*	S. B.	Arr. mar.	102	1	11	163	
	Sous-inspecteurs de la marine dans les ports secondaires*	S. B.	Arr. mar.	102	5	11	163	
	Syndics des gens de mer*	S. B.	Arr. mar.	102	4	11	163	
Commissaires-rapporteurs près les tribunaux maritimes	Chefs d'administration de la marine* Chefs maritimes* Commissaires généraux de la marine* Commissaires principaux de la marine* Commissaires chargés en chef du service dans les ports* Préfets maritimes*	S. B.	Arr. mar.	102	1	11	163	
Commissaires du Roi pour la fabrication des monnaies	Inspecteurs-généraux des finances* Inspecteurs des finances*	S. B.	Tout le R.	123	1	»	»	
	Président de la commission des monnaies*	L. F.	»	170	60	»	»	
Commissaires près les poudreries	Directeurs de département des contributions indirectes* Directeurs d'arrondissement des contributions indirectes*	S. B.	Dép.	135	41	28	219	
	Entreposeurs de la régie des contributions indirectes*	S. B.	Arr. s.-pr.	155	41	28	219	

DÉSIGNATION DES FONCTIONNAIRES ET DES PERSONNES autorisés à contre-signer leur correspondance de service. (*Article 352 de l'Instruction générale.*)	auxquels la correspondance de service des fonctionnaires et des personnes désignés dans la colonne ci-contre doit être remise en franchise.	FORME sous laquelle la correspondance circulant en franchise doit être présentée.	ARRONDISSEMENT, circonscription ou ressort dans l'étendue duquel la correspondance valablement contre-signée circule en franchise.	RENVOI au deuxième volume de l'Instruction générale, pour le texte des dispositions réglementaires. Page.	Articles.	pour les tableaux de circonscription. N.[os] des tableaux.	Page.	OBSERVATIONS.
1.	2.	3.	4.	5.	6.	7.	8.	9.
Comptables des deniers publics	Greffier en chef de la cour des comptes	S. B.	»	122	12 bis	»	»	Pour l'envoi des comptes et pièces à l'appui.
	Inspecteurs généraux des finances* Inspecteurs des finances*	S. B.	Tout le R.	122	1	»	»	
Concierges des résidences royales	Conservateur du mobilier de la couronne*	S. B.	»	142	5	»	»	
	Directeur des domaines et du contentieux de la liste civile*	S. B.	»	142	8	»	»	
Concierges des résidences et maisons royales à *Paris*	Conservateur des résidences et maisons royales à *Paris**	S. B.	»	143	10	»	»	
Conducteurs des mines et usines	Ingénieurs en chef des mines et usines*	S. B.	Arr. ing. en ch. des m.	118	9	19	176	
	Ingénieurs ordinaires des mines et usines*	S. B.	Arr. ing. ord. des m.	118	9	19	176	
Conducteurs des ponts et chaussées	Aspirants des ponts et chaussées auxquels sont subordonnés les contre-signataires* Élèves des ponts et chaussées auxquels sont subordonnés les contre-signataires* Ingénieurs en chef des ponts et chaussées* Ingénieurs ordinaires des ponts et chaussées*	S. B.	Dép.	120	10	»	»	
Conducteurs des ponts et chaussées dans les départements de l'*Aisne*, de l'*Oise* et de *Seine-et-Oise*	Ingénieur en chef chargé de la navigation de l'*Oise**	S. B.	»	121	13	»	»	
Conducteurs des p. et ch. dans l'*Allier*, le *Cher*, l'*Indre-et-Loire* et le *Loir-et-Cher*	Ingénieur en chef, directeur du canal du Berry à *Bourges**	S. B.	»	121	13	»	»	
Conducteurs des ponts et ch. dans les départements de la *Côte-d'Or*, du *Rhône* et de *Saône-et-Loire*	Ingénieur des ponts et chaussées résidant à *Châlons-sur-Saône*, chargé de travaux relatifs à l'entretien des routes dans les départements de la *Côte-d'Or*, du *Rhône* et de *Saône-et-Loire**	S. B.	(1)	121	13	»	»	(1) En quelque lieu que soit cet ingénieur dans les trois départements désignés ci-contre.
Conducteurs des p. et ch. dans le dép. du *Morbihan*	Ingénieur attaché au canal de Nantes à Brest, résidant à *Redon**	S. B.	»	121	13	»	»	
Conducteurs des p. et ch. dans le département de la *Seine*	Ingénieur en chef de *Seine-et-Oise**	S. B.	»	121	13	»	»	
Conducteurs des p. et ch. attachés à la 2e divis. du canal *latéral à la Loire*, dans le *Cher*, le *Loiret* et la *Nièvre*	Ingénieur chargé en chef du service de la 2e division du canal latéral à la Loire, résidant à *Nevers**	S. B.	»	121	13	»	»	
Conducteurs des p. et ch. attachés au service du *Rhin*	Ingénieur en chef du service du *Rhin* à *Strasbourg**	S. B.	»	121	13	»	»	
Conducteur des ponts et chaussées attaché au canal de Bourgogne, en résidence à *Tronchoy* (Yonne) Conducteur des ponts et chaussées employé aux opérations à faire sur le cours de la *Seine* et de l'*Yonne* (le sieur *Bonnet*)	Ingénieur en chef du canal de Bourgogne, résidant à *Tronchoy* (Yonne), chargé de l'étude des projets d'amélioration de la navigation de l'*Yonne* jusqu'à Montereau*	S. B.	(2)	120	12	»	»	(2) Cette franchise s'étend à tous les lieux situés sur les bords de la Seine et de l'Yonne.
Conseillers d'état	Premiers présidents des cours royales*	S. B.	C. roy.	86	2	2	144	

DÉSIGNATION DES FONCTIONNAIRES ET DES PERSONNES		FORME sous laquelle la correspondance circulant en franchise doit être présentée.	ARRONDISSEMENT, circonscription ou ressort dans l'étendue duquel la correspondance valablement contre-signée circule en franchise.	RENVOI au deuxième volume de l'Instruction générale,				OBSERVATIONS.
autorisés à contre-signer leur correspondance de service. (*Article 333 de l'Instruction générale.*)	auxquels la correspondance de service des fonctionnaires et des personnes désignés dans la colonne ci-contre doit être remise en franchise.			POUR le texte des dispositions réglementaires.		POUR les tableaux de circonscription.		
				Page.	Article.	N.os des tableaux	Page.	
1.	2.	3.	4.	5.	6.	7.	8.	9.
Conservateur des résidences et maisons royales à *Paris*.	Archiviste de la couronne*	S. B.	″	142	2	″	″	
	Concierges des résidences et maisons royales à *Paris**	S. B.	″	143	10	″	″	
	Conservateur des forêts de la couronne*							
	Conservateur du mobilier de la couronne*							
	Directeur des dépenses de la liste civile*							
	Directeur des dépenses des bâtiments de la couronne*	S. B.	″	142	8	″	″	
	Directeur des domaines et du contentieux de la liste civile*							
	Trésorier de la couronne*							
Conservateur du mobilier de la couronne	Architectes du Roi*	S. B.	Tout le R.	142	5	″	″	
	Archiviste de la couronne*	S. B.	″	142	2	″	″	
	Concierges des résidences royales*	S. B.	Tout le R.	143	8	″	″	
	Conservateur des forêts de la couronne*							
	Conservateur des résidences et maisons royales à *Paris**							
	Directeur des dépenses de la liste civile*							
	Directeur des dépenses des bâtiments de la couronne*	S. B.	″	142	8	″	″	
	Directeur des domaines et du contentieux de la liste civile*							
	Trésorier de la couronne*							
Conservateur des forêts de la couronne	Archiviste de la couronne*							
	Conservateur des résidences et maisons royales à *Paris**							
	Conservateur du mobilier de la couronne							
	Directeur des dépenses de la liste civile*	S. B.	″	142	8	″	″	
	Directeur des dépenses des bâtiments de la couronne*							
	Directeur des domaines et du contentieux de la liste civile*							
	Gardes généraux des forêts de la couronne*	S. B.	Tout le R.	142	6	″	″	
	Inspecteurs des forêts de la couronne*	S. B.	Tout le R.	143	6	99	228	
	Trésorier de la couronne*	S. B.	″	142	7	″	″	
Conservateurs des forêts	Conservateurs des forêts des conservations limitrophes*	S. B.	″	131	27	91	203	
	Directeur du service de la surveillance des fournitures des bois de marine*	S. B.	″	131	27	″	″	
	Directeurs de l'enregistrem. et des domaines*							
	Gardes généraux des forêts*	S. B.	Conserv. for.	131	27	91	203	
	Gardes à cheval des forêts*	S. B.	Conserv. for.	131	29	91	203	
	Inspecteurs généraux des finances*	S. B.	Tout le R.	131	1	″	″	
	Inspecteurs des finances*							
	Inspecteurs des forêts*							
	Juges de paix*							
	Maires*	S. B.	Conserv. for.	131	27	91	203	
	Maîtres charpentiers entretenus*							
	Payeurs du Trésor public*							
	Préfets*							
	(*La suite ci-contre.*)							

DÉSIGNATION DES FONCTIONNAIRES ET DES PERSONNES		FORME sous laquelle la correspondance devant circuler en franchise doit être présentée.	ARRONDISSEMENT, circonscription ou ressort dans l'étendue duquel la correspondance réciproquement contre-signée circule en franchise.	RENVOI au deuxième volume de l'Instruction générale,				OBSERVATIONS.
autorisés à contre-signer leur correspondance de service. (Article 353 de l'Instruction générale.)	auxquels la correspondance de service des fonctionnaires et des personnes désignés dans la colonne ci-contre doit être remise en franchise.			pour le texte des dispositions réglementaires.		pour les tableaux de circonscription.		
				Page.	Article.	Nos des tableaux.	Page.	
1.	2.	3.	4.	5.	6.	7.	8.	9.
Conservateurs des forêts... (Suite.)	Procureurs généraux dans les conservations forestières limitrophes*..........	S. B.	«	131	27	21	203	
	Procureurs du Roi*..........	S. B.	Conserv. for. (1)	131	27	21	203	(1) Cette franchise s'étend même aux paquets sous bandes adressés par les conservateurs des forêts aux procureurs du Roi dans les conservations forestières limitrophes à leur propre conservation.
	Recev. de l'enregistrement et des domaines* Sous-inspecteurs des forêts*.......... Sous-préfets*..........	S. B.	Conserv. for.	131	27	21	203	
Conservateurs des hypothèques	Conservateurs des hypothèques*..........	S. B.	Dép.	130	23	«	«	
	Directeurs de l'enregistrement et des domaines*..........	S. B.	Dép.	130	23	«	«	
	Inspecteurs de l'enregistrement et des domaines*..........	S. B.	Dép.	130	23	«	«	
	Maires*..........	S. B.	Arr. s.-pr.	130	23	«	«	Les conservateurs des hypothèques envoient aussi sous bandes aux maires les avertissements imprimés destinés aux redevables de l'enregistrement. Ces avertissements peuvent contenir de l'écriture à la main, mais ils ne doivent être ni cachetés, ni pliés en forme de lettres, ni revêtus d'adresses extérieures.
	Percepteurs*..........	S. B.	Arr. s.-pr.	130	23	«	«	
	Receveurs de l'enregistrement et des dom.* Receveurs du timbre*.......... Vérificateurs de l'enregistrement et des domaines*..........	S. B.	Dép.	130	23	«	«	
Consuls de France à l'étranger	Chefs d'administration de la marine.......... Chefs maritimes.......... Commissaires généraux de la marine.......... Commissaires principaux de la marine.......... Commissaires chargés en chef du service dans les ports..........	L. F.	Tout le R.	103	1	«	«	
	Commissions sanitaires, à *Boulogne-sur-Mer**.......... *Calais**.......... *Cherbourg**.......... *Dunkerque**.......... *Granville**.......... *Gravelines**.......... *Lannion**.......... *Montreuil-sur-Mer**.......... *Paimpol**.......... *Saint-Brieuc**.......... *St-Valery-sur-Somme**..........	S. B.	«	118	2	«	«	
	Intendances sanitaires*..........	S. B.	Tout le R.	118	3	«	«	
	Préfets maritimes..........	L. F.	Tout le R.	103	1	«	«	

DÉSIGNATION DES FONCTIONNAIRES ET DES PERSONNES autorisés à contre-signer leur correspondance de service. (*Article 353 de l'Instruction générale.*)	auxquels la correspondance de service des fonctionnaires et des personnes désignés dans la colonne ci-contre doit être remise en franchise.	FORME sous laquelle la correspondance circulant en franchise doit être présentée.	ARRONDISSEMENT, circonscription ou ressort dans l'étendue duquel la correspondance valablement contre-signée circule en franchise.	RENVOI au deuxième volume de l'Instruction générale, dans le texte des dispositions réglementaires. Pages.	Articles.	dans les tableaux de circonscription. N°s des tableaux.	Pages.	OBSERVATIONS.
1.	2.	3.	4.	5.	6.	7.	8.	9.
Contrôleurs au change des monnaies. Contrôleurs au monnayage.	Président de la commission des monnaies*.	L. F.	″	140	60	″	″	
Contrôleurs aux sels en résidence à (1) *Bagnas, Béziers, Marseillan*	Receveur principal des douanes à *Agde**.	S. B.	″	134	37	25	118	(1) Ces contrôleurs ont aussi le contreseing attribué aux receveurs subordonnés des douanes.
Croix-Chapeaux, Dompierre	Recev. principal des douanes à *La Rochelle**.							
Estarac, Grimaud, Lec, Peyriac, Sigean, Sainte-Lucie, Taillavignes	Receveur principal des douanes à *Narbonne**.							
La Motte-Achard	Recev. principal des douanes aux *Sables**.							
Lunel, Saint-Gilles	Recev. princip. des douanes à *Aiguesmortes**.							
Contrôleurs aux soudes à *Chauny, Centernon, Épinal, Javelle, La Glacière, Saint-Denis, S.-Roch-lès-Amiens, Vaugirard*	Inspecteur des douanes chargé du service des soudes à *Paris**.	S. B.	″	133	34	22	208	
	Receveur de l'entrepôt des sels à *Paris**.	S. B.	″	134	37	25	118	
	Sous-inspecteur des douanes chargé du service des soudes à *Paris**.	S. B.	″	133	34	22	208	
Contrôleurs des argues à *Lyon, Trévoux*	Président de la commission des monnaies*.	L. F.	″	140	60	″	″	
Contrôleurs de brigade des douanes.	Directeurs des douanes*.	S. B.	Dir. dou.	133	33	22	208	
	Inspecteurs des douanes*.	S. B.	Insp. dou.	133	34	22	208	
	Sous-inspecteurs des douanes*.	S. B.	S-insp. dou.	133	35	22	208	
Contrôleurs des bureaux de la garantie.	Président de la commission des monnaies*.	L. F.	″	140	60	″	″	
Contrôleurs des contributions directes.	Contrôleurs des contributions directes*. Directeurs des contributions directes*. Inspecteurs des contributions directes*.	S. B.	Dép.	127	11	″	″	
	Maires*.	S. B.	Contr. c. dir.	127	13	20	178	
	Percepteurs*. Préfets*.	S. B.	Contr. c. dir.	127	12	20	178	
	Receveurs de l'enregistrement et des domaines*.	S. B.	Contr. c. dir.	130	24	20	178	
	Sous-préfets*.	S. B.	Contr. c. dir.	127	12	20	178	
Contrôleurs des magasins de tabac (2).	Inspecteurs de la culture des tabacs et des magasins de tabac en feuilles*.	S. B.	Tout le R.	137	49	″	″	(2) Ces contrôleurs sont répartis dans les départements ci-après, savoir : *Ille-et-Vilaine, Lot, Lot-et-Garonne, Nord, Pas-de-Calais, Bas-Rhin.*
Contrôleurs du service de la surveillance de la culture des tabacs (2).	Inspecteurs de la culture des tabacs et des magasins de tabac en feuilles*.	S. B.	Tout le R.	137	49	″	″	
	Inspecteurs spéciaux du service des tabacs, résidant habituellement à *Paris* (3)*.	S. B.	Tout le R.	138	48	″	″	(3) Lorsque ces agents sont en tournée d'inspection.

DÉSIGNATION DES FONCTIONNAIRES ET DES PERSONNES		FORME sous laquelle la correspondance circulant en franchise doit être présentée.	ARRONDISSEMENT, circonscription ou rayon dans l'étendue duquel la correspondance valablement contre-signée circule en franchise.	RENVOI au deuxième volume de l'Instruction générale,				OBSERVATIONS.
autorisés à contre-signer leur correspondance de service. (Article 352 de l'Instruction générale.)	auxquels la correspondance de service des fonctionnaires et des personnes désignés dans la colonne ci-contre doit être remise en franchise.			POUR le texte des dispositions réglementaires.		POUR les tableaux de circonscription.		
				Page.	Article.	N°s des tableaux.	Page.	
1.	2.	3.	4.	5.	6.	7.	8.	9.
Curés	Archevêques* Évêques*	S. B.	Circ. dioc.	106	1	12	167	
	Préfets*	S. B.	Dép.	110	1	»	»	
	Présidents des comités d'arrondissement de l'instruction primaire*	S. B.	Arr. s.-pr.	108	2	»	»	
	Sous-préfets*	S. B.	Arr. s.-pr.	110	1	»	»	
Curés dans les arrondissem. de Dôle, Lons-le-Saulnier, Poligny	Grand vicaire à *Lons-le-Saulnier* (1)*	S. B.	»	106	1 bis.	»	»	(1) Indépendamment de la correspondance avec l'Évêque de Saint-Claude.

DÉSIGNATION DES FONCTIONNAIRES ET DES PERSONNES autorisés à contre-signer leur correspondance de service. (*Article 353 de l'Instruction générale.*)	DÉSIGNATION DES FONCTIONNAIRES ET DES PERSONNES auxquels la correspondance de service des fonctionnaires et des personnes désignés dans la colonne ci-contre doit être remise en franchise.	FORME sous laquelle la correspondance circulant en franchise doit être présentée.	ARRONDISSEMENT, circonscription ou ressort dans l'étendue duquel la correspondance valablement contre-signée circule en franchise.	RENVOI au deuxième volume de l'Instruction générale, pour le texte des dispositions réglementaires. Page.	RENVOI au deuxième volume de l'Instruction générale, pour le texte des dispositions réglementaires. Article.	RENVOI au deuxième volume de l'Instruction générale, pour les tableaux de circonscriptions. N° des tableaux.	RENVOI au deuxième volume de l'Instruction générale, pour les tableaux de circonscriptions. Page.	OBSERVATIONS.
1.	2.	3.	4.	5.	6.	7.	8.	9.

DÉSIGNATION DES FONCTIONNAIRES ET DES PERSONNES		FORME sous laquelle la correspondance circulant en franchise doit être présentée.	ARRONDISSEMENT, circonscription ou ressort dans l'étendue duquel la correspondance valablement contre-signée circule en franchise.	RENVOI au deuxième volume de l'Instruction générale,				OBSERVATIONS.
autorisés à contre-signer leur correspondance de service. (*Article 333 de l'Instruction générale.*)	auxquels la correspondance de service des fonctionnaires et des personnes désignés dans la colonne ci-contre doit être remise en franchise.			POUR le texte des dispositions réglementaires.		POUR les tableaux de circonscriptions.		
				Page.	Article.	N^os des tableaux.	Page.	
1.	2.	3.	4.	5.	6.	7.	8.	9.

DÉSIGNATION DES FONCTIONNAIRES ET DES PERSONNES		FORME sous laquelle la correspondance circulant en franchise doit être présentée.	Arrondissement, circonscription ou ressort dans l'étendue duquel la correspondance valablement contre-signée circule en franchise.	RENVOI au deuxième volume de l'Instruction générale,				OBSERVATIONS.
autorisés à contre-signer leur correspondance de service. (*Article 252 de l'Instruction générale.*)	auxquels la correspondance de service des fonctionnaires et des personnes désignés dans la colonne ci-contre doit être remise en franchise.			pour le texte des dispositions réglementaires.		pour les tableaux de circonscription.		
				Pages.	Articles.	Nos des tableaux.	Pages.	
1.	2.	3.	4.	5.	6.	7.	8.	9.
	D							
Délégué de la commission de salubrité navale à *Saint-Nazaire*	Commissaire principal de la marine à *Nantes*, *président de la commission de salubrité navale** Intendance sanitaire à *Nantes**	S. B.	»	103	3	»	»	
Desservants	Archevêques*	S. B.	Circ. dioc.	106	1	12	167	
	Évêques*							
	Préfets*	S. B.	Dép.	110	1	»	»	
	Sous-préfets*	S. B.	Arr. s.-pr.	110	1	»	»	
Desservants dans leurs cantons de { *Dôle*, *Lons-le-Saulnier*, *Poligny* }	Grand-vicaire à *Lons-le-Saulnier* (1)*	S. B.	»	108	1 bis.	»	»	(1) Indépendamment de la correspondance avec l'Évêque de Saint-Claude.
Directeur général de l'enregistrement et des domaines.	Conseils de guerre* Directeurs de l'enregistrement et des domaines* Inspecteurs généraux de l'enregistrement et des domaines* Préfets* Présidents des conseils de guerre* Procureurs généraux* Procureurs du Roi* Sous-préfets* Surveillants de papeterie pour la fabrication du papier à timbrer*	L. F.	Tout le R.	129	29	»	»	
Directeur général des ponts et chaussées et des mines.	Administrateurs des lignes télégraphiques*	L. F.	»	119	8	»	»	
	Aspirants des mines et usines* Aspirants des ponts et chaussées* Directeurs des lignes télégraphiques* Élèves des mines et usines* Élèves des ponts et chaussées* Ingénieurs en chef des mines et usines* Ingénieurs en chef des ponts et chaussées* Ingénieurs ordinaires des mines et usines* Ingénieurs ordinaires des ponts et chaussées* Inspecteurs-généraux des mines et usines* Inspecteurs-généraux des ponts et chaussées* Inspecteurs division. des mines et usines* Inspect. division. des ponts et chaussées*	L. F.	Tout le R.	119	8	»	»	
	Inspecteur en chef de la navigation du Rhin, résidant à *Mayence**	L. F.	»	119	8	»	»	
	Inspecteurs de la navigation* Inspecteurs des lignes télégraphiques* Préfets*	L. F.	Tout le R.	115	8	»	»	
Directeur général des poudres et salpêtres	Greffier en chef de la cour des comptes	L. F.	»	180	25	»	»	Cette franchise ne concerne que l'envoi des comptes et pièces à l'appui renvoyés à la cour des comptes.

DÉSIGNATION DES FONCTIONNAIRES ET DES PERSONNES		FORME sous laquelle la correspondance circulant en franchise doit être présentée.	ARRONDISSEMENT, circonscription ou rayon dans l'étendue duquel la correspondance valablement contresignée circule en franchise.	RENVOI au deuxième volume de l'Instruction générale, pour le texte des dispositions réglementaires.		pour les tableaux de circonscription.		OBSERVATIONS.
autorisés à contre-signer leur correspondance de service. (Article 333 de l'Instruction générale.)	auxquels la correspondance de service des fonctionnaires et des personnes désignés dans la colonne ci-contre doit être remise en franchise.			Pages.	Articles.	N.os des tableaux.	Pages.	
1.	2.	3.	4.	5.	6.	7.	8.	9.
Directeur de l'administration de la caisse d'amortissement et de la caisse des dépôts et consignations.	Directeurs de l'enregistrement et des domaines*	L. F.	Tout le R.	128	25	»	»	
	Greffier en chef de la cour des comptes*	L. F.	»	128	32	»	»	
	Maires*							
	Préfets*							
	Procureurs du Roi*	L. F.	Tout le R.	128	53	»	»	
	Receveurs généraux des finances*							
	Receveurs particuliers des finances*							
Directeur de l'administration de la loterie.	Inspecteurs en chef de la loterie*							
	Inspecteurs de la loterie*							
	Préfets*							
	Procureurs généraux*	L. F.	Tout le R.	129	36	»	»	
	Procureurs du Roi*							
	Receveurs de la loterie*							
	Sous-inspecteurs de la loterie*							
	Sous-préfets*							
Directeur de l'administration des contributions indirectes.	Directeurs de département des contributions indirectes*							
	Directeurs d'arrondissement des contributions indirectes*							
	Garde-magasins des tabacs en feuilles*							
	Inspecteurs de la culture des tabacs et des magasins de tabac en feuilles*							
	Inspecteurs spéciaux des magasins et manufactures de tabac*	L. F.	Tout le R.	131	40	»	»	
	Préfets*							
	Préposés en chef des octrois*							
	Procureurs généraux*							
	Procureurs du Roi*							
	Régisseurs des manufact. royales de tabac*							
	Sous-préfets*							
Directeur de l'administration des douanes.	Directeurs des douanes*							
	Inspecteurs des douanes*							
	Préfets*							
	Procureurs généraux*							
	Procureurs du Roi*	L. F.	Tout le R.	132	31	»	»	
	Receveurs principaux des douanes*							
	Sous-inspecteurs des douanes*							
	Sous-Préfets*							

DÉSIGNATION DES FONCTIONNAIRES ET DES PERSONNES autorisés à contre-signer leur correspondance de service. (*Article 353 de l'Instruction générale.*) 1.	auxquels la correspondance de service des fonctionnaires et des personnes désignés dans la colonne ci-contre doit être remise en franchise. 2.	FORME sous laquelle la correspondance circulant en franchise doit être présentée. 3.	ARRONDISSEMENT, circonscription ou rayon dans l'étendue duquel la correspondance valablement contre-signée circule en franchise. 4.	RENVOI au deuxième volume de l'Instruction générale, pour le texte des dispositions réglementaires. Page. 5.	Article. 6.	pour les tableaux de contre-seings. N°s des tableaux. 7.	Page. 8.	OBSERVATIONS. 9.
Directeur de l'administration des *forêts*	Conservateurs des forêts*	L. F.	Tout le R.	130	26	»	»	
	Directeur de l'école forestière de *Nancy**	L. F.	»	130	26	»	»	
	Directeurs de l'enregistrement et des domaines*	L. F.	Tout le R.	130	26	»	»	
	Gardes généraux des forêts, *chefs de service** ; Géomètre vérificateur général des arpentages* ; Inspecteurs des forêts, *chefs de service**	L. F.	»	130	26	»	»	
	Préfets* ; Procureurs généraux* ; Procureurs du Roi*	L. F.	Tout le R.	130	26	»	»	
	Professeurs de l'école forestière de *Nancy**	L. F.	»	130	26	»	»	
	Sous-inspecteurs des forêts, *chefs de service** ; Sous-préfets*	L. F.	Tout le R.	130	26	»	»	
Directeur de l'administration des postes	Toutes personnes auxquelles il est écrit pour le service des postes*	L. F.	Tout le R.	137	41	»	»	
Directeur de l'administration des tabacs	Directeurs de département des contributions indirectes* ; Directeurs d'arrondissement des contributions indirectes* ; Garde-magasins des tabacs en feuilles* ; Inspecteurs de la culture des tabacs et des magasins de tabac en feuilles* ; Inspecteurs spéciaux des magasins et manufactures de tabac, en tournée* ; Préfets* ; Procureurs généraux* ; Procureurs du Roi* ; Régisseurs des manufactures royales de tabac* ; Sous-préfets*	L. F.	Tout le R.	130	27	»	»	
Directeur de la fabrique des pierres à feu à *St Aignan*.	Administrateur de l'hôtel royal des invalides*	S. B.	»	98	8	»	»	
	Colonel chef d'état-major de la 1re division militaire*	S. B.	»	94	2	6	120	
	Commandants d'artillerie* ; Directeurs d'artillerie*	S. B.	Tout le R.	92	10	»	»	
	Inspecteurs généraux d'armes en tournée*	S. B.	Arr. insp. g. d'arm.	93	7	»	»	
	Inspecteurs généraux de gendarmerie*	S. B.	Tout le R.	96	8	»	»	
	Intendants militaires*	S. B.	Tout le R.	95	8	7	131	
	Lieutenant général commandant la 1re division militaire*	S. B.	»	94	3	6	120	
	Maréchal de camp commandant le département de *Loir-et-Cher**	S. B.	»	94	3	»	»	
	Officiers de gendarmerie* ; de la garde municipale de Paris* ; du bataillon de voltigeurs Corses*	S. B.	Tout le R.	98	8	»	»	
	Sous-intendants militaires* ; Sous-intendants militaires adjoints*	S. B.	Tout le R.	95	10	7	132	

DÉSIGNATION DES FONCTIONNAIRES ET DES PERSONNES autorisés à contre-signer leur correspondance de service. (Article 331 de l'Instruction générale.)	auxquels la correspondance de service des fonctionnaires et des personnes désignés dans la colonne ci-contre doit être remise en franchise.	FORME sous laquelle la correspondance doit circulant en franchise doit être présentée.	ARRONDISSEMENT, circonscription ou rayon dans l'étendue duquel la correspondance réciproquement contresignée circule en franchise.	RENVOI au deuxième volume de l'Instruction générale, pour le texte des dispositions réglementaires. Page.	Article.	pour les tableaux de circonscription. N° des tableaux.	Page.	OBSERVATIONS.
1.	2.	3.	4.	5.	6.	7.	8.	9.
Directeur de la maison royale de *Charenton*	Préfet de la *Seine**. Sous-préfet de *Sceaux**	S. B.	″	110	1	″	″	
Directeur de la maison royale des jeunes aveugles	Préfet de la *Seine**	S. B.	″	110	1	″	″	
Directeur de la manufacture royale de machines à vapeur d'*Indret*	Chefs d'administration de la marine*. Chefs maritimes*	S. B.	Tout le R.	102	1	″	″	
	Colonel chef d'état-major de la 12e division militaire*	S. B.	″	104	12	6	150	
	Commandants d'artillerie de la 12e direction*	S. B.	″	104	12	9	154	
	Commissaires généraux de la marine*. Commissaires principaux de la marine*. Commissaires chargés en chef du service dans les ports*	S. B.	Tout le R.	102	1	″	″	
	Directeur d'artillerie à *Nantes**	S. B.	″	104	12	″	″	
	Inspecteurs généraux d'armes en tournée*	S. B.	Arr. insp. g. d'arm.	104	12	″	″	
	Intendants militaires*	S. B.	Tout le R.	104	12	7	152	
	Lieutenant général commandant la 12e division militaire*	S. B.	″	104	12	6	150	
	Maréchal de camp commandant le département de la *Loire-Inférieure**	S. B.	″	104	12	″	″	
	Officiers de gendarmerie*; de la garde municipale*; du bataillon de voltig. corses*	S. B.	Tout le R.	104	12	″	″	
	Préfets maritimes*	S. B.	Tout le R.	102	1	″	″	
	Sous-intendants militaires*. Sous-intendants militaires adjoints*	S. B.	Tout le R.	104	12	7	152	
Directeur de l'imprimerie royale	Abonnés au Bulletin des lois*	S. B.	Tout le R.	89	12	″	″	
	Greffier en chef de la cour des comptes	L. F.	″	89	12	″	″	Pour l'envoi des comptes.
	Directeurs des douanes	L. F.	Tout le R.	90	12	″	″	Pour l'envoi du Bulletin des lois contenant les prix régulateurs des grains ; les paquets ne sont point contre-signés, mais simplement frappés du timbre de l'Imprimerie royale.
	Inspecteurs des douanes à *Bordeaux*, *Lyon*, *Toulouse*	L. F.	″	90	12	″	″	
	Préfets	L. F.	Tout le R.	90	12	″	″	
Directeur des dépenses de la liste civile	Archiviste de la couronne*. Conservateur des forêts de la couronne*. Conservateur des résidences et maisons royales à *Paris**. Conservateur du mobilier de la couronne*. Directeur des dépenses des bâtiments de la couronne*. Directeur des domaines et du contentieux de la liste civile*. Trésorier de la couronne*	S. B.	″	138	2	″	″	

DÉSIGNATION DES FONCTIONNAIRES ET DES PERSONNES		FORME sous laquelle la correspondance circulant en franchise doit être présentée.	CIRCONSCRIPTION, dans l'étendue de laquelle la correspondance [illegible] circule en franchise.	RENVOI au deuxième volume de l'Instruction générale,				OBSERVATIONS.
autorisés à contre-signer leur correspondance de service (Article 353 de l'Instruction générale.)	auxquels la correspondance de service des fonctionnaires et des personnes désignés dans la colonne ci-contre doit être remise en franchise.			pour le texte des dispositions réglementaires.		pour les tableaux de circonscription.		
				Pages.	Articles.	[illegible]	Pages.	
1.	2.	3.	4.	5.	6.	7.	8.	9.
Directeur des dépenses des bâtiments de la couronne......	Architectes du Roi*........	S. B.	Tout le R.	142	1	»	»	
	Archiviste de la couronne*........							
	Conservateur des forêts de la couronne*......							
	Conservateur des résidences et maisons royales, à *Paris**........							
	Conservateur du mobilier de la couronne*......	S. B.	»	142	2	»	»	
	Directeur des dépenses de la liste civile*......							
	Directeur des domaines et du contentieux de la liste civile*........							
	Trésorier de la couronne*........							
Directeur des domaines et du contentieux de la liste civile........	Architectes du Roi*........	S. B.	Tout le R.	142	2	»	»	
	Archiviste de la couronne*........	S. B.	»	142	3	»	»	
	Concierges des résidences royales*......	S. B.	Tout le R.	142	6	»	»	
	Conservateur des forêts de la couronne*......							
	Conservateur des résidences et maisons royales, à *Paris**........							
	Conservateur du mobilier de la couronne*......	S. B.	»	142	9	»	»	
	Directeur des dépenses de la liste civile*......							
	Directeur des dépenses des bâtiments de la couronne*........							
	Directeur des pépinières de la couronne*......	S. B.	»	144	9	»	»	
	Gardes généraux des forêts de la couronne*......							
	Inspecteurs des forêts de la couronne*......	S. B.	Tout le R.	143	6	»	»	
	Jardiniers en chef des résidences royales*......							
	Trésorier de la couronne*........	S. B.	»	142	[illegible]	»	»	
Directeur des établissements et commandant supérieur du train des équipages, à *Vernon*........	Commandants des compagnies du train*......	S. B.	Tout le R.	69	19	»	»	
	Commandants des comp. d'ouvriers du train*......							
	Commandant du dépôt des équipages, à *Sampigny**........	S. B.	»	69	19	»	»	
	Sous-directeur des parcs de construction, à *Châteauroux**........							
Directeur des pépinières de la couronne........	Directeur des domaines et du contentieux de la liste civile*........	S. B.	»	142	9	»	»	
Directeur du service de la surveillance des fournitures des bois de marine......	Chefs d'administration de la marine*......							
	Chefs maritimes*........							
	Commissaires généraux de la marine*......	S. B.	Tout le R.	191	1	»	»	
	Commissaires principaux de la marine*......							
	Commissaires chargés en chef du service dans les ports*........							
	Conservateurs des forêts*........	S. B.	Tout le R.	131	2	»	»	
	Gardes généraux des forêts*........	S. B.	Tout le R.	121	25	»	»	
	Gardes à cheval des forêts*........	S. B.	Tout le R.	120	16	»	»	
	Inspecteurs des forêts*........	S. B.	Tout le R.	121	28	»	»	
	Maîtres charpentiers entretenus*......	S. B.	Tout le R.	161	18	30	128	
	Préfets*........	S. B.	Tout le R.	104	16	»	»	
	Préfets maritimes*........	S. B.	Tout le R.	108	1	»	»	
	Sous-inspecteurs des forêts*........	S. B.	Tout le R.	121	28	»	»	
	Sous-préfets*........	S. B.	Tout le R.	104	16	»	»	

DÉSIGNATION DES FONCTIONNAIRES ET DES PERSONNES autorisés à contre-signer leur correspondance de service. (Article [illegible] de l'Instruction générale.)	DÉSIGNATION DES FONCTIONNAIRES ET DES PERSONNES auxquels la correspondance de service des fonctionnaires et des personnes désignés dans la colonne ci-contre doit être remise en franchise.	FORME sous laquelle la correspondance circulant en franchise doit être présentée.	ARRONDISSEMENT, circonscription ou rayon dans l'étendue duquel la correspondance valablement contre-signée circule en franchise.	RENVOI au deuxième volume de l'Instruction générale, pour le texte des dispositions réglementaires. Page.	Article.	RENVOI pour les tableaux de circonscription. Nos des tableaux.	Page.	OBSERVATIONS.
1.	2.	3.	4.	5.	6.	7.	8.	9.
Directeur du télégraphe, à *Avranches*	Administrateur en chef des lignes télégr.*	L. F.	»	112	10	»	»	
	Préfets... S.-préfets des dép. du *Calvados*..... de la *Manche*..... Sous-préfet de *Saint-Malo*.....	L. F.	»	112	11	»	»	
Directeur du télégraphe, à *Bayonne*	Administrateur en chef des lignes télégr.*	L. F.	»	112	10	»	»	
	Préfets... S.-préfets des dép. du *Gers*..... des *Basses-Pyrénées* des *Hautes-Pyrénées*	L. F.	»	112	11	»	»	
Directeur du télégraphe, à *[illegible]*	Administrateur en chef des lignes télégr.*	L. F.	»	112	10	»	»	
	Préfets... S.-préfets de la *Charente-Inférieure*...	L. F.	»	112	11	»	»	
Directeur du télégraphe, à *Bordeaux*	Administrateur en chef des lignes télégr.*	L. F.	»	112	10	»	»	
	Préfets... S.-préfets des dép. de l'*Ariége*..... de l'*Aveyron*..... de la *Charente*..... de la *Charente-Inf.* de la *Corrèze*..... de la *Dordogne*..... de la *Haute-Garonne* du *Gers*..... des *Landes*..... du *Lot*..... de *Lot-et-Garonne*. du *Tarn*..... de *Tarn-et-Garonne* de la *Haute-Vienne*.	L. F.	»	112	11	»	»	
Directeur du télégraphe, à *Brest*	Administrateur en chef des lignes télégr.*	L. F.	»	112	10	»	»	
	Préfet... S.-préfets du *Finistère*.....	L. F.	»	112	11	»	»	
Directeur du télégraphe, à *Calais*	Administrateur en chef des lignes télégr.*	L. F.	»	112	10	»	»	
	S.-préfets de *Boulogne-sur-Mer*..... de *Dunkerque*.....	L. F.	»	112	11	»	»	
Directeur du télégraphe, à *Lille*	Administrateur en chef des lignes télégr.*	L. F.	»	112	10	»	»	
	Préfet... S.-préfets du *Pas-de-Calais*.....	L. F.	»	112	11	»	»	
Directeur du télégraphe, à *Lyon*	Administrateur en chef des lignes télégr.*	L. F.	»	112	10	»	»	
	Préfets... S.-préfets des dép. de l'*Ain*..... de l'*Ardèche*..... des *Hautes-Alpes*.. du *Cantal*..... de la *Drôme*..... de l'*Isère*..... du *Jura*..... de la *Loire*..... de la *Haute-Loire*. de la *Lozère*..... du *Puy-de-Dôme*.. de *Saône-et-Loire*..	L. F.	»	112	11	»	»	

DÉSIGNATION DES FONCTIONNAIRES ET DES PERSONNES autorisés à contre-signer leur correspondance de service. (*Article 353 de l'Instruction générale.*)	auxquels la correspondance de service des fonctionnaires et des personnes désignés dans la colonne ci-contre doit être remise en franchise.	FORME sous laquelle la correspondance circulant en franchise doit être présentée.	ARRONDISSEMENT, circonscription ou rayon dans l'étendue duquel la correspondance est valablement contresignée circule en franchise.	RENVOI au deuxième volume de l'Instruction générale. Pour le texte des dispositions réglementaires. Page.	Articles.	Pour les tableaux de circonscription. Nos des tableaux.	Page.	OBSERVATIONS.
1.	2.	3.	4.	5.	6.	7.	8.	9.
Directeur du télégraphe, à *Marseille*	Administrateur en chef des lignes télégr.*	L. F.	[illegible]	112	10	[illegible]	[illegible]	
	Préfets... S.-préfets. des dép. des *Basses-Alpes*, de l'*Aude*, du *Gard*, de l'*Hérault*, des *Pyrénées-Orient.*, de *Vaucluse*	L. F.	[illegible]	112	11	[illegible]	[illegible]	
Directeur du télégraphe, à *Metz*	Administrateur en chef des lignes télégr.*	L. F.	[illegible]	112	10	[illegible]	[illegible]	
	Préfets... S.-préfets. des dép. de la *Meurthe*, de la *Meuse*, des *Vosges*	L. F.	[illegible]	112	11	[illegible]	[illegible]	
Directeur du télégraphe, à *Nantes*	Administrateur en chef des lignes télégr.*	L. F.	[illegible]	112	10	[illegible]	[illegible]	
	Préfets... S.-préfets. des dép. de *Maine-et-Loire*, de la *Vendée*	L. F.	[illegible]	112	11	[illegible]	[illegible]	
Directeur du télégraphe, à *Rennes*	Administrateur en chef des lignes télégr.*	L. F.	[illegible]	112	10	[illegible]	[illegible]	
	Préfets... S.-Préfets. des dép. des *Côtes-du-Nord*, de la *Mayenne*, du *Morbihan*	L. F.	[illegible]	112	11	[illegible]	[illegible]	
Directeur du télégraphe, à *Sceaux*	Administrateur en chef des lignes télégr.*	L. F.	[illegible]	112	10	[illegible]	[illegible]	
	Préfets... S.-préfets. des dép. de la *Côte-d'Or*, du *Doubs*, de la *Haute-Saône*	L. F.	[illegible]	112	11	[illegible]	[illegible]	
Directeur du télégraphe, à *Strasbourg*	Administrateur en chef des lignes télégr.*	L. F.	[illegible]	112	10	[illegible]	[illegible]	
	Préfet... S.-préfets. du *Haut-Rhin*	L. F.	[illegible]	112	11	[illegible]	[illegible]	
Directeur du télégraphe, à *Saint-Servan*	Administrateur en chef des lignes télégr.*	L. F.	[illegible]	112	10	[illegible]	[illegible]	
	Préfets... S.-préfets. des dép. des *Côtes-du-Nord*, d'*Ille-et-Vilaine*, de la *Manche*, du *Morbihan*	L. F.	[illegible]	112	11	[illegible]	[illegible]	
Directeur du télégraphe, à *Toulon*	Administrateur en chef des lignes télégr.*	L. F.	[illegible]	112	10	[illegible]	[illegible]	
	Préfets... S.-préfets. des dép. de la *Corse*, du *Var*	L. F.	[illegible]	112	11	[illegible]	[illegible]	
Directeur du télégraphe, à *Tours*	Administrateur en chef des lignes télégr.*	L. F.	[illegible]	112	10	[illegible]	[illegible]	
	Préfets... S.-préfets. des dép. de la *Loire-Infér.*, de *Maine-et-Loire*, de la *Mayenne*, des *Deux-Sèvres*, de la *Vendée*, de la *Vienne*	L. F.	[illegible]	112	11	[illegible]	[illegible]	

DÉSIGNATION DES FONCTIONNAIRES ET DES PERSONNES autorisés à contre-signer leur correspondance de service. (Article 358 de l'Instruction générale.)	auxquels la correspondance de service des fonctionnaires et des personnes désignés dans la colonne ci-contre doit être remise en franchise.	FORME sous laquelle la correspondance doit être présentée.	ARRONDISSEMENT, circonscription ou ressort dans l'étendue duquel la correspondance réciproquement contre-signée circule en franchise.	RENVOI au deuxième volume de l'Instruction générale, POUR le texte des dispositions réglementaires. Pages.	Articles.	POUR les tableaux de circonscription. N.os des tableaux.	Pages.	OBSERVATIONS.
1.	2.	3.	4.	5.	6.	7.	8.	9.
Directeurs d'artillerie	Administrateur de l'hôtel royal des invalides*	S. B.	»	96	8	»	»	
	Colonels chefs d'état-major des divisions militaires*	S. B.	Div. mil.	93	2	6	150	
	Commandants d'artillerie*	S. B.	Dir. d'art.	99	10	9	153	
	Directeur de la fabrique de pierres à feu, à *Saint-Aignan**	S. B.	»	99	20	»	»	
	Directeurs des manufactures royales d'armes*	S. B.	Tout le R.	99	20	»	»	
	Inspecteurs généraux d'armes en tournée*	S. B.	Arr. inspecg. d'arm.	94	2	»	»	
	Inspecteurs généraux de gendarmerie*	S. B.	Tout le R.	96	8	»	»	
	Inspecteurs des fonderies* / des forges*	S. B.	Dir. d'art.	99	10	9	154	
	Inspecteurs des manuf. royales d'armes*	S. B.	Tout le R.	99	20	»	»	
	Inspecteurs des poudreries* / des raffineries de salpêtre*	S. B.	Dir. d'art.	99	10	9	153	
	Intendants militaires*	S. B.	Tout le R.	96	8	7	152	
	Lieutenants-généraux commandant les divisions militaires*	S. B.	Div. mil.	94	2	6	150	
	Maréchaux de camp commandant les subdivisions militaires*	S. B.	Subd. mil.	94	2	6	151	
	Officiers de gendarmerie* / de la garde municipale de *Paris** / du bataill. de voltig. corses*	S. B.	Tout le R.	96	8	»	»	
	Sous-inspecteurs des fonderies* / Sous-inspecteurs des forges*	S. B.	Dir. d'art.	99	10	9	154	
	Sous-intendants militaires* / Sous-intendants militaires adjoints*	S. B.	Tout le R.	96	10	7	152	
Directeur d'artillerie, à *Nantes*	Directeur de la manufacture royale de machines à vapeur, d'*Indret**	S. B.	»	104	12	»	»	
Directeurs de la fabrication des monnaies	Inspecteurs généraux des finances* / Inspecteurs des finances*	S. B.	Tout le R.	124	1	»	»	
		L. F.	»	140	20	»	»	
	Président de la commission des monnaies*	»	»	140	22	»	»	Pour l'envoi à Paris des boîtes contenant les poinçons de garantie, lors de service; ces objets doivent être chargés.
Directeurs de l'enregistrement et des domaines	Conservateurs des forêts*	S. B.	Conserv. for.	131	22	21	203	
	Conservateurs des hypothèques*	S. B.	Dép.	129	24	»	»	
	Directeurs de l'enregistrement et des domaines*	S. B.	Tout le R.	129	21	»	»	Cette franchise est restreinte aux envois de feuilles imprimées, relatives au service; ces feuilles peuvent contenir de l'écriture à la main.
	Gardes généraux des forêts*	S. B.	Conserv. for.	131	22	21	203	
	Gardes à cheval des forêts*	S. B.	Conserv. for.	131	22	21	203	
	Garde-magasins du timbre* / Inspecteurs de l'enregistrement et des domaines*	S. B.	Dép.	129	21	»	»	
	Inspecteurs généraux des finances* / Inspecteurs des finances*	S. B.	Tout le R.	124	1	»	»	
	Inspecteurs des forêts*	S. B.	Conserv. for.	131	18	21	203	

(*La suite au verso.*)

DÉSIGNATION DES FONCTIONNAIRES ET DES PERSONNES autorisés à contre-signer leur correspondance de service. (Article 382 de l'Instruction générale.)	auxquels la correspondance de service des fonctionnaires et des personnes désignés dans la colonne ci-contre doit être remise en franchise.	FORME sous laquelle la correspondance circulant en franchise doit être présentée.	CIRCONSCRIPTION [illegible] dans l'étendue duquel la correspondance [illegible] contre-signée [illegible] en franchise.	RENVOI au deuxième volume de l'Instruction générale. Pour le texte des dispositions réglementaires. Pages.	Articles.	Pour les tableaux de circonscription. N° des tableaux.	Pages.	OBSERVATIONS.
1.	2.	3.	4.	5.	6.	7.	8.	9.
Directeurs de l'enregistrement et des domaines. (Suite.)	Premiers présidents des cours royales*	S. B.	C. roy.	88	2	3	151	
	Procureurs du Roi*							
	Receveurs de l'enregistr. et des domaines*	S. B.	Dép.	119	11	»	»	
	Receveurs du timbre*							
	Sous-inspecteurs des forêts*	S. B.	Conserv. for.	121	18	21	203	
	Vérificateurs de l'enregistr. et des domaines*	S. B.	Dép.	125	21	»	»	
Directeur de l'enregistrement et des domaines du département du Var	Préfet du Var*	S. B.	»	111	4	»	»	
Directeurs des contributions directes	Contrôleurs des contributions directes*	S. B.	Dép.	121	13	»	»	
	Inspecteurs des contributions directes*							
	Inspecteurs généraux des finances*	S. B.	Tout le R.	125	4	»	»	
	Inspecteurs des finances*							
	Maires*	S. B.	Dép.	127	12	»	»	
	Payeurs du trésor public*							
	Receveurs particuliers des finances*	S. B.	Dép.	125	8	»	»	
	Sous-préfets*	S. B.	Dép.	127	18	»	»	
	Vérificateurs spéciaux du cadastre*	S. B.	Tout le R.	128	16	»	»	
Directeurs des contributions indirectes de département.	Commissaires près les poudreries*	S. B.	Dép.	135	31	16	149	
	Directeurs des contributions indirectes de département*	S. B.	Tout le R.	135	31	»	»	[illegible]
				135	43	»	»	[illegible]
	Directeurs des contributions indirectes d'arrondissement*	S. B.	Tout le R.	135	13	»	»	
	Garde-magasins des poudres*	S. B.	Dép.	122	11	26	215	
	Inspecteurs généraux des finances*							
	Inspecteurs des finances*	S. B.	Tout le R.	125	4	»	»	
	Inspecteurs spéciaux du service des tabacs résidant habituellement à Paris* (1)	S. B.	Tout le R.	126	18	»	»	(1) Lorsque ces agents font une tournée d'inspection.
	Préposés des contributions indirectes*	S. B.	Dép.	130	41	»	»	
	Régisseurs des manufactures royales de tabac*	S. B.	Tout le R.	137	50	»	»	
Directeurs des contributions indirectes dans les départements d'Ille-et-Vilaine, du Lot, de Lot-et-Garonne, du Nord, du Pas-de-Calais et du Bas-Rhin	Inspecteurs de la culture des tabacs et des magasins de tabac en feuilles*	S. B.	Tout le R.	127	15	»	»	

DÉSIGNATION DES FONCTIONNAIRES ET DES PERSONNES autorisés à contre-signer leur correspondance de service. (Article 353 de l'Instruction générale.)	auxquels la correspondance de service des fonctionnaires et des personnes désignés dans la colonne ci-contre doit être remise en franchise.	FORME sous laquelle la correspondance doit circuler en franchise doit être présentée.	ARRONDISSEMENT, circonscription ou rayon dans l'étendue duquel la correspondance valablement contre-signée circule en franchise.	RENVOI au deuxième volume de l'Instruction générale, pour le texte des dispositions réglementaires. Page.	Article.	pour les tableaux de circonscriptions. par des tableaux.	Page.	OBSERVATIONS.
1.	2.	3.	4.	5.	6.	7.	8.	9.
Directeur des contributions indirectes du département des *Ardennes*, en résidence à *Charleville*	Préfet des *Ardennes**	S. B.	»	111	8	»	»	
Directeur des contributions indirectes du département du *Var*	Préfet du *Var**	S. B.	»	111	4	»	»	
Directeurs des contributions indirectes d'*arrondissement*	Commissaires près les poudreries*	S. B.	Arr. s.-pr.	133	41	20	219	
	Directeurs des contributions indirectes de département*, d'arrondissement*	S. B.	Tout le R.	136	43	»	»	Cette franchise ne s'applique qu'aux envois d'avertissements, bulletins et autres imprimés de service. Ces imprimés peuvent être remplis à la main; mais il ne peut y être joint aucune lettre, note ou écrit manuscrit: le poids de chaque paquet ne doit jamais excéder un kilogramme.
	Garde-magasins des poudres*	S. B.	Arr. s.-pr.	133	41	20	219	
	Inspecteurs généraux des finances* Inspecteurs des finances*	S. B.	Tout le R.	128	1	»	»	
	Inspecteurs spéciaux du service des tabacs résidant habituellement à *Paris* (1)*	S. B.	Tout le R.	138	49	»	»	(1) Lorsque ces agents font leur tournée d'inspection.
	Préposés des contributions indirectes*	S. B.	Arr. s.-pr.	153	44	»	»	
	Régisseurs des manufact. royales de tabac*	S. B.	Tout le R.	137	50	»	»	
Directeurs des contributions indirectes à *Château-Salins*, *Lunéville*, *Nancy* et *Sarrebourg*	Commissaires de police à *Dieuze**, *Vic**	S. B.	(2)	113	14	»	»	(2) Cette franchise s'étend à tous les lieux où les deux commissaires de police peuvent être envoyés en mission.
Directeurs des contributions indirectes à *Colmar* et à *Strasbourg*	Inspecteur général de la navigation du *Rhin*, résidant à *Mayence**	S. B.	»	92	2	»	»	
	Inspecteur du premier district de la navigation du *Rhin*, résidant à *Strasbourg**	S. B.	(3)	89	3	»	»	(3) Cette franchise peut s'étendre à tous les lieux situés sur les bords du *Rhin* jusqu'à l'embouchure de la *Lauter*.
Directeur des contributions indirectes à *Morlaix*	Préfet du *Finistère**	S. B.	»	111	7	»	»	
Directeur des contributions indirectes à *Toulon-sur-Mer*	Garde-magasins des poudres en *Corse**	S. B.	»	133	42	»	»	
Directeurs des douanes	Capitaines de brigade des douanes* Contrôleurs de brigade des douanes*	S. B.	Dir. doua.	132	32	22	203	
	Inspecteurs généraux des finances* Inspecteurs des finances*	S. B.	Tout le R.	128	1	»	»	
	Inspecteurs des douanes*	S. B.	Dir. doua.	133	33	22	204	
	Inspecteurs des postes*	S. B.	Dép.	127	46	»	»	
	Préfets*	S. B.	Dir. doua.	133	33	22	204	
	Receveurs généraux des finances*	S. B.	Dép.	128	3	»	»	
	Receveurs particuliers des finances*	S. B.	Arr. s.-pr.	128	3	»	»	
	Receveurs principaux des douanes* Receveurs des douanes* Sous-inspecteurs des douanes*	S. B.	Dir. doua.	133	33	22	204	
Directeurs des directions maritimes des douanes	Directeurs des directions maritimes des douanes*	S. B.	Tout le R.	132	39	23	211	Cette franchise ne concerne que l'envoi des acquits-à-caution et états récapitulatifs à l'appui.

DÉSIGNATION DES FONCTIONNAIRES ET DES PERSONNES autorisés à contre-signer leur correspondance de service. (Article 253 de l'Instruction générale.)	auxquels la correspondance de service des fonctionnaires et des personnes désignés dans la colonne ci-contre doit être remise en franchise.	FORME sous laquelle la correspondance doit circuler en franchise doit être présentée.	ARRONDISSEMENT, circonscription ou rayon dans l'étendue duquel la correspondance réciproquement contre-signée circule en franchise.	RENVOI au deuxième volume de l'Instruction générale. Dans le titre des dispositions réglementaires. Pages.	Numéros.	Dans les tableaux de correspondance. N.os des tableaux.	Pages.	OBSERVATIONS.
1.	2.	3.	4.	5.	6.	7.	8.	9.
Directeurs des douanes à Belley et à Besançon	Commissaire en chef des douanes, à Saint-Genis Commissaire particulier des douanes, à Collonges* Commissaire particulier des douanes, à Gex*	S. B.	»	131	38	»	»	
Directeur des douanes à Digne	Préfet du Var*	L. F.	»	111	4	»	»	
Directeur des douanes à Strasbourg	Inspecteur général de la navigation du Rhin, résidant à Mayence*	S. B.	»	97	5	»	»	
	Inspecteur du premier district de la navigation du Rhin, à Strasbourg*	S. B.	(1)	82	3	»	»	(1) Cette franchise est étendue à tous les lieux situés sur les bords du Rhin jusqu'à l'embouchure de la Lauter.
Directeurs des écoles vétérinaires	Préfets*	S. B.	Dép.	140	1	»	»	
	Sous-préfets*	S. B.	Arr. sep.	136	1	»	»	
Direct. des fonderies royales	Chefs d'administration de la marine* Chefs maritimes* Commissaires généraux de la marine* Commissaires principaux de la marine* Commissaires chargés en chef du service dans les ports* Préfets maritimes*	S. B.	Tout le R.	103	1	»	»	
Directeurs des forges royales	Chefs d'administration de la marine* Chefs maritimes* Commissaires généraux de la marine* Commissaires principaux de la marine* Commissaires chargés en chef du service dans les ports* Préfets maritimes*	S. B.	Tout le R.	103	1	»	»	
Directeurs des fortifications	Administrateur de l'hôtel royal des invalides*	S. B.	»	76	8	»	»	
	Colonels chefs d'état-major des divisions militaires*	S. B.	Div. mil.	85	2	6	130	
	Commandants du génie*	S. B.	Dir. du gén.	90	21	10	135	
	Gardes du génie chargés du service dans les places*	S. B.	Dir. du gén.	92	21	10	140	
	Inspecteurs généraux d'armes en tournée*	S. B.	Arr. insp. g. d'arm.	94	7	»	»	
	Inspecteurs généraux de gendarmerie*	S. B.	Tout le R.	95	8	»	»	
	Intendants militaires*	S. B.	Tout le R.	90	8	7	132	
	Lieutenants-généraux commandant les divisions militaires*	S. B.	Div. mil.	84	2	6	130	
	Maréchaux de camp commandant les subdivisions militaires*	S. B.	Subd. mil.	91	1	6	131	
	Officiers de gendarmerie* Officiers de la garde municipale de Paris* Officiers du bataillon de voltigeurs Corses*	S. B.	Tout le R.	96	8	»	»	
	Payeurs du Trésor public* Préfets*	S. B.	Dir. du gén.	98	21	10	138	
	Sous-intendants militaires* Sous-intendants militaires adjoints*	S. B.	Tout le R.	88	10	7	132	
Directeur des fortifications à Belfort	Ingénieur en chef du service du Rhin, à Strasbourg*	S. B.	»	131	15	»	»	

DÉSIGNATION DES FONCTIONNAIRES ET DES PERSONNES autorisés à contre-signer leur correspondance de service. (Article 333 de l'Instruction générale.)	auxquels la correspondance de service des fonctionnaires et des personnes désignés dans la colonne ci-contre doit être remise en franchise.	FORME sous laquelle la correspondance circulant en franchise doit être présentée.	ARRONDISSEMENT, circonscription ou ressort dans l'étendue duquel la correspondance valablement contresignée circule en franchise.	RENVOI au deuxième volume de l'Instruction générale, pour le texte des dispositions réglementaires. Page.	Articles.	pour les tableaux de circonscriptions. Nos des tableaux.	Page.	OBSERVATIONS.
1.	2.	3.	4.	5.	6.	7.	8.	9.
Directeurs des haras	Agents généraux des remontes des haras*	S. B.	Tout le R.	118	3	»	»	
	Inspecteurs généraux des haras*	S. B.	Arr. insp. har.	119	6	16	173	
	Préfets* Sous-préfets*	S. B.	Circ. har.	119	7	16	173	
Directeurs des maisons centrales de détention	Préfets*	S. B.	Dép.	113	1	»	»	
	Procureurs du Roi*	S. B.	Tout le R.	115	13	»	»	
	Sous-préfets*	S. B.	Arr. s.-pr.	110	1	»	»	
Directeurs des manufactures royales d'armes	Administrateur de l'hôtel royal des invalides*	S. B.	»	96	6	»	»	
	Chefs d'administration de la marine*	S. B.	Tout le R.	102	1	»	»	
	Chefs maritimes*	S. B.	Tout le R.	102	1	»	»	
	Colonels chefs d'état-major des div. militaires*	S. B.	Div. mil.	94	2	6	150	
	Commandants d'artillerie*	S. B.	Tout le R.	99	20	»	»	
	Commissaires généraux de la marine* Commissaires principaux de la marine* Commissaires chargés en chef du service dans les ports*	S. B.	Tout le R.	102	1	»	»	
	Directeurs d'artillerie*	S. B.	Tout le R.	99	20	»	»	
	Inspecteurs généraux d'armes en tournée*	S. B.	Arr. insp. g. d'arm.	94	7	»	»	
	Inspecteurs généraux de gendarmerie*	S. B.	Tout le R.	96	8	»	»	
	Intendants militaires*	S. B.	Tout le R.	96	8	7	152	
	Lieutenants-généraux commandant les divisions militaires*	S. B.	Div. mil.	94	2	6	150	
	Maréchaux de camp commandant les subdivisions militaires*	S. B.	Subd. mil.	94	2	6	151	
	Officiers { de gendarmerie* de la garde municipale de Paris* du bataillon de voltigeurs Corses*	S. B.	Tout le R.	96	8	»	»	
	Préfets maritimes*	S. B.	Tout le R.	102	1	»	»	
	Sous-intendants militaires* Sous-intendants militaires adjoints*	S. B.	Tout le R.	96	10	7	152	
Directeurs des postes	Commandants des brigades { de gendarmerie* de la garde munic. de Paris* du bataill. de voltig. corses*	S. B.	Arr. s.-pr.	138	53	»	»	
	Directeurs des directions comptables des postes*	S. B.	Dép.	138	53	»	»	
	Directeurs des postes des bureaux pour lesquels les contre-signataires font dépêche*	S. B.	»	138	53	»	»	
	Inspecteurs généraux des finances*	S. B.	Tout le R.	134	1	»	»	
	Inspecteurs des finances* Inspecteurs des postes*	S. B.	Tout le R.	137	52	»	»	
	Maires*	S. B.	Arr. s.-pr.	138	53	»	»	
	Préfets*	S. B.	Dép.	138	53	»	»	
	Receveurs principaux des douanes* Receveurs des douanes* Receveurs des finances*	S. B.	Arr. s.-pr.	138	53	»	»	
	Sous-inspecteurs des postes des bureaux pour lesquels les contre-signataires font dépêche*	S. B.	»	136	51	»	»	
	Sous-préfets*	S. B.	Arr. s.-pr.	138	53	»	»	
Directeurs des postes des directions comptables	Directeurs des postes*	S. B.	Dép.	138	53	»	»	

DÉSIGNATION DES FONCTIONNAIRES ET DES PERSONNES		FORME sous laquelle la correspondance circulant en franchise doit être présentée.	ARRONDISSEMENT, circonscription ou rayon dans l'étendue duquel la correspondance valablement contre-signée circule en franchise.	RENVOI au deuxième volume de l'Instruction générale.				OBSERVATIONS.
autorisés à contre-signer leur correspondance de service. (*Article 353 de l'Instruction générale.*)	auxquels la correspondance de service des fonctionnaires et des personnes désignés dans la colonne ci-contre doit être remise en franchise.			avec le texte des dispositions réglementaires.		avec les tableaux de concordance.		
				Pages.	Articles.	Nos des tableaux.	Pages.	
1.	2.	3.	4.	5.	6.	7.	8.	9.
Directeurs des postes des villes maritimes	Directeurs des postes des villes maritimes*.	S. B.	Tout le R.	138	33	"	"	Cette franchise ne concerne que l'envoi des états rapportés par les capitaines de navire. (Art. 373 de l'Instruction générale, 1er volume.)
Directeurs des subsistances militaires	Agents comptables des vivres et fourrages*.	S. B.	Div. mil.	180	24	6	150	
	Intendants militaires*	S. B.	Tout le R.	90	8	7	152	
	Sous-intendants militaires* Sous-intendants militaires adjoints*	S. B.	Tout le R.	90	12	7	152	

DÉSIGNATION DES FONCTIONNAIRES ET DES PERSONNES		FORME sous laquelle la correspondance circulant en franchise doit être présentée.	ARRONDISSEMENT, circonscription ou étendue dans l'étendue duquel la correspondance valablement contre-signée circule en franchise.	RENVOI au deuxième volume de l'Instruction générale.				OBSERVATIONS.
autorisés à contre-signer leur correspondance de service. (*Article 253 de l'Instruction générale.*)	auxquels la correspondance de service des fonctionnaires et des personnes désignés dans la colonne ci-contre doit être remise en franchise.			pour le texte des dispositions réglementaires.		pour les tableaux de circonscriptions.		
				Page.	Article.	Nos des tableaux.	Page.	
1.	2.	3.	4.	5.	6.	7.	8.	9.

DÉSIGNATION DES FONCTIONNAIRES ET DES PERSONNES		FORME sous laquelle la correspondance circulant en franchise doit être présentée.	[illegible]	RENVOI au deuxième volume de l'Instruction générale.				OBSERVATIONS.
autorisés à contre-signer leur correspondance de service. (*Article 351 de l'Instruction générale.*)	auxquels la correspondance de service des fonctionnaires et des personnes désignés dans la colonne ci-contre doit être remise en franchise.			pour le texte des dispositions réglementaires.		pour les tableaux de circonscriptions.		
				Page.	Article.	Nos des tableaux.	Page.	
1.	2.	3.	4.	5.	6.	7.	8.	9.
	E							
Élèves des mines et usines.	Ingénieurs en chef des mines et usines*	S. B.	Ass. ing. en ch. m. u.	119	2	19	176	
	Ingénieurs ordinaires des mines et usines*	S. B.	Ass. ing. ord. m. u.	119	3	20	176	
	Inspecteurs divisionnaires des mines et usines*	S. B.	Div. insp. m. u.	119	6	18	175	
Élèves des ponts-et-chaussées.	Aspirants des ponts-et-chaussées*							
	Conducteurs des ponts et chaussées subordonnés aux contresignataires*							
	Élèves des ponts et chaussées*	S. B.	Dép.	120	10	«	«	
	Ingénieurs en chef des ponts et chaussées*							
	Ingénieurs ordinaires des ponts et chaussées*							
	Inspecteurs divisionnaires des ponts et chaussées*	S. B.	Ass. insp. div. p. ch.	120	10	17	174	
Élèves des ponts et chaussées dans les départements de l'*Aisne*, de l'*Oise* et de *Seine-et-Oise*	Ingénieur en chef chargé de la navigation de l'*Oise**	S. B.	«	121	13	«	«	
Élèves des ponts-et-chaussées dans les départements de l'*Allier*, du *Cher*, d'*Indre-et-Loire* et de *Loir-et-Cher*	Ingénieur en chef, directeur du canal de *Berry* résidant à *Bourges**	S. B.	«	121	13	«	«	
Élèves des ponts-et-chaussées dans les départements de la *Côte-d'Or*, du *Rhône* et de *Saône-et-Loire*	Ingénieur des ponts et chaussées, résidant à *Châlons-sur-Saône*, chargé de travaux relatifs à l'entretien des routes dans les départements de la *Côte-d'Or*, du *Rhône* et de *Saône-et-Loire**	S. B.	(1)	121	13	«	«	(1) En quelque lieu que soit cet ingénieur, dans les trois départements désignés ci-contre.
Élèves des ponts-et-chaussées dans le département de la *Seine*	Ingénieur en chef de *Seine-et-Oise**	S. B.	«	121	13	«	«	
Élèves des ponts-et-chaussées dans le département de *Seine-et-Marne*	Inspecteur divisionnaire du canal de l'*Ourcq* et des eaux de *Paris**	S. B.	«	121	13	«	«	
Élèves des ponts-et-chaussées attachés au service du *Rhin*.	Ingénieur en chef du service du *Rhin* à *Strasbourg**	S. B.	«	121	13	«	«	
Employés dépendant des recettes des contributions indirectes (2)	Chefs de recette des contributions indirectes, quel que soit leur titre, auxquels sont subordonnés les contre-signataires*	S. B.	«	138	36	«	«	(2) L'état de ces employés, pour chaque département, sera transmis aux directeurs des postes par le directeur des contributions indirectes du chef-lieu.

DÉSIGNATION DES FONCTIONNAIRES ET DES PERSONNES		FORME sous laquelle la correspondance dûment circulant en franchise doit être présentée.	ARRONDISSEMENT, circonscription ou rayon dans l'étendue duquel la correspondance établissant contre-signée circule en franchise.	RENVOI au deuxième volume de l'Instruction générale				OBSERVATIONS.
autorisés à contre-signer leur correspondance de service. (*Article 333 de l'Instruction générale.*)	auxquels la correspondance de service des fonctionnaires et des personnes désignés dans la colonne ci-contre doit être remise en franchise.			pour le texte des dispositions légales précitées		pour les tableaux de circonscription.		
				Pages.	Articles.	Nos des tableaux.	Pages.	
1.	2.	3.	4.	5.	6.	7.	8.	9.
Employés des ponts et chaussées attachés au canal du *Nivernais*	Ingénieur en chef du canal de l'Yonne, chargé de la direction des travaux du canal du *Nivernais**	S. B.	"	121	12	"	"	
Entreposeurs des contributions indirectes	Commissaires près les poudreries*. Garde-magasins des poudres*	S. B.	Arr. s.-pr.	155	41	26	218	
Essayeurs des bureaux de la garantie	Président de la commission des monnaies*	L. F.	"	140	80	"	"	
Évêques	Curés*. Desservants*. Grands vicaires (ou vicaires généraux)*	S. B.*	Circ. dioc.	106	1	12	167	
	Maires	S. B.	Circ. dioc.	107	8	12	167	Pour l'envoi des mandements imprimés seulement.
	Préfets*	S. B.*	Circ. dioc.	106	1	12	167	Pour la correspondance proprement dite.
		S. B.	Circ. dioc.	107	2	12	167	Pour l'envoi des mandements imprimés.
	Premiers présidents des cours royales*	S. B.*	C. Roy.	86	7	8	143	
	Présidents des comités d'arrondissement de l'instruction primaire*. Présidents des comités communaux de l'instruction primaire*	S. B.*	Circ. dioc.	106	1	12	167	
	Procureurs du Roi près les Cours d'assises*	L. F.	Circ. dioc.	98	7	12	167	
	Procureurs du Roi près les tribunaux de première instance*	L. F.	Circ. dioc.	68	6	12	167	
	Recteurs d'académie*	S. B.*	Arr. acad.	108	1	15	172	
	Sous-préfets*	S. B.*	Circ. dioc.	106	1	12	167	Pour la correspondance proprement dite.
		S. B.	Circ. dioc.	107	2	12	167	Pour l'envoi des mandements imprimés.
	Succursalistes*. Supérieurs des écoles secondaires ecclésiastiques*. Supérieurs des séminaires*	S. B.*	Circ. dioc.	106	1	12	167	

DÉSIGNATION DES FONCTIONNAIRES ET DES PERSONNES		FORME sous laquelle la correspondance doit circuler en franchise doit être présentée.	ARRONDISSEMENT, circonscription ou limites dans l'étendue desquels la correspondance valablement contresignée circule en franchise.	RENVOI au deuxième volume de l'Instruction générale.				OBSERVATIONS.
Autorisés à contresigner leur correspondance de service. (Article 858 de l'Instruction générale.)	auxquels la correspondance de service des fonctionnaires et des personnes désignés dans la colonne ci-contre doit être admise en franchise.			Table du texte des dispositions réglementaires.		Table des tableaux de circonscription.		
				Page.	Numéros.	Numéros.	Page.	
1.	2.	3.	4.	5.	6.	7.	8.	9.
F								
Fonctionnaires des provinces étrangères situées sur le *Rhin*.	Inspecteur du premier district de la navigation du *Rhin*, résidant à *Strasbourg*.	S. B	(1)	34	3	[illegible]	[illegible]	(1) Cette franchise peut s'étendre à tous les lieux situés sur les bords du *Rhin* jusqu'à l'embouchure de la Lauter.

DÉSIGNATION DES FONCTIONNAIRES ET DES PERSONNES		FORME sous laquelle la correspondance circulant en franchise doit être présentée.	ARRONDISSEMENT, circonscription ou ressort dans l'étendue duquel la correspondance contre-signée circule en franchise.	RENVOI au deuxième volume de l'Instruction générale, pour le texte des dispositions réglementaires.		pour les tableaux de circonscription.		OBSERVATIONS.
autorisés à contre-signer leur correspondance de service. (Article 258 de l'Instruction générale.)	auxquels la correspondance de service des fonctionnaires et des personnes désignés dans la colonne ci-contre doit être remise en franchise.			Page.	Articles.	Nos des tableaux.	Page.	
1.	2.	3.	4.	5.	6.	7.	8.	9.
	G							
Gardes généraux des forêts.	Conservateurs des forêts*	S. B.	Conserv. for.	131	27	21	203	
	Directeur du service de la surveillance des fournitures des bois de marine*	S. B.	"	131	28	"	"	
	Directeurs de l'enregistrement et des domaines*	S. B.	Conserv. for.	131	28	21	203	
	Gardes généraux des forêts*							
	Gardes à cheval des forêts*	S. B.	Conserv. for.	132	29	21	203	
	Inspecteurs des forêts*	S. B.	Conserv. for.	131	28	21	203	
	Inspecteurs généraux des finances* / Inspecteurs des finances*	S. B.	Tout le R.	139	1	"	"	
	Juges de paix* / Maires* / Maîtres charpentiers entretenus* / Préfets*	S. B.	Conserv. for.	131	28	21	203	
	Procureurs du Roi*	S. B.	Conserv. for. (1)	131	28	21	203	(1) Cette franchise peut s'étendre aux conservations forestières limitrophes.
	Receveurs de l'enregistrement et des domaines* / Sous-inspecteurs des forêts* / Sous-préfets*	S. B.	Conserv. for.	131	28	21	203	
Gardes généraux des forêts de la couronne	Conservateur des forêts de la couronne*	S. B.	"	143	6	"	"	
	Directeur des domaines et du contentieux de la liste civile*	S. B.	"	143	9	"	"	
	Trésorier de la couronne*	S. B.	"	142	3	"	"	
Garde général de la forêt de *Sénart*	Inspecteur des forêts de la couronne, à *Paris**	S. B.	"	143	8	"	"	
Gardes à cheval des forêts	Conservateurs des forêts*	S. B.	Conserv. for.	132	29	21	203	
	Directeur du service de la surveillance des fournitures des bois de marine*	S. B.	"	132	29	"	"	
	Directeurs de l'enregistrement et des domaines* / Gardes généraux des forêts* / Inspecteurs des forêts* / Maires* / Maîtres charpentiers entretenus*	S. B.	Conserv. for.	132	29	21	203	
	Procureurs du Roi*	S. B.	Conserv. for. (2)	132	29	21	203	(2) Cette franchise peut s'étendre aux conservations forestières limitrophes.
	Receveurs de l'enregistrement et des domaines* / Sous-inspecteurs des forêts*	S. B.	Conserv. for.	132	29	21	203	
Gardes à pied des forêts	Chefs de service des forêts (3)* / Receveurs de l'enregistrement et des domaines*	S. B.	Conserv. for.	132	30	21	203	(3) Voir p. 42 du présent Manuel, colonne 9, la note qui définit l'expression de chef de service des forêts.
Gardes de la pêche	Chefs de service des forêts (3)* / Receveurs de l'enregistrement et des domaines*	S. B.	Conserv. for.	132	30	21	203	

DÉSIGNATION DES FONCTIONNAIRES ET DES PERSONNES autorisés à contre-signer leur correspondance de service. (Article 358 de l'Instruction générale.)	auxquels la correspondance de service des fonctionnaires et des personnes désignés dans la colonne ci-contre doit être remise en franchise.	FORME sous laquelle la correspondance circulant en franchise doit être présentée.	ARRONDISSEMENT, circonscription ou ressort dans l'étendue duquel la correspondance valablement contre-signée circule en franchise.	RENVOI au deuxième volume de l'Instruction générale. Pour le texte des dispositions réglementaires. Pages.	Articles.	Pour les tableaux de circonscription. Nos des tableaux.	Pages.	OBSERVATIONS.
1.	2.	3.	4.	5.	6.	7.	8.	9.
Gardes du génie chargés du service dans les places	Commandants du génie*; Directeurs des fortifications*	S. B.	Dir. du gén.	99	21	10	139	
Garde-magasins des poudres	Directeurs de département des contributions indirectes*	S. B.	Dép.	135	41	»	»	
	Directeurs d'arrondissement des contributions indirectes*; Entreposeurs des contributions indirectes*	S. B.	Arr. s.-pr.	135	41	»	»	
Garde-magasins des poudres en *Corse*	Directeur des contributions indirectes à *Toulon**	S. B.	»	135	41	»	»	
Garde-magasins des tabacs en feuilles (1)	Inspecteurs de la culture des tabacs et des magasins de tabac en *feuilles**	S. B.	Tout le R.	133	49	»	»	(1) Ces garde-magasins sont répartis dans les départements ci-après : *Bouches-du-Rhône*, *Lot*, *Lot-et-Garonne*, *Nord*, *Pas-de-Calais*, *Bas-Rhin*. (2) Lorsque ces agents sont en tournée d'inspection.
	Inspecteurs spéciaux du service des tabacs, résidant habituellement à *Paris* (2)*	S. B.	Tout le R.	138	48	»	»	
	Régisseurs des manufactures royales de tabac*	S. B.	Tout le R.	137	50	»	»	
Garde-magasins du timbre	Directeurs de l'enregistrement et des domaines*	S. B.	Dép.	173	24	»	»	
Garde-mines	Ingénieurs en chef des mines et usines*	S. F.	Arr. ing. en ch. m. et u.	119	9	13	178	
	Ingénieurs ordinaires des mines et usines*	S. B.	Arr. ing. ord. m. et u.	119	9	13	179	
Géomètres en chef du cadastre	Géomètres du cadastre*	S. B.	Dép.	128	17	»	»	
	Vérificateurs spéciaux du cadastre*	S. B.	Tout le R.	128	16	»	»	
Géomètres du cadastre	Géomètres en chef du cadastre*	S. B.	Dép.	128	17	»	»	
Grand chancelier de la Légion d'honneur	Conseils d'administration des corps militaires*	L. F.	Tout le R.	85	1	»	»	
	Dames surintendantes et supérieures de la maison royale de *Saint-Denis* et de ses succursales*; Greffier en chef de la cour des comptes*	L. F.	»	84	1	»	»	
	Membres de la Légion d'honneur (3)*	L. F.	Tout le R.	85	»	»	»	(3) Les lettres adressées par le grand-chancelier aux membres de la Légion d'honneur doivent être renvoyées immédiatement à l'administration, au refus? [illegible], lorsque le destinataire ne se trouve pas à la résidence indiquée sur l'adresse. Elles ne doivent être envoyées sur [illegible] pour quelque motif que ce soit. Les directeurs [illegible], cependant, au dos de ces lettres, les renseignements qui auront été recueillis au domicile du destinataire sur sa nouvelle résidence.
	Préfets*; Receveurs généraux des finances*; Sous-préfets*; ....;	L. F.	Tout le R.	84	1	»	»	

DÉSIGNATION DES FONCTIONNAIRES ET DES PERSONNES		FORME sous laquelle la correspondance circulant en franchise doit être présentée.	ARRONDISSEMENT, circonscription ou ressort dans l'étendue duquel la correspondance valablement contre-signée circule en franchise.	RENVOI au deuxième volume de l'Instruction générale, pour le texte des dispositions réglementaires.		pour les tableaux de circonscription.		OBSERVATIONS.
autorisés à contre-signer leur correspondance de service. (Article 353 de l'Instruction générale.)	auxquels la correspondance de service des fonctionnaires et des personnes désignés dans la colonne ci-contre doit être remise en franchise.			Page.	Articles.	Nos des tableaux.	Page.	
1.	2.	3.	4.	5.	6.	7.	8.	9.
Grands-vicaires	Archevêques*. Évêques*	S. B.	Circ. dioc.	106	1	12	167	
	Recteurs d'académie (8)*	S. B.	Arr. acad.	108	2	12	178	(8) Les grands-vicaires n'ont le contre-seing à l'égard des recteurs d'académie que pendant la vacance du siége.
Grand-vicaire à *Lons-le-Saulnier*	Curés*, Desservants*, Succursalistes*, dans les arrondissements de *Dôle*, *Lons-le-Saulnier* et *Poligny*	S. B.	»	106	1 bis.	[illegible]	»	
Greffiers en chef des cours royales	Greffiers en chef des cours royales*	S. B.	Tout le R.	89	10	»	»	
	Greffiers des cours et tribunaux*	S. B.	C. roy.	89	10	4	144	
	Premiers présidents des cours royales*	S. B.	C. roy.	85	2	4	144	
Greffiers des cours et tribunaux	Greffiers en chef des cours royales*	S. B.	C. roy.	89	10	2	144	
	Premiers présidents des cours royales*	S. B.	C. roy.	86	2	3	144	

DÉSIGNATION DES FONCTIONNAIRES ET DES PERSONNES		FORME sous laquelle la correspondance devant circuler en franchise doit être présentée.	ARRONDISSEMENT, circonscription ou rayon dans l'étendue duquel la correspondance valablement contre-signée circule en franchise.	RENVOI au deuxième volume de l'Instruction générale,				OBSERVATIONS.
autorisés à contre-signer leur correspondance de service. (Article 358 de l'Instruction générale.)	auxquels la correspondance de service des fonctionnaires et des personnes désignés dans la colonne ci-contre doit être remise en franchise.			pour le texte des dispositions réglementaires.		pour les tableaux de circonscription.		
				Page.	Article.	N°s des tableaux.	Page.	
1.	2.	3.	4.	5.	6.	7.	8.	9.
	H							

DÉSIGNATION DES FONCTIONNAIRES ET DES PERSONNES		FORME sous laquelle la correspondance doit circuler en franchise doit être présentée.	ARRONDISSEMENT, circonscription ou ressort dans l'étendue duquel la correspondance valablement contre-signée circule en franchise.	RENVOI au deuxième volume de l'Instruction générale,				OBSERVATIONS.
autorisés à contre-signer leur correspondance de service. (*Article 259 de l'Instruction générale.*)	auxquels la correspondance de service des fonctionnaires et des personnes désignés dans la colonne ci-contre doit être remise en franchise.			pour le texte des dispositions réglementaires. Page.	Article.	pour les tableaux de circonscription. N.os des tableaux.	Page.	
1.	2.	3.	4.	5.	6.	7.	8.	9.
	I							
Ingénieurs en chef des mines et usines	Aspirants des mines et usines*. Conducteurs des mines et usines*. Élèves des mines et usines*. Garde-mines*	S. B.	Arr. ing. en ch. m. u.	119	9	19	176	
	Ingénieurs ordinaires des mines et usines*	S. B.	Arr. ing. en ch. m. u.	119	9	19	176	
	Inspect. divisionnaires des mines et usines*	S. B.	Div. insp. m. u.	119	9	18	175	
	Préfets*. Sous-préfets*	S. B.	Arr. ing. en ch. m. u.	119	9	19	176	
Ingénieurs ordinaires des mines et usines	Aspirants des mines et usines*. Conducteurs des mines et usines*. Élèves des mines et usines*. Garde-mines*	S. B.	Arr. ing. ord. m. u.	119	9	19	176	
	Ingénieurs en chef des mines et usines*	S. B.	Arr. ing. en ch. m. u.	119	9	19	176	
	Inspect. divisionnaires des mines et usines*	S. B.	Div. insp. m. u.	119	9	18	175	
	Préfets*. Sous-Préfets*	S. B.	Arr. ing. en ch. m. u.	119	9	19	176	
Ingénieurs en chef des ponts et chaussées	Aspirants des ponts et chaussées*. Conducteurs des ponts et chaussées*. Élèves des ponts et chaussées*. Ingén. ordinaires des ponts et chaussées*	S. B.	Dép.	120	10	»	»	
	Inspecteurs divisionnaires des ponts et chaussées*	S. B.	Arr. insp. div. p. ch.	120	10	17	174	
	Préfets*. Préposés des ponts à bascule*. Sous-Préfets*	S. B.	Dép.	120	10	»	»	
Ingénieurs en chef des ponts et chaussées des départem. de l'*Aisne* et de l'*Oise*	Ingénieur en chef chargé de la navigation de l'*Oise**	S. B.	»	121	13	»	»	
Ingénieurs en chef des ponts et chaussées dans les départements de l'*Allier*, du *Cher*, et de *Loir-et-Cher*	Ingénieur en chef, directeur du canal du *Berry*, résidant à *Bourges**. Ingénieur en chef d'*Indre-et-Loire*, chargé d'améliorer la navigation de la *Loire**	S. B.	»	121	13	»	»	
Ingénieur en chef des ponts et chaussées de la *Charente-Inférieure*	Ingénieur en chef des *Deux-Sèvres*, chargé des travaux de la navigation de la *Sèvre**. Ingénieur en chef des ponts et chaussées de la *Vendée**	S. B.	»	121	13	»	»	
Ingénieurs en chef des ponts et chaussées dans les départements de la *Côte-d'Or* et du *Rhône*	Ingénieur des ponts et chaussées, résidant à *Châlons-sur-Saône*, chargé de travaux relatifs à l'entretien des routes dans les départements de la *Côte-d'Or*, du *Rhône* et de *Saône-et-Loire**	S. B.	»	121	13	»	»	(1) En quelque lieu que soit cet ingénieur dans les trois départements désignés ci-contre.
Ingénieur en chef des ponts et chauss. d'*Indre-et-Loire*.	Ingénieur en chef, directeur du canal du *Berry*, résidant à *Bourges**	S. B.	»	121	13	»	»	
	Ingén. en chef des ponts et chaussées, Ingén. ordinaires des ponts et chaussées, Préfets, Sous-préfets de l'*Allier**, du *Cher**, de la *Loire**, de la *Haute-Loire**, de la *Loire-Infér.**, du *Loiret**, de *Loir-et-Cher**, de *Maine-et-Loire**, de la *Nièvre**, de *Saône-et-Loire**	S. B.	»	121	13	»	»	Pour la correspondance relative aux travaux d'amélioration de la navigation de la *Loire*.

DÉSIGNATION DES FONCTIONNAIRES ET DES PERSONNES autorisés à contre-signer leur correspondance de service. (Article 353 de l'Instruction générale.)	auxquels la correspondance de service des fonctionnaires et des personnes désignés dans la colonne ci-contre doit être remise en franchise.	FORME sous laquelle la correspondance circulant en franchise doit être présentée.	ARRONDISSEMENT, circonscription ou rayon dans l'étendue duquel la correspondance valablement contresignée circule en franchise.	RENVOI au deuxième volume de l'Instruction générale, POUR le texte des dispositions réglementaires. Page.	Articles.	POUR les tableaux de circonscriptions. N.os des tableaux.	Page.	OBSERVATIONS.
1.	2.	3.	4.	5.	6.	7.	8.	9.
Ingénieur en chef des ponts et chaussées du *Jura*.....	Préfet du *Doubs*, chargé de l'administration du canal du *Rhône au Rhin**......	S. B.	»	120	11	»	»	
Ingénieurs en chef des p. et ch. dans les dép... de la *Loire*... de la *H.-Loire*. de la *Loire-Inf*. du *Loiret*.... de *Maine-et-L*. de la *Nièvre*..	Ingénieur en chef d'*Indre-et-Loire*, chargé d'améliorer la navigation de la *Loire**...	S. B.	»	121	13	»	»	
Ingénieur en chef des ponts et chaussées du *Bas-Rhin*.	Inspecteur général de la navigation du *Rhin* à *Mayence**..........................	S. B.	»	91	2	»	»	
	Inspecteur du premier district de la navigation du *Rhin* à *Strasbourg**.........	S. B.	(1)	91	2	»	»	(1) Cette franchise peut s'étendre aux lieux situés sur les bords du *Rhin*, jusqu'à l'embouchure de la *Lauter*.
	Préfet du *Doubs*, chargé de l'administration du canal du *Rhône au Rhin**..........	S. B.	»	120	11	»	»	
Ingénieur en chef des ponts et chaussées du *Haut-Rhin*.	Ingénieur en chef du service du *Rhin* à *Strasbourg**........................	S. B.	»	121	12	»	»	
	Inspecteur général de la navigation du *Rhin* à *Mayence**.....................	S. B.	»	92	2	»	»	
	Inspecteur du premier district de la navigation du *Rhin* à *Strasbourg**.........	S. B.	(2)	91	3	»	»	(2) Cette franchise peut s'étendre aux lieux situés sur les bords du *Rhin*, jusqu'à l'embouchure de la *Lauter*.
	Préfet du *Doubs*, chargé de l'administration du canal du *Rhône au Rhin**..........	S. B.	»	120	11	»	»	
Ingénieur en chef des ponts et chaussées de *Saône-et-Loire*...............	Ingénieur en chef d'*Indre-et-Loire*, chargé d'améliorer la navigation de la *Loire**.	S. B.	»	121	13	»	»	
	Ingénieur des ponts et chaussées, résidant à *Châlons-sur-Saône*, chargé de travaux relatifs à l'entretien des routes dans les départements de la *Côte-d'Or*, du *Rhône* et de *Saône-et-Loire**.........	S. B.	(3)	121	13	»	»	(3) En quelque lieu que soit cet ingénieur dans les trois départements désignés ci-contre.
Ingénieur en chef des ponts et chaussées de la *Seine*.....	Ingénieur en chef de *Seine-et-Oise**.....	S. B.	»	121	13	»	»	
Ingénieur en chef des ponts et chauss. de *Seine-et-Marne*.	Inspecteur divisionnaire du canal de l'*Ourcq* et des eaux de *Paris**.................	S. B.	»	121	13	»	»	
Ingénieur en chef des ponts et chauss. de *Seine-et-Oise*	Aspirants des ponts et chaussées..... Conduct. des ponts et chaussées...... Élèves des ponts et chaussées....... de la *Seine**........ Ingénieur en chef chargé de la navigation de l'*Oise**.................... Ingén. en chef des ponts et chaussées. Ingén. ordinaires des ponts et chaussées. Préfet............ Préposés des ponts à bascule........ de la *Seine**...... Sous-préfets...... de *Sceaux**....... de *Saint-Denis**....	S. B.	»	121	13	»	»	
Ingénieur en chef des ponts et chauss. des *Deux-Sèvres*, chargé des travaux de la navigation de la *Sèvre*...	Ingénieurs en chef des ponts et ch... de la *Charente-Inf.** de la *Vendée**.....	S. B.	»	121	13	»	»	
Ingénieur en chef des ponts et chaussées de la *Vendée*....	Ingénieur en chef des *Deux-Sèvres*, chargé des travaux de la navigation de la *Sèvre** Ingénieur en chef des ponts et chaussées de la *Charente-Inférieure**.............	S. B.	»	121	13	»	»	

DÉSIGNATION DES FONCTIONNAIRES ET DES PERSONNES		FORME sous laquelle la correspondance devra circuler en franchise doit être présentée.	ARRONDISSEMENT, circonscription ou ressort dans l'étendue duquel la correspondance également contre-signée circule en franchise.	RENVOI au deuxième volume de l'Instruction générale,				OBSERVATIONS.
autorisés à contre-signer leur correspondance de service. (Article 454 de l'Instruction générale.)	auxquels la correspondance de service des fonctionnaires et des personnes désignés dans la colonne ci-contre doit être remise en franchise.			POUR le texte des dispositions réglementaires.		POUR les tableaux de circonscription.		
				Page.	Article.	Nos des tableaux.	Page.	
1.	2.	3.	4.	5.	6.	7.	8.	9.
Ingénieur en chef, directeur du canal du *Berry*, résidant à *Bourges*	Aspirants des ponts et chaussées Conduct. des ponts et chaussées Élèves des ponts et chaussées Ingénieurs en chef des ponts et chaussées Ingénieurs ordinaires des ponts et chaussées Inspecteurs divisionnaires des ponts et chaussées Préfets Préposés des ponts à bascule Sous-préfets — de l'*Allier**, du *Cher**, d'*Indre-et-Loire**, de *Loir-et-Cher**	S. B.	»	121	13	»	»	
Ingénieur en chef du canal de *Bourgogne*, résidant à *Tronchoy*, chargé de l'étude des projets d'amélioration de la navigation de l'*Yonne*, jusqu'à *Montereau* (1)	Arpenteur employé aux opérations à faire sur le cours de la *Seine* et de l'*Yonne* (*le Sr Benoît*)*	S. B.	Tous les lieux situés sur les bords de la Seine et de l'Yonne.	120	13	»	»	(1) Cet agent peut contre-signer sa correspondance de service close sur les bords de la Seine et de l'Yonne.
	Conducteur des ponts et chaussées attaché au canal de *Bourgogne*, résidant à *Tronchoy**	S. B.	»	120	13	»	»	
	Conducteur des ponts et chaussées employé aux opérations à faire sur le cours de la *Seine* et de l'*Yonne* (*le Sr Benoît*)*	S. B.	Tous les lieux situés sur les bords de la Seine et de l'Yonne.	120	13	»	»	
	Préfet de l'*Yonne**	S. B.	»	120	13	»	»	
Ingénieur en chef du canal de *Nantes* à *Brest*, résidant à *Josselin*	Ingénieur attaché au canal de *Nantes* à *Brest*, résidant à *Redon** Préfet d'*Ille-et-Vilaine**	S. B.	»	121	13	»	»	
Ingénieur en chef du canal de l'*Yonne*, chargé de la direction des travaux du canal du *Nivernais*	Employés des ponts et chaussées attachés aux travaux du canal du *Nivernais** Ingénieurs des ponts et chaussées attachés aux travaux du canal du *Nivernais** Préfet de la *Nièvre**	S. B.	»	121	13	»	»	
Ingénieur en chef, directeur de la navigation de la *Garonne*	Ingénieurs des ponts et chaussées Préfets — de la *H.-Garonne**, de la *Gironde**, de *Lot-et-Garonne**, de *Tarn-et-Garonne**	S. B.	»	121	13	»	»	
Ingénieur en chef, chargé de la navigation de l'*Oise*	Aspirants des ponts et chaussées Conduct. des ponts et chaussées Élèves des ponts et chaussées Ingénieurs en chef des p. et chauss. Ingénieurs ordinair. des p. et chauss. Inspecteurs divisionnaires des ponts et chaussées Préfets Préposés des ponts et chaussées Sous-préfets — de l'*Aisne**, de l'*Oise**, de *Seine-et-Oise**	S. B.	»	121	13	»	»	

DÉSIGNATION DES FONCTIONNAIRES ET DES PERSONNES autorisés à contre-signer leur correspondance de service. (*Article 353* de *l'Instruction générale.*)	auxquels la correspondance de service des fonctionnaires et des personnes désignés dans la colonne ci-contre doit être remise en franchise.	FORME sous laquelle la correspondance doit être présentée.	ARRONDISSEMENT, circonscription ou ressort dans l'étendue duquel la correspondance est admise contre-signée en franchise.	RENVOI au deuxième volume de l'Instruction générale, pour le texte des dispositions et des mesures: Page.	Article.	pour les tableaux de correspondance: N° des tableaux.	Page.	OBSERVATIONS.
1.	2.	3.	4.	5.	6.	7.	8.	9.
Ingénieur en chef du service du *Rhin*, résidant à *Strasbourg*.	Commandants du génie militaire à *Huningue**; *Neufbrisach**. Conducteurs des ponts et chaussées attachés au service du *Rhin**. Directeur des fortifications à *Belfort**. Élèves des ponts et chaussées attachés au service du *Rhin**. Ingénieur en chef du *Haut-Rhin**. Ingénieurs des ponts et chaussées attachés au service du *Rhin**. Préfet du *Haut-Rhin**.	S. B.	"	121	13	"	"	
Ingénieurs ordinaires des ponts et chaussées.	Aspirants des ponts et chaussées*. Conducteurs des ponts et chaussées*. Élèves des ponts et chaussées*. Ingénieurs en chef des ponts et chaussées*. Ingénieurs ordin. des ponts et chaussées*.	S. B.	Dép.	120	10	"	"	
	Inspecteurs divisionnaires des ponts et chaussées*.	S. B.	Arr. insp. div. p. ch.	120	10	17	153	
	Préfets*. Préposés des ponts à bascule*. Sous-Préfets*.	S. B.	Dép.	120	10	"	"	
Ingénieurs ordin. des ponts et chaussées des départements de l'*Aisne*, de l'*Oise* et de *Seine-et-Oise*.	Ingénieur en chef, chargé de la navigation de l'*Oise**.	S. B.	"	121	13	"	"	
Ingénieurs ordinaires des ponts et chaussées dans les départements de l'*Allier*, du *Cher*, et de *Loir-et-Cher*.	Ingénieur en chef, directeur du canal du *Berry*, résidant à *Bourges**. Ingénieur en chef d'*Indre-et-Loire*, chargé d'améliorer la navigation de la *Loire**.	S. B.	"	121	13	"	"	
Ingénieurs ordinaires des ponts et chaussées des départements de la *Côte-d'Or* et du *Rhône*.	Ingénieur des ponts et chaussées résidant à *Châlons-sur-Saône*, chargé de travaux relatifs à l'entretien des routes dans les départements de la *Côte-d'Or*, du *Rhône* et de *Saône-et-Loire**.	S. B.	(1)	121	13	"	"	(1) En quelque lieu que soit cet ingénieur dans les trois départements désignés ci-contre.
Ingénieurs ordinaires des ponts et chaussées dans les départements de la *Haute-Garonne*, de la *Gironde*, du *Lot-et-Garonne* et de *Tarn-et-Garonne*.	Ingénieur en chef, directeur de la navigation de la *Garonne**.	S. B.	"	121	13	"	"	
Ingénieurs ordinaires des ponts et chaussées dans le département d'*Indre-et-Loire*.	Ingénieur en chef, directeur du canal du *Berry*, résidant à *Bourges**.	S. B.	"	121	13	"	"	
Ingénieurs ordinaires des ponts et chaussées du *Jura*, du *Bas-Rhin* et du *Haut-Rhin*.	Préfet du *Doubs*, chargé de l'administration du canal du *Rhône au Rhin**.	S. B.	"	122	11	"	"	
Ingénieurs ordinaires des ponts et chaussées de la *Loire*; de la *Haute-Loire*; de la *Loire-Infér.*; du *Loiret*; de *Maine-et-Loire*; de la *Nièvre*.	Ingénieur en chef d'*Indre-et-Loire*, chargé d'améliorer la navigation de la *Loire**.	S. B.	"	121	13	"	"	

DÉSIGNATION DES FONCTIONNAIRES ET DES PERSONNES		FORME sous laquelle la correspondance devant circuler en franchise doit être présentée.	ARRONDISSEMENT, circonscription ou rayon dans l'étendue duquel la correspondance valablement contre-signée circule en franchise.	RENVOI au deuxième volume de l'Instruction générale,				OBSERVATIONS.
autorisés à contre-signer leur correspondance de service. (*Article 333 de l'Instruction générale.*)	auxquels la correspondance de service des fonctionnaires et des personnes désignées dans la colonne ci-contre doit être *remise* en franchise.			pour le texte des dispositions réglementaires.		pour les tableaux de circonscription.		
				Pages.	Articles.	Nos des tableaux.	Pages.	
1.	2.	3.	4.	5.	6.	7.	8.	9.
Ingénieurs ordinaires des ponts et chaussées dans le département de *Saône-et-Loire*.	Ingénieur en chef d'*Indre-et-Loire*, chargé d'améliorer la navigation de la *Loire**.	S. B.	»	121	13	»	»	
	Ingénieur des ponts et chaussées, résidant à *Châlons-sur-Saône*, chargé de travaux relatifs à l'entretien des routes dans les départements de la *Côte-d'Or*, du *Rhône* et de *Saône-et-Loire**.	S. B.	»	121	13	»	»	En quelque lieu que soit cet ingénieur dans les trois départements désignés ci-contre.
Ingénieurs ordinaires des ponts et chaussées de la *Seine*.	Ingénieur en chef de *Seine-et-Oise**.	S. B.	»	121	13	»	»	
Ingénieurs ordinaires des ponts et chaussées de *Seine-et-Marne*.	Inspecteur divisionnaire du canal de l'*Ourcq* et des eaux de *Paris**.	S. B.	»	121	13	»	»	
Ingénieur chargé de la direction du canal de *Blavet*.	Préfet des *Côtes-du-Nord**. Préfet du *Morbihan**.	S. B.	»	121	13	»	»	
Ingénieur chargé en chef du service de la 2e division du canal latéral à la *Loire*, résidant à *Nevers*.	Conducteurs des ponts et chaussées attachés à la 2e division du canal latéral à la *Loire*; Ingénieurs attachés à la 2e division du canal latéral à la *Loire*; dans { *Le Cher**. *Le Loiret**. *La Nièvre**.	S. B.	»	121	13	»	»	
	Préfet du *Cher**.	S. B.	»	121	13	»	»	
Ingénieurs attachés à la 2e division du *canal latéral à la Loire*, dans les départements du *Cher*, du *Loiret* et de la *Nièvre*.	Ingénieur chargé en chef du service de la 2e division du canal latéral à la *Loire*, résidant à *Nevers**.	S. B.	»	121	13	»	»	
Ingénieur attaché au canal de *Nantes à Brest*, résidant à *Redon*.	Conducteurs des ponts et chaussées du *Morbihan**. Ingénieur en chef du canal de *Nantes à Brest*, résidant à *Josselin**.	S. B.	»	121	13	»	»	
Ingénieurs attachés au canal du *Nivernais*.	Ingénieur en chef du canal de l'*Yonne*, chargé de la direction des travaux du canal du *Nivernais**.	S. B.	»	121	13	»	»	
Ingénieur des ponts et chaussées, résidant à *Châlons-sur-Saône*, chargé de travaux relatifs à l'entretien des routes dans les départements de la *Côte-d'Or*, du *Rhône* et de *Saône-et-Loire* (1).	Aspirants des ponts et chaussées; Conduct. des ponts et chaussées; Élèves des ponts et chaussées; Ingén. en chef des ponts et chaussées; Ingén. ordinaires des ponts et chaussées; Inspect. divisionnair. des ponts et chauss.; Préfets; Préposés des ponts à bascule; Sous-préfets; { de la *Côte-d'Or**. du *Rhône**. de *Saône-et-Loire**.	S. B.	»	121	13	»	»	(1) Cet ingénieur peut contre-signer sa correspondance de tous les lieux compris dans ces trois départements.
Ingénieurs attachés au service du *Rhin*.	Ingénieur en chef du service du *Rhin* à *Strasbourg**.	S. B.	»	121	13	»	»	

DÉSIGNATION DES FONCTIONNAIRES ET DES PERSONNES autorisés à contre-signer leur correspondance de service. (*Article 332 de l'Instruction générale.*)	DÉSIGNATION DES FONCTIONNAIRES ET DES PERSONNES auxquels la correspondance de service des fonctionnaires et des personnes désignés dans la colonne ci-contre doit être remise en franchise.	FORME sous laquelle la correspondance circulant en franchise doit être présentée.	ARRONDISSEMENT, circonscription ou ressort dans l'étendue duquel la correspondance ci-contre circule en franchise.	RENVOI au deuxième volume de l'Instruction générale, pour le texte des dispositions réglementaires. Page.	RENVOI … pour le texte des dispositions réglementaires. Article.	RENVOI … pour les tableaux de circonscription. N° des tableaux.	RENVOI … pour les tableaux de circonscription. Page.	OBSERVATIONS.
1.	2.	3.	4.	5.	6.	7.	8.	9.
Inspecteurs d'académie	Chefs d'institution* Instituteurs des écoles primaires* Institutrices des écoles primaires* Maîtres de pension* Maîtres des écoles primaires* Maîtresses des écoles primaires* Présidents des comités d'arrondissement de l'instruction primaire* Présidents des comités communaux de l'instruction primaire* Principaux des colléges communaux* Proviseurs des colléges royaux*	S. B.	Arr. acad.	102	6	13	172	
	Recteurs d'académie*	S. B.	Arr. acad.	108	7	15	173	
Inspecteurs de district des puissances riveraines du *Rhin*	Inspecteur du 1er district de la navigation du *Rhin*, à *Strasbourg**	S. B.	(1)	92	3	»	»	(1) Cette franchise peut s'étendre aux fonctionnaires sur les bords du *Rhin* jusqu'à l'embouchure de la *Lauter*.
Inspecteur du premier district de la navigation du *Rhin* à *Strasbourg* (2)	Autorités des provinces étrangères situées sur le *Rhin** Directeur des contributions indirectes à *Colmar** Directeur des contributions indirectes à *Strasbourg** Directeur des douanes à *Strasbourg** Fonctionnaires des provinces étrangères situées sur le *Rhin**	S. B.	»	92	3	»	»	
	Ingénieur en chef du *Bas-Rhin** Ingénieur en chef du *Haut-Rhin** Inspecteur général de la navigation du *Rhin* à *Mayence** Inspecteurs de district des puissances riveraines du *Rhin**	S. B.	»	92	3	»	»	(2) Ce fonctionnaire peut contre-signer sa correspondance, non-seulement de Strasbourg, mais encore de tous les lieux situés sur les bords du *Rhin* jusqu'à l'embouchure de la *Lauter*.
	Préfet du *Bas-Rhin** Préfet du *Haut-Rhin** Préposés des provinces étrangères situées sur le *Rhin** Receveur des droits de navigation sur le *Rhin* à *Strasbourg**	S. B.	»	92	3	»	»	
Inspecteur général de la navigation du *Rhin* à *Mayence*	Directeur des contributions indirectes à *Colmar** Directeur des contributions indirectes à *Strasbourg** Directeur des douanes à *Strasbourg** Ingénieur en chef du *Bas-Rhin** Ingénieur en chef du *Haut-Rhin** Inspecteur du 1er district de la navigation du *Rhin* à *Strasbourg** Préfet du *Bas-Rhin** Préfet du *Haut-Rhin** Receveur des droits de navigation sur le *Rhin* à *Strasbourg**	S. B.	»	92	[illegible]	[illegible]	[illegible]	

DÉSIGNATION DES FONCTIONNAIRES ET DES PERSONNES autorisés à contre-signer leur correspondance de service. (Article 357 de l'Instruction générale.)	auxquels la correspondance de service des fonctionnaires et des personnes désignés dans la colonne ci-contre doit être remise en franchise.	FORME sous laquelle la correspondance circulera en franchise doit être présentée.	ARRONDISSEMENT, circonscription ou rayon dans l'étendue duquel la correspondance valablement contre-signée circule en franchise.	RENVOI au deuxième volume de l'Instruction générale, pour le texte des dispositions réglementaires. Page.	Article.	pour les tableaux de circonscription. N.os des tableaux.	Page.	OBSERVATIONS.
1.	2.	3.	4.	5.	6.	7.	8.	9.
Inspecteurs de la culture des tabacs et des magasins de tabac en feuilles	Contrôleurs des magasins de tabac (1)*	S. B.	»	157	49	»	»	(1) Ces divers agents sont répartis dans les départements ci-après: Ille-et-Vilaine, Lot, Lot-et-Garonne, Nord, Pas-de-Calais, Bas-Rhin.
	Contrôleurs du service de la surveillance de la culture des tabacs (1)*							
	Directeurs des contributions indirectes dans les départements d'*Ille-et-Vilaine**, du *Lot**, de *Lot-et-Garonne**, du *Nord**, du *Pas-de-Calais**, du *Bas-Rhin**							
	Garde-magasins des tabacs en feuilles (1)*							
	Inspecteurs de la culture des tabacs et des magasins de tabac en feuilles*	S. B.	Tout le R.	157	49	»	»	Pour l'envoi seulement d'imprimés pouvant être remplis à la main, avec défense d'y joindre aucune lettre manuscrite.
	Inspecteurs spéciaux du service des tabacs, résidant habituellement à *Paris* (2)*	S. B.	Tout le R.	156	48	»	»	(2) Lorsque ces agents sont en tournée d'inspection.
	....							
	....							
Inspecteurs de la loterie (en chef)	Inspecteurs généraux des finances*	S. B.	Tout le R.	124	1	»	»	
	Inspecteurs des finances*							
	Inspecteurs de la loterie*	S. B. (3).	Div. insp. en ch. lot.	130	57	26	224	(3) Les inspecteurs en chef et ordinaires de la loterie peuvent aussi écrire sous enveloppe, ou sous pli aux agents du même service avec lesquels ils sont autorisés à correspondre, mais à condition de soumettre le contenu de leurs dépêches à la vérification des directeurs des postes, qui les font fermer en leur présence, et y apposent le cachet de leur bureau.
	Receveurs de la loterie*							
	Receveurs généraux des finances*	S. B.						
	Receveurs particuliers des finances*							
	Sous-inspecteurs de la loterie*	S. B. (3).						
	....							
	....							
Inspecteurs de la loterie	Inspecteurs en chef de la loterie*	S. B. (3).	Div. insp. en ch. lot.	130	57	26	224	
	Receveurs de la loterie*	S. B. (3).	Arr. insp. lot.	130	58	28	224	
	Receveurs généraux des finances*	S. B.						
	Receveurs particuliers des finances*							
	Sous-inspecteurs de la loterie*	S. B. (3).						
	....							
	....							
Inspecteurs de la marine (4)	Chefs d'administration de la marine*	S. B.	Arr. mar.	103	1	21	165	
	Chefs maritimes*							
	Commissaires généraux de la marine*							
	Commissaires principaux de la marine*							
	Commissaires chargés en chef du service dans les ports*							
	Commissaires des classes*	S. B.	Arr. mar.	103	5	11	165	(4) Ces inspecteurs sont au nombre de cinq, et résident dans les ports de *Brest*, *Cherbourg*, *Lorient*, *Rochefort* et *Toulon*.
	Inspecteurs de la marine (4)*	S. B.	»	103	5	»	»	
	Inspecteurs-adjoints de la marine dans les ports secondaires*	S. B.	Tout le R.	103	5	»	»	
	Préfets maritimes*	S. B.	Arr. mar.	102	1	11	165	
	Sous-inspecteurs de la marine dans les ports secondaires*	S. B.	Tout le R.	103	5	»	»	
	....							
	....							

DÉSIGNATION DES FONCTIONNAIRES ET DES PERSONNES		FORME sous laquelle la correspondance circulant en franchise doit être présentée.	ARRONDISSEMENT, circonscription ou ressort dans l'étendue duquel la correspondance valablement contre-signée circule en franchise.	RENVOI au deuxième volume de l'Instruction générale.				OBSERVATIONS.
autorisés à contre-signer leur correspondance de service. (Article 333 de l'Instruction générale.)	auxquels la correspondance de service des fonctionnaires et des personnes désignés dans la colonne ci-contre doit être remise en franchise.			POUR le texte des dispositions réglementaires.		POUR les tableaux de circonscription.		
				Page.	Article.	Nos des tableaux.	Page.	
1.	2.	3.	4.	5.	6.	7.	8.	9.
Inspecteurs-adjoints de la marine dans les ports secondaires	Chefs d'administration de la marine*							
	Chefs maritimes*							
	Commissaires généraux de la marine*	S. B.	Arr. mar.	102	1	11	165	
	Commissaires principaux de la marine*							
	Commissaires chargés en chef du service dans les ports*							
	Commissaires des classes*	S. B.	Arr. mar.	103	5	11	165	
	Inspecteurs de la marine à Brest*							
	Inspecteurs de la marine à Cherbourg*							
	Inspecteurs de la marine à Lorient*	S. B.	»	103	5	»	»	
	Inspecteurs de la marine à Rochefort*							
	Inspecteurs de la marine à Toulon*							
	Inspecteurs-adjoints de la marine dans les ports secondaires*	S. B.	Tout le R.	103	5	»	»	
	Préfets maritimes*	S. B.	Arr. mar.	102	1	11	165	
	Sous-inspecteurs de la marine dans les ports secondaires*	S. B.	Tout le R.	103	5	»	»	
	....							
Inspecteurs des différents services dépendant du département de la marine	Chefs d'administration de la marine*							
	Chefs maritimes*							
	Commissaires généraux de la marine*							
	Commissaires principaux de la marine*	S. B.	Arr. mar.	102	1	11	165	
	Commissaires chargés en chef du service dans les ports*							
	Préfets maritimes*							
	....							
Inspecteurs généraux du corps royal d'artillerie de la marine	Chefs d'administration de la marine*							
	Chefs maritimes*							
	Commissaires généraux de la marine*							
	Commissaires principaux de la marine*	S. B.	Arr. mar.	102	1	11	165	
	Commissaires chargés en chef du service dans les ports*							
	Préfets maritimes*							
	....							
Inspecteurs de l'enregistrement et des domaines	Conservateurs des hypothèques*	S. B.	Dép.	120	15	»	»	
	Directeurs de l'enreg. et des domaines*	S. B.	Dép.	119	21	»	»	
	Inspecteurs de l'enreg. et des domaines*	S. B.	Dép.	119	22	»	»	
	Receveurs de l'enreg. et des domaines*							
	Receveurs du timbre*	S. B.	Dép.	120	23	»	»	
	Vérificateurs de l'enreg. et des domaines*	S. B.	Dép.	119	22	»	»	
	....							
Inspecteurs des contributions directes	Contrôleurs des contributions directes*							
	Directeurs des contributions directes*							
	Maires*	S. B.	Dép.	127	19	»	»	
	Sous-préfets*							
	....							
Inspecteurs des douanes	Capitaines de brigade des douanes*							
	Contrôleurs de brigade des douanes*	S. B.	Insp. doua.	133	24	29	204	
	Directeurs des douanes*	S. B.	Dir. doua.	133	23	25	201	
	Inspecteurs généraux des finances*							
	Inspecteurs des finances*	S. B.	Tout le R.	124	3	»	»	
	Receveurs principaux des douanes*							
	Receveurs des douanes*	S. B.	Insp. doua.	133	24	29	204	
	Sous-inspecteurs des douanes*							

DÉSIGNATION DES FONCTIONNAIRES ET DES PERSONNES autorisés à contre-signer leur correspondance de service. (Article 353 de l'Instruction générale.)	DÉSIGNATION DES FONCTIONNAIRES ET DES PERSONNES auxquels la correspondance de service des fonctionnaires et des personnes désignés dans la colonne ci-contre doit être remise en franchise.	FORME sous laquelle la correspondance circulant en franchise doit être présentée.	ARRONDISSEMENT, circonscription ou rayon dans l'étendue duquel la correspondance réciproquement contre-signée circule en franchise.	RENVOI au deuxième volume de l'Instruction générale, vers le texte des dispositions réglementaires. Page.	Article.	RENVOI vers les tableaux de circonscription. Nos des tableaux.	Page.	OBSERVATIONS.
1.	2.	3.	4.	5.	6.	7.	8.	9.
Inspecteurs des douanes à *Nantua* et à *Saint-Claude*.	Commissaire en chef des douanes à *Saint-Genis**. Commissaires particuliers des douanes à *Collonge**, *Gex**.	S. B.	»	124	28	»	»	
Inspecteur des douanes chargé du service des soudes à *Paris*.	Contrôleurs aux soudes à *Chauny*, *Couternon*, *Épinal*, *Javelle*, *la Glacière*, *Saint-Denis*, *Saint-Roch-lès-Amiens* et *Vaugirard**.	S. B.	»	133	32	31	108	
	Sous-inspecteur des douanes chargé du service des soudes à *Paris* (1)*.	S. B.	»	133	34	22	108	(1) Cette correspondance n'est autorisée que lorsque l'inspecteur ou le sous-inspecteur est en tournée.
Inspecteurs des finances (généraux et ordinaires).	Agents des finances soumis à la vérification des inspecteurs*. Commissaires du Roi pour la fabrication des monnaies*. Comptables des deniers publics*. Conservateurs des forêts*. Directeurs de la fabrication des monnaies*. Directeurs des contributions directes*. Directeurs des contributions indirectes*. Directeurs de l'enregistrement et des domaines*. Directeurs des douanes*. Directeurs des postes*. Gardes généraux des forêts*. Inspecteurs généraux des finances*. Inspecteurs des finances*. Inspecteurs en chef de la loterie*. Inspecteurs des douanes*. Inspecteurs des forêts*. Maires*. Préfets*. Préposés des finances soumis à la vérification des inspecteurs*. Sous-inspecteurs des forêts*. Sous-préfets*.	S. B. *	Tout le R.	124	1	»	»	
Inspecteurs des fonderies.	Administrateur de l'hôtel royal des invalides*.	S. B.	»	96	8	»	»	
	Colonels chefs d'état-major des divisions militaires*.	S. B.	Div. mil.	94	2	6	150	
	Commandants d'artillerie*. Directeurs d'artillerie*.	S. B.	Dir. d'art.	99	20	9	154	
	Inspecteurs généraux d'armes en tournée*.	S. B.	Arr. insp. g. d'arm.	94	2	»	»	
	Inspecteurs généraux de gendarmerie*.	S. B.	Tout le R.	96	6	»	»	
	Intendants militaires*.	S. B.	Tout le R.	96	8	7	152	
	Lieutenants-généraux commandant les divisions militaires*.	S. B.	Div. mil.	94	2	6	150	
	Maréchaux de camp commandant les subdivisions militaires*.	S. B.	Subd. mil.	94	3	6	151	
	Officiers de gendarmerie*. Officiers de la garde municipale de Paris*. Officiers du bataillon de voltigeurs corses*.	S. B.	Tout le R.	96	6	»	»	
	Sous-intendants militaires*. Sous-intendants militaires adjoints*.	S. B.	Tout le R.	96	10	7	152	

DÉSIGNATION DES FONCTIONNAIRES ET DES PERSONNES autorisés à contre-signer leur correspondance de service. (*Article 353 de l'Instruction générale.*)	auxquels la correspondance de service des fonctionnaires et des personnes désignés dans la colonne ci-contre doit être remise en franchise.	FORME sous laquelle la correspondance circulant en franchise doit être présentée.	ARRONDISSEMENT, circonscription ou rayon dans l'étendue duquel la correspondance est légalement contre-signée circule en franchise.	RENVOI au deuxième volume de l'Instruction générale, pour le texte des dispositions réglementaires. Pages.	Articles.	dans les tableaux de circonscription. N° des tableaux.	Pages.	OBSERVATIONS.
1.	2.	3.	4.	5.	6.	7.	8.	9.
Inspecteurs des forêts	Conservateurs des forêts*	S. B.	Conserv. for.	131	27	21	203	
	Directeur du service de la surveillance des fournitures des bois de marine*	S. B.	″	131	28	″	″	
	Directeurs de l'enregistrement et des domaines*	S. B.	Conserv. for.	131	28	21	203	
	Gardes généraux des forêts* Gardes à cheval des forêts*	S. B.	Conserv. for.	132	29	21	203	
	Inspecteurs généraux des finances* Inspecteurs des finances*	S. B.	Tout le R.	124	4	″	6	
	Inspecteurs des forêts* Juges de paix* Maires* Maîtres-charpentiers entretenus* Préfets*	S. B.	Conserv. for.	131	29	21	203	
	Procureurs du Roi*	S. B.	Conserv. for. [1]	131	28	21	203	[1] Cette franchise peut s'étendre aux conservations forestières limitrophes.
	Receveurs de l'enregistrement et des domaines* Sous-inspecteurs des forêts* Sous-préfets*	S. B.	Conserv. for.	131	28	21	203	
Inspecteurs des forêts de la couronne	Conservateur des forêts de la couronne*	S. B.	″	143	6	29	228	
	Directeur des domaines et du contentieux de la liste civile*	S. B.	″	143	9	29	228	
	Inspecteurs des forêts de la Couronne*	S. B.	″	143	″	29	228	
	Trésorier de la couronne*	S. B.	″	142	3	29	228	
Inspecteur des forêts de la couronne à *Paris*	Garde général de la forêt de *Sénart**	S. B.	″	143	8	″	″	
Inspecteurs des forges	Administrateur de l'hôtel royal des invalides*	S. B.	″	56	8	″	″	
	Colonels chefs d'état-major des divisions militaires*	S. B.	Div. mil.	94	2	6	138	
	Commandans d'artillerie* Directeurs d'artillerie*	S. B.	Dir. d'art.	99	10	9	155	
	Inspecteurs généraux d'armes en tournée*	S. B.	Les insp. g. d'arm.	94	8	″	″	
	Inspecteurs généraux de gendarmerie*	S. B.	Tout le R.	96	4	″	″	
	Intendants militaires*	S. B.	Tout le R.	26	8	7	137	
	Lieutenants-généraux commandant les divisions militaires*	S. B.	Div. mil.	94	2	6	138	
	Maréchaux de camp commandant les subdivisions militaires*	S. B.	Subd. mil.	94	3	6	151	
	Officiers de gendarmerie* Officiers de la garde municipale de Paris* Officiers du bataillon de voltigeurs corses*	S. B.	Tout le R.	96	8	″	″	
	Sous-intendants militaires* Sous-intendants militaires adjoints*	S. B.	Tout le R.	26	10	7	137	

DÉSIGNATION DES FONCTIONNAIRES ET DES PERSONNES		FORME sous laquelle la correspondance circulant en franchise doit être présentée.	ARRONDISSEMENT, circonscription ou ressort dans l'étendue duquel la correspondance valablement contre-signée circule en franchise.	RENVOI au deuxième volume de l'Instruction générale, pour le texte des dispositions réglementaires.		pour les tableaux de circonscriptions.		OBSERVATIONS.
autorisés à contre-signer leur correspondance de service. (*Article 358 de l'Instruction générale.*)	auxquels la correspondance de service des fonctionnaires et des personnes désignés dans la colonne ci-contre doit être remise en franchise.			Page.	Article.	N° des tableaux.	Pages.	
1.	2.	3.	4.	5.	6.	7.	8.	9.
Inspecteurs des manufactures royales d'armes	Administrateur de l'hôtel royal des invalides*	S. B.	»	96	8	»	»	
	Colonels chefs d'état-major des divisions militaires*	S. B.	Div. mil.	94	2	6	150	
	Commandants d'artillerie*; Directeurs d'artillerie*	S. B.	Tout le R.	99	20	9	154	
	Inspecteurs généraux d'armes en tournée*	S. B.	Arr. insp. g. d'arm.	95	2	»	»	
	Inspecteurs généraux de gendarmerie*	S. B.	Tout le R.	96	8	»	»	
	Intendants militaires*	S. B.	Tout le R.	96	8	7	152	
	Lieutenants-généraux commandant les divisions militaires*	S. B.	Div. mil.	94	2	6	150	
	Maréchaux de camp commandant les subdivisions militaires*	S. B.	Subd. mil.	94	2	9	151	
	Officiers de gendarmerie*; de la garde municipale de Paris*; du bataillon de voltigeurs corses*	S. B.	Tout le R.	96	8	»	»	
	Sous-intendants militaires*; Sous-intendants militaires adjoints*	S. B.	Tout le R.	96	10	7	152	
Inspecteurs des postes	Commandants des brigades de gendarmerie*; de la garde munic. de Paris*; du bataill. de voltig. corses*	S. B.	Dép.	137	52	»	»	
	Directeurs des douanes*; Directeurs des postes*; Inspecteurs des postes*	S. B.	Tout le R.	137	52	»	»	
	Lieutenants de roi des places de guerre*; Maîtres de poste*; Officiers de gendarmerie*; de la garde munic. de Paris*; du bataill. de voltig. corses*; Préfets*	S. B.	Dép.	137	52	»	»	
	Sous-inspecteurs des postes*	S. B.	Tout le R.	137	52	»	»	
	Sous-préfets*	S. B.	Dép.	137	52	»	»	
Inspecteurs des poudreries	Administrateur de l'hôtel royal des invalides*	S. B.	»	96	8	»	»	
	Colonels chefs d'état-major des divisions militaires*	S. B.	Div. mil.	94	2	6	150	
	Commandants d'artillerie*; Directeurs d'artillerie*	S. B.	Dir. d'art.	99	20	9	154	
	Inspecteurs généraux d'armes en tournée*	S. B.	Arr. insp. g. d'arm.	95	2	»	»	
	Inspecteurs généraux de gendarmerie*	S. B.	Tout le R.	96	8	»	»	
	Intendants militaires*	S. B.	Tout le R.	96	8	7	152	
	Lieutenants-généraux commandant les divisions militaires*	S. B.	Div. mil.	94	2	6	150	
	Maréchaux de camp commandant les subdivisions militaires*	S. B.	Subd. mil.	94	2	6	151	
	Officiers de gendarmerie*; de la garde municipale de Paris*; du bataillon de voltigeurs corses*	S. B.	Tout le R.	96	8	»	»	
	Sous-intendants militaires*; Sous-intendants militaires adjoints*	S. B.	Tout le R.	96	10	7	152	

DÉSIGNATION DES FONCTIONNAIRES ET DES PERSONNES		FORME sous laquelle la correspondance circulant en franchise doit être présentée.	[illegible], circonscription ou rayon dans l'étendue duquel la correspondance valablement contre-signée circule en franchise.	RENVOI au deuxième volume de l'Instruction générale, dans le texte des dispositions réglementaires.		dans les tableaux de circonscriptions.		OBSERVATIONS.
autorisés à contre-signer leur correspondance de service. (Article 253 de l'Instruction générale.)	auxquels la correspondance de service des fonctionnaires et des personnes désignés dans la colonne ci-contre doit être remise en franchise.			Page.	Article.	N.os des tableaux.	Page.	
1.	2.	3.	4.	5.	6.	7.	8.	9.
Inspecteurs des raffineries de salpêtre....	Administrateur de l'hôtel royal des invalides*....	S. B.	»	96	3	»	»	
	Colonels chefs d'état-major des divisions militaires*....	S. B.	Div. mil.	93	5	6	150	
	Commandants d'artillerie*.... Directeurs d'artillerie*....	S. B.	Dir. d'art.	89	20	9	151	
	Inspecteurs généraux d'armes en tournée*....	S. B.	Arr. insp. g. d'armes	94	2	»	»	
	Inspecteurs généraux de gendarmerie*....	S. B.	Tout le R.	85	3	»	»	
	Intendants militaires*....	S. B.	Tout le R.	86	2	7	157	
	Lieutenants-généraux commandant les divisions militaires*....	S. B.	Div. mil.	93	2	6	150	
	Maréchaux de camp commandant les subdivisions militaires*....	S. B.	Subd. mil.	94	7	8	151	
	Officiers de gendarmerie*.... de la garde municipale de Paris*.... du bataillon de voltigeurs corses*....	S. B.	Tout le R.	96	6	»	»	
	Sous-intendants militaires*.... Sous-intendants militaires adjoints*....	S. B.	Tout le R.	88	10	7	157	
Inspecteurs des télégraphes à Argentan.... Auxerre.... Clermont-s.-M. Mâcon.... Orange.... Poitiers....	Administrateur en chef des lignes télégraphiques*....	L. F.	»	131	10	»	»	
Inspecteurs divisionnaires des mines et usines....	Élèves des mines et usines*.... Ingénieurs en chef des mines et usines*.... Ingénieurs ordinaires des mines et usines*.... Préfets*.... Sous-préfets*....	S. B.	Div. insp. m. u.	139	3	18	173	
Inspecteurs divisionnaires des ponts et chaussées....	Aspirants des ponts et chaussées*.... Élèves des ponts et chaussées*.... Ingénieurs en chef des ponts et chaussées*.... Ingénieurs ordinaires des ponts et chaussées*.... Préfets*.... Sous-préfets*....	S. B.	Arr. insp. div. p. ch.	120	18	17	174	
Inspect. divisionnaires des ponts et chauss. de l'Aisne.... de l'Oise.... de Seine-et-Oise....	Ingénieur en chef chargé de la navigation de l'Oise*....	S. B.	»	121	13	17	174	
Inspect. divisionnaires des ponts et chauss. de l'Allier.... du Cher.... d'Indre-et-Loire de Loir-et-Cher	Ingénieur en chef, directeur du canal du Berry, résidant à Bourges*....	S. B.	»	121	13	17	174	
Inspect. divisionnaires des ponts et chauss. de la Côte-d'Or du Rhône.... de Saône-et-L.	Ingénieur des ponts et chaussées résidant à Châlons-sur-Saône, chargé de travaux relatifs à l'entretien des routes dans les départements de la Côte-d'Or, du Rhône et de Saône-et-Loire*....	S. B.	(1)	121	13	17	174	(1) En quelque lieu que soit cet ingénieur, dans les trois départements désignés ci-contre.

DÉSIGNATION DES FONCTIONNAIRES ET DES PERSONNES		FORME sous laquelle la correspondance circulant en franchise doit être présentée.	ARRONDISSEMENT, circonscription ou rayon dans l'étendue duquel la correspondance réciproquement contre-signée circule en franchise.	RENVOI au deuxième volume de l'Instruction générale,				OBSERVATIONS.
autorisés à contre-signer leur correspondance de service (*Article 351 de l'Instruction générale*).	auxquels la correspondance de service des fonctionnaires et des personnes désignés dans la colonne ci-contre doit être remise en franchise.			POUR le texte des dispositions réglementaires.		POUR les tableaux de circonscription.		
				Page.	Article.	Nos des tableaux.	Page.	
1.	2.	3.	4.	5.	6.	7.	8.	9.
Inspecteur divisionnaire du canal de l'*Ourcq* et des eaux de *Paris*.	Aspirants des ponts et chaussées. Élèves des ponts et chaussées. Ingénieur en chef des ponts et chaussées. Ingénieurs ordinaires des ponts et chaussées. Préfet. Sous-préfets. — de *Seine-et-Marne**.	S. B.	»	131	15	»	»	
Inspecteurs ecclésiastiques de la confession d'Augsbourg.	Pasteurs de la confession d'Augsbourg*.	S. B.	Insp. ec. conf. Aug.	109	3	13	168	
	Présidents des consistoires de la confession d'Augsbourg*.	S. B.	Tout le R.	107	1	»	»	
	Président du directoire du consistoire général de *Strasbourg**.	S. B.	Tout le R.	107	3	»	»	Pour l'envoi des circulaires et instructions imprimées, [illegible] et modèles des comptes et budgets de fabriques et des délibérations des consistoires locaux.
Inspecteur général des bergeries royales.	Préfets des départements où sont établies des bergeries royales*.	S. B.	»	110	1	»	»	
	Sous-préfets des arrondissements où sont établies des bergeries royales*.	S. B.	»	110	1	»	»	
Inspecteur général des écoles vétérinaires.	Préfets des départements où sont établies des écoles vétérinaires*.	S. B.	»	110	1	»	»	
	Sous-préfets des arrondissements où sont établies des écoles vétérinaires*.	S. B.	»	110	1	»	»	
Inspecteurs généraux d'armes en tournée.	Administrateurs de l'hôtel roy. des invalides*.	S. B.*	»	89	2	»	»	
	Administrateurs des hospices civils dans les lieux où il n'existe pas d'hôpit. militaires*. Colonels chefs d'état-major des divisions militaires*. Commandants d'artillerie*. Commandants des brigades de gendarmerie*. Commandants des brigades de la garde municipale*. Commandants des brigades du bataillon de voltig. corses*. Commandants des corps militaires*. Commandants des dépôts de recrutement*. Commandants des dépôts de remonte*. Commandants des détachements militaires*. Commandants des écoles royales militaires*. Commandants des places, forts et postes*. Conseils d'administration des corps militaires*. Conseils d'administration des deux régiments d'infanterie de la marine*. Conseil d'administration du dépôt des deux régiments d'infanterie de la marine (dépôt colonial) à *Landerneau**. Conseils de guerre*. Directeur de la fabrique de pierres à feu à *Saint-Aignan**.	S. B.*	Arr. insp. g. d'arm.	24	5	»	»	

(*La suite au verso.*)

DÉSIGNATION DES FONCTIONNAIRES ET DES PERSONNES		FORME sous laquelle la correspondance circulant en franchise doit être présentée.	ARRONDISSEMENT, circonscription ou rayon dans l'étendue duquel la correspondance réciproque circule en franchise.	RENVOI au deuxième volume de l'Instruction générale.				OBSERVATIONS.
admis à contresigner leur correspondance de service (Article 153 de l'Instruction générale.)	auxquels la correspondance de service des fonctionnaires et des personnes désignés dans la colonne ci-contre doit être remise en franchise.			Page.	Article.	N°s d'instruction.	Page.	
1.	2.	3.	4.	5.	6.	7.	8.	9.
	Directeur de la manufacture royale de machines à vapeur d'*Indret**	S. B.*	Arr. insp. g. d'arm.	104	13	[illegible]	[illegible]	
	Directeurs d'artillerie* / des fortifications* / des manufact. royales d'armes*							
	Inspecteurs des fonderies* / des forges* / des manufact. royales d'armes* / des poudreries* / des raffineries de salpêtre*	S. B.*	Arr. insp. g. d'arm.	91	[illegible]	[illegible]	[illegible]	
	Inspecteurs généraux d'armes en tournée*							
	Inspecteurs généraux de gendarmerie*	S. B.*	Tout le R.	96	[illegible]	[illegible]	[illegible]	
	Intendants militaires*	S. B.*	Tout le R.	96	[illegible]	[illegible]	128	
	Lieutenants généraux commandant les divisions militaires*	S. B.*	Arr. insp. g. d'arm.	95	2	6	130	
	Lieutenant général commandant supérieur des 8e, 11e et 13e divisions militaires*	S. B.*	[illegible]	95	2	6	130	
	Lieutenants de Roi des places de guerre*							
	Maires*							
	Maréchaux de France*							
	Maréchaux de camp commandant les subdivisions militaires*	S. B.*	Arr. insp. g. d'arm.	95	2	[illegible]	[illegible]	
Inspecteurs généraux d'armes en tournée (*Suite.*)	Officiers comptables du service des hôpitaux militaires*							
	Officiers de gendarmerie* / de la garde municipale de Paris* / du bataillon de voltigeurs corses*	S. B.*	Tout le R.	99	8	[illegible]	[illegible]	
	Officiers du génie*							
	Préfets*							
	Présidents des conseils d'administration des corps militaires*							
	Présidents des conseils d'administration des deux régiments d'infanterie de la marine*							
	Président du conseil d'administration du dépôt des deux régiments d'infanterie de la marine (dépôt colonial), à *Landerneau**	S. B.*	Arr. insp. g. d'arm.	95	2	[illegible]	[illegible]	
	Présidents des conseils de guerre*							
	Sous-inspecteurs des fonderies*							
	Sous-inspecteurs des forges*							
	Sous-intendants militaires*							
	Sous-intendants militaires adjoints*	S. B.*	Tout le R.	96	10	7	128	
	Sous-préfets*	S. B.*	Arr. insp. g. d'arm.	91	2	[illegible]	[illegible]	
Inspecteurs généraux d'armes au lieu de leur résidence	Inspecteurs généraux d'armes au lieu de leur résidence*							
	Lieutenants généraux commandant les divisions militaires*	S. B.*	Tout le R.	96	7	4	[illegible]	
	Préfets maritimes*							

DÉSIGNATION DES FONCTIONNAIRES ET DES PERSONNES		FORME sous laquelle la correspondance devant circuler en franchise doit être présentée.	ARRONDISSEMENT, circonscription ou ressort dans l'étendue duquel la correspondance valablement contre-signée circule en franchise.	RENVOI au deuxième volume de l'Instruction générale,				OBSERVATIONS.
autorisés à contre-signer leur correspondance de service. (*Article 358 de l'Instruction générale.*)	auxquels la correspondance de service des fonctionnaires et des personnes désignés dans la colonne ci-contre doit être remise en franchise.			pour le texte des dispositions réglementaires.		pour les tableaux de circonscriptions.		
				Pages.	Articles.	Nos des tableaux.	Pages.	
1.	2.	3.	4.	5.	6.	7.	8.	9.
Inspecteurs généraux de gendarmerie.	Administrateurs des hospices civils dans les lieux où il n'existe pas d'hôpit. militaires*							
	Colonels chefs d'état-major des div. milit.*							
	Commandants d'artillerie*							
	Commandants des brigades de gendarmerie*							
	Commandants des brigades de la garde municipale de *Paris**							
	Commandants des brigades du bataillon de voltigeurs corses*							
	Commandants des corps militaires*	S. B.*	Tout le R.	96	8	»	»	
	Commandants des dépôts de recrutement*							
	Commandants des dépôts de remonte*							
	Commandants des détachem. militaires*							
	Commandants des écoles royales militaires*							
	Commandants des places, forts et postes*							
	Conseils d'administration des corps militaires*							
	Conseils d'administration des deux régiments d'infanterie de la marine*							
	Conseil d'administration du dépôt des deux régiments d'infanterie de la marine (dépôt colonial) à *Landerneau**	S. B.*	»	96	8	»	»	
	Conseils de guerre*	S. B.*	Tout le R.	95	8	»	»	
	Directeur de la fabrique de pierres à feu à *Saint-Aignan**	S. B.*	»	96	8	»	»	
	Directeurs d'artillerie*							
	Directeurs des fortifications*							
	Directeurs des manufact. royales d'armes*							
	Inspecteurs des fonderies*							
	Inspecteurs des forges*	S. B.*	Tout le R.	96	8	»	»	
	Inspecteurs des manufact. royales d'armes*							
	Inspecteurs des poudreries*							
	Inspecteurs des raffineries de salpêtre*							
	Inspecteurs généraux d'armes en tournée*							
	Intendants militaires*	S. B.*	Tout le R.	96	8	7	132	
	Lieutenants de Roi des places de guerre*							
	Lieutenants-généraux commandant les divisions militaires*							
	Maires*							
	Maréchaux de France*							
	Maréchaux de camp commandant les subdivisions militaires*							
	Officiers comptables du service des hôpitaux militaires*							
	Officiers de gendarmerie*	S. B.*	Tout le R.	96	8	»	»	
	Officiers de la garde municipale de *Paris**							
	Officiers du bataillon de voltigeurs corses*							
	Officiers du génie*							
	Préfets*							
	Présidents des conseils d'administration des corps militaires*							
	Présidents des conseils d'administration des deux régiments d'infanterie de la marine*							
	Président du conseil d'administration du dépôt des deux régiments d'infanterie de la marine (dépôt colonial) à *Landerneau**	S. B.*	»	96	8	»	»	

(*La suite au verso.*)

DÉSIGNATION DES FONCTIONNAIRES ET DES PERSONNES autorisés à contre-signer leur correspondance de service. (*Article 353 de l'Instruction générale.*)	DÉSIGNATION DES FONCTIONNAIRES ET DES PERSONNES auxquels la correspondance de service des fonctionnaires et des personnes désignés dans la colonne ci-contre doit être remise en franchise.	FORME sous laquelle la correspondance circulant en franchise doit être présentée.	ARRONDISSEMENT, circonscription ou ressort dans l'étendue duquel la correspondance valablement contre-signée circule en franchise.	RENVOI au deuxième volume de l'Instruction générale, pour le texte des dispositions réglementaires. Page.	Article.	RENVOI pour les tableaux de circonscription. Nos des tableaux.	Page.	OBSERVATIONS.
1.	2.	3.	4.	5.	6.	7.	8.	9.
Inspecteurs généraux de gendarmerie. (*Suite.*)	Présidents des conseils de guerre*							
	Procureurs généraux*							
	Procureurs du Roi*	S. R.*	Tout le R.	96	8	»	»	
	Sous-inspecteurs des fonderies*							
	Sous-inspecteurs des forges*							
	Sous-intendants militaires*							
	Sous-intendants militaires adjoints*	S. B.*	Tout le R.	96	8	7	152	
	Sous-préfets*	S. B.*	Tout le R.	96	8	»	»	
Inspecteurs généraux des haras	Agents généraux des remontes des haras*	S. B.	Tout le R.	118	5	»	»	
	Chefs des dépôts d'étalons*							
	Directeurs des haras*	S. B.	Arr. insp. har.	119	6	11	172	
	Préfets*							
	Sous-préfets*							
Inspecteurs spéciaux du service des tabacs, résidant habituellement à *Paris* (1).	Contrôleurs du service de la surveillance de la culture des tabacs*							
	Directeurs des contributions indirectes*							
	Garde-magasins des tabacs en feuilles*							
	Inspecteurs de la culture des tabacs et des magasins de tabac en feuilles*	S. B.	Tout le R.	128	43	»	»	(1) Lorsque ces agents sont en tournée d'inspection.
	Inspecteurs spéciaux du service des tabacs, résidant habituellement à *Paris* (1)*							
	Régisseurs des manufactures de tabac*							
Instituteurs des écoles primaires	Inspecteurs d'académie*	S. B.	Arr. acad.	108	8	15	172	
Institutrices des écoles primaires	Présidents des comités d'arrondissement de l'instruction primaire*	S. B.	Arr. s.-pr.	109	5	»	»	
	Recteurs d'académie*	S. B.	Arr. acad.	108	8	15	172	
Intendant général de la liste civile (2)	Adjudants des palais royaux*	L. F.	Tout le R.	141	»	»	»	
	Administrateurs des manufactures royales de *Beauvais**, de *Sèvres**, des *Gobelins**	L. F.	Id.	141	»	»	»	
	Archiviste de la couronne*							
	Architectes du Roi*							
	Commandants des palais royaux*	L. F.	Tout le R.	141	»	»	»	
	Concierges des palais royaux*							
	Conseillers d'État*							(2) Voir page 31 pour la correspondance franchée à la fois de la griffe de l'intendant général de la liste civile et de la griffe portant ces mots : *Service du Roi.*
	Conservateur des forêts de la couronne*							
	Conservateur des résidences et maisons royales, à *Paris**	L. F.	Id.	141	»	»	»	
	Conservateur du mobilier de la couronne*							
	Directeur des dépenses de la liste civile*							
	Directeur des dépenses des bâtiments de la couronne*	L. F.	Id.	141	»	»	»	
	Directeur des domaines et du contentieux de la liste civile*							
	Directeur des musées royaux*							
	(*La suite ci-contre.*)							

(*La suite ci-contre.*)

DÉSIGNATION DES FONCTIONNAIRES ET DES PERSONNES		FORME sous laquelle la correspondance circulant en franchise doit être présentée.	ARRONDISSEMENT, circonscription ou ressort dans l'étendue duquel la correspondance valablement contre-signée circule en franchise.	RENVOI au deuxième volume de l'Instruction générale,				OBSERVATIONS.
autorisés à contre-signer leur correspondance de service. (Article 353 de l'Instruction générale.)	auxquels la correspondance de service des fonctionnaires et des personnes désignés dans la colonne ci-contre doit être remise en franchise.			pour le texte des dispositions réglementaires.		pour les tableaux de circonscription.		
				Page.	Articles.	Nos des tableaux.	Page.	
1.	2.	3.	4.	5.	6.	7.	8.	9.
Intendant général de la liste civile. (Suite.)	Directeurs de l'enregistrement et des domaines* Maîtres des requêtes* Préfets*	L. F.	Tout le R.	141	″	″	″	
	Trésorier de la couronne*	L. F.	″	141	″	″	″	
Intendants militaires	Administrateur de l'hôtel royal des invalides*	S. B.*	″	96	8	7	152	
	Administrateurs des hospices civils dans les lieux où il n'existe pas d'hôpitaux milit.* Agents comptables des vivres et fourrages* Colonels chefs d'état-major des divisions militaires*	S. B.*	Tout le R.	96	8	7	152	
	Colonels faisant partie des conseils de révision des opérations de recrutement *dans les départements cités, page 45, vol. 1er du présent Manuel**	S. B.*	″	97	12	7	152	
	Commandants d'artillerie* Commandants des brigades de gendarmerie*, de la garde municipale de *Paris**, du bataillon de voltigeurs corses*	S. B.*	Tout le R.	98	8	7	152	
	Commandants des corps militaires* Commandants des dépôts de recrutement*, de remonte*	S. B.*	Tout le R.	98	14	7	152	
	Commandants des détachements militaires* Commandants des écoles royales militaires* Commandants des places, forts et postes* Conseils d'administration des corps militaires* Conseils d'administration des deux régiments d'infanterie de la marine*	S. B.*	Tout le R.	96	8	7	152	
	Conseil d'administration du dépôt des deux régiments d'infanterie de la marine (dépôt colonial) à *Landerneau**	S. B.*	″	98	4	7	152	
	Conseils d'administration des compagnies d'artillerie de la marine, détachées à *Brest**, *Cherbourg**, *Lorient**, *Rochefort**, *Toulon**	S. B.*	″	101	2	7	152	
	Conseils d'administration des compagnies d'ouvriers d'artillerie de la marine, à *Brest**, *Cherbourg**, *Lorient**, *Rochefort**, *Toulon**	S. B.*	″	104	9	7	152	
	Conseils d'administration des dépôts des équipages de ligne, à *Brest**, *Cherbourg**, *Lorient**, *Rochefort**, *Toulon**	S. B.*	″	103	8	7	152	
	Conseils de guerre*	S. B.*	Tout le R.	96	8	7	152	
	Directeur de la fabrique de pierres à feu à *Saint-Aignan**	S. B.*	″	96	8	7	152	

(La suite au verso.)

DÉSIGNATION DES FONCTIONNAIRES ET DES PERSONNES autorisés à contre-signer leur correspondance de service. (Article 353 de l'Instruction générale.)	auxquels la correspondance de service des fonctionnaires et des personnes désignés dans la colonne ci-contre doit être remise en franchise.	FORME sous laquelle la correspondance circulant en franchise doit être présentée.	ARRONDISSEMENT, circonscription ou rayon dans l'étendue duquel la correspondance valablement contre-signée circule en franchise.	RENVOI au deuxième volume de l'Instruction générale, pour le texte des dispositions réglementaires. Page.	Article.	pour les tableaux de circonscription. N°s des tableaux.	Page.	OBSERVATIONS.
1.	2.	3.	4.	5.	6.	7.	8.	9.
	Directeur de la manufacture royale de machines à vapeur d'*Indret**	S. B.*	*id.*	108	12	7	132	
	Directeurs d'artillerie*							
	Directeurs des fortifications*							
	Directeurs des manufact. royales d'armes*							
	Directeurs des subsistances militaires*							
	Directeurs des fonderies*							
	Directeurs des forges*							
	Inspecteurs des manufact. royales d'armes*	S. B.*	Tout le R.	96	8	7	132	
	Inspecteurs des poudreries*							
	Inspecteurs des raffineries de salpêtre*							
	Inspecteurs généraux d'armes en tournée*							
	Inspecteurs généraux de gendarmerie*							
	Intendants militaires*							
	Lieutenants-généraux commandant les divisions militaires*							
	Lieutenant-général commandant supérieur des 8e, 11e et 12e divisions militaires*	S. B.*	*id.*	94	3	7 6	133 130	
	Lieutenants de roi des places de guerre*							
	Maires*							
	Maréchaux de France*							
	Maréchaux de camp commandant les subdivisions militaires*							
	Officiers comptables du service des hôpitaux militaires*	S. B.*	Tout le R.	96	8	7	132	
	Officiers de gendarmerie*							
	Officiers de la garde municipale de Paris*							
	Officiers du bataillon de voltigeurs corses*							
Intendants militaires (*Suite*).	Officiers du génie*							
	Officiers généraux ou supérieurs, faisant partie des conseils de révision des opérations de recrutement *dans les départements cités, page 45, colonne 1re du présent Manuel**	S. B.*	*id.*	97	18	7	132	
	Payeurs du trésor public*							
	Préfets*							
	Présidents des conseils d'administration des corps militaires*	S. B.*	Tout le R.	95	8	7	132	
	Présidents des conseils d'administration des deux régiments d'infanterie de la marine*							
	Président du conseil d'administration du dépôt des deux régiments d'infanterie de la marine (dépôt colonial) à *Landerneau**	S. B.*	*id.*	96	8	7	133	
	Présidents des conseils de guerre*							
	Procureurs généraux*							
	Procureurs du Roi*							
	Sous-inspecteurs des fonderies*	S. B.*	Tout le R.	96	8	7	131	
	Sous-inspecteurs des forges*							
	Sous-intendants militaires*							
	Sous-intendants militaires adjoints*							
	Sous-préfets*							

DÉSIGNATION DES FONCTIONNAIRES ET DES PERSONNES autorisés à contre-signer leur correspondance de service (Article 153 de l'Instruction générale)	auxquels la correspondance de service des fonctionnaires et des personnes désignés dans la colonne ci-contre doit être remise en franchise	FORME sous laquelle la correspondance circulant en franchise doit être présentée	ARRONDISSEMENT, circonscription ou rayon dans l'étendue duquel la correspondance réciproquement contresignée circule en franchise	RENVOI au deuxième volume de l'Instruction générale — pour le texte des dispositions réglementaires: Page	Article	pour les tableaux de circonscriptions: Nos des tableaux	Page	OBSERVATIONS
1.	2.	3.	4.	5.	6.	7.	8.	9.
Intendants militaires des 12e, 13e et 14e divisions militaires	Commandant du dépôt provisoire de remonte à *[illegible]* *	S. B.*	»	97	11	13	137	
Intendant de la 1re division militaire	Receveur central des finances de la *Seine* *. Receveur général des finances de *Seine-et-Oise* *	S. B.*	»	156	7	7	159	
Intendant de la 4e division militaire	Receveur génér. des finances de la *Sarthe* *	S. B.*	»	156	7	7	159	

DÉSIGNATION DES FONCTIONNAIRES ET DES PERSONNES		FORME sous laquelle la correspondance circulant en franchise doit être présentée.	ARRONDISSEMENT, circonscription ou rayon dans l'étendue duquel la correspondance valablement contre-signée circule en franchise.	RENVOI au deuxième volume de l'Instruction générale.				OBSERVATIONS.
				POUR le texte des dispositions réglementaires.		POUR les tableaux de [illegible].		
autorisés à contre-signer leur correspondance de service. (*Article 253 de l'Instruction générale.*)	auxquels la correspondance de service des fonctionnaires et des personnes désignés dans la colonne ci-contre doit être remise en franchise.			Page.	Article.	N[os] des tableaux.	Page.	
1.	2.	3.	4.	5.	6.	7.	[illegible]	9.

DÉSIGNATION DES FONCTIONNAIRES ET DES PERSONNES		FORME sous laquelle la correspondance circulant en franchise doit être présentée.	ARRONDISSEMENT, circonscription ou rayon dans l'étendue duquel la correspondance, valablement contresignée, circule en franchise.	RENVOI au deuxième volume de l'Instruction générale,				OBSERVATIONS.
autorisés à contre-signer leur correspondance de service. (*Article 353 de l'Instruction générale.*)	auxquels la correspondance de service des fonctionnaires et des personnes désignés dans la colonne ci-contre doit être remise en franchise.			pour le texte des dispositions réglementaires.		pour les tableaux de circonscriptions.		
				Page.	Articles.	Nos des tableaux.	Pages.	
1.	2.	3.	4.	5.	6.	7.	8.	9.

DÉSIGNATION DES FONCTIONNAIRES ET DES PERSONNES autorisés à contre-signer leur correspondance de service. (Article 353 de l'Instruction générale.)	auxquels la correspondance de service des fonctionnaires et des personnes désignés dans la colonne ci-contre doit être remise en franchise.	FORME sous laquelle la correspondance circulera en franchise devra être présentée.	ARRONDISSEMENT, circonscription ou ressort dans l'étendue duquel la correspondance s'établissant peut circuler en franchise.	RENVOI au deuxième volume de l'Instruction générale, pour le texte des dispositions réglementaires. Page.	Articles.	pour les tableaux de circonscription. Nos des tableaux.	Page.	OBSERVATIONS.
1.	2.	3.	4.	5.	6.	7.	8.	9.
	J							
Jardiniers en chef des résidences royales	Directeur des domaines et du contentieux de la liste civile*	S. B.	»	153	6	»	»	
Juges de paix	Conservateurs des forêts*	S. B.	Conserv. for.	131	27	21	205	
	Gardes-généraux des forêts* / Inspecteurs des forêts*	S. B.	Conserv. for.	131	29	21	205	
	Juges d'instruction*	S. B.	Tout le R.	89	9	»	»	
	Maires*	S. B.	Arr. comt.	143	15	»	»	Pour le service de la garde nationale seulement.
	Préfets*	S. B.*	Dép.	110	4	»	»	
	Premiers présidents des cours royales*	S. B.	C. roy.	86	3	3	144	
	Présidents des cours d'assises*	S. B.	Département où se tiennent les assises (1).	87	3	»	»	(1) Cette franchise s'étend même au lieu de la résidence ordinaire des présidents des cours d'assises.
	Procureurs généraux*	S. B.	Tout le R.	87	5	»	»	
	Procureurs du Roi*	S. B.	Tout le R.	86	6	»	»	
	Sous-inspecteurs des forêts*	S. B.	Conserv. for.	131	29	21	205	
	Sous-préfets*	S. B.*	Arr. s.-pr.	110	4	»	»	
	Vérificateurs des poids et mesures*	S. B.	Arr. s.-pr. (2)	152	15	»	»	(2) Voir les exceptions à la page [illegible].
Juges de paix de certains cantons des départements maritimes (3)	Présidents de certains tribunaux civils, remplissant les fonctions de juges de commerce dans les départem. maritimes* (3). / Présidents de certains tribunaux de commerce dans les départem. maritimes* (3).	S. B.	»	87	6	1	137	(3) Voir le tableau N° 1, page 137 du second volume de l'Instruction générale.
Juges d'instruction	Adjoints des maires exerçant le ministère public près les tribunaux de simple police*	S. B.*	Arr. s.-pr.	89	9	»	»	
	Commissaires de police* / Juges de paix* / Juges d'instruction*	S. B.*	Tout le R.	88	9	»	»	
	Maires* / Officiers de gendarmerie*, de la garde municipale de *Paris*, du bataillon de voltigeurs corses*	S. B.*	Arr. s.-pr.	89	9	»	»	
	Préfets*	S. B.*	Dép.	89	9	»	»	
	Premiers présidents des cours royales*	S. B.*	C. roy.	86	3	3	144	
	Présidents des cours d'assises*	S. B.*	Département où se tiennent les assises (4).	87	4	»	»	(4) Cette franchise s'étend même au lieu de la résidence ordinaire des présidents des cours d'assises.
	Procureurs généraux*	S. B.*	Tout le R.	87	5	»	»	
	Procureurs du Roi*	S. B.*	Tout le R.	89	9	»	»	
	Sous-préfets*	S. B.*	Arr. s.-pr.	89	9	»	»	

DÉSIGNATION DES FONCTIONNAIRES ET DES PERSONNES		FORME sous laquelle la correspondance circulant en franchise doit être présentée.	ARRONDISSEMENT, circonscription ou ressort dans l'étendue duquel la correspondance valablement contre-signée circule en franchise.	RENVOI au deuxième volume de l'Instruction générale,				OBSERVATIONS
autorisés à contre-signer leur correspondance de service. (*Article 353 de l'Instruction générale.*)	auxquels la correspondance de service des fonctionnaires et des personnes désignés dans la colonne ci-contre doit être remise en franchise.			pour le texte des dispositions réglementaires.		pour les tableaux de circonscription.		
				Page.	Article.	Nos des tableaux.	Page.	
1.	2.	3.	4.	5.	6.	7.	8.	9.

DÉSIGNATION DES FONCTIONNAIRES ET DES PERSONNES autorisés à contre-signer leur correspondance de service. (Article 353 de l'Instruction générale.)	auxquels la correspondance de service des fonctionnaires et des personnes désignés dans la colonne ci-contre doit être remise en franchise.	FORME sous laquelle la correspondance doit circuler en franchise doit être présentée.	ARRONDISSEMENT, circonscription ou rayon, dans l'étendue duquel la correspondance réciproquement circule en franchise.	RENVOI au deuxième volume de l'Instruction générale — pour le texte des dispositions réglementaires : Page.	Article.	pour les tableaux de circonscription : N° d'ordre.	Page.	OBSERVATIONS.
1.	2.	3.	4.	5.	6.	7.	8.	9.
	L.							
Lieutenant général commandant supérieur des 4e, 12e et 13e divisions militaires (1)	Fonctionnaires publics de tous les ordres, dans les 4e, 12e et 13e divisions militaires*	L. F.	"	94	2	6	153	(1) Cet officier général, outre la correspondance qui lui est attribuée ci-contre, a encore la correspondance attribuée ci-après aux lieutenants-généraux commandant les divisions militaires.
	Inspecteurs généraux d'armes* .... Préfets maritimes*	L. F.	Tout le R.	94	4	6	129	
Lieutenants-généraux commandant les divisions militaires	Administrateur de l'hôtel des invalides* ...	S. B.*	"	96	8	"	"	
	Administrateurs des hospices civils dans les lieux où il n'existe pas d'hôpitaux militaires* .... Colonels chefs d'état-major des divisions militaires*	S. B.*	Div. mil.	94	2	6	150	
	Colonels faisant partie des conseils de révision des opérations de recrutement *dans les départements cités page 92, colonne 1re du présent Manuel**	S. B.*	Div. mil.	97	18	6	150	
	Commandants, d'artillerie* .... Commandants, des brigades de gendarmerie* Commandants, des brigades de la garde municipale de Paris* Commandants, des brigades du bataill. de voltigeurs corses* Commandants, des corps militaires* .... Commandants, des dépôts de recrutement* Commandants, des dépôts de remonte* .... Commandants, des détachements militaires* .... Commandants, des écoles royales militaires* .... Commandants, de places, forts et postes* Conseils d'administration des corps militaires* .... Conseils d'administration des deux régiments d'infanterie de la marine* .... Conseils de guerre* .... Directeurs ... d'artillerie* .... Directeurs ... des fortifications* .... Directeurs ... des manufactures royales d'armes*	S. B.*	Div. mil.	94	2	6	150	
	Inspecteurs généraux d'armes, en tournée*	S. B.*	Arr. insp. g. d'armes	94	9	6	150	
	Inspecteurs généraux d'armes au lieu de leur résidence*	S. B.*	Tout le R.	96	7	6	150	
	Inspecteurs généraux de gendarmerie* ...	S. B.*	Tout le R.	96	8	"	"	
	Inspecteurs ... des fonderies* .... Inspecteurs ... des forges* .... Inspecteurs ... des manufactures royales d'armes* .... Inspecteurs ... des poudreries* .... Inspecteurs ... des raffineries de salpêtre*	S. B.*	Div. mil.	94	2	6	150	
	Intendants militaires*	S. B.*	Tout le R.	96	4	7	159	
	Lieutenants-généraux commandant les divisions militaires*	S. B.*	Tout le R.	95	9	6	150	
	Lieutenant-général commandant supérieur des 4e, 12e et 13e divisions militaires* ...	S. B.*	"	94	3	6	150	
	(La suite ci-contre.)							

DÉSIGNATION DES FONCTIONNAIRES ET DES PERSONNES		FORME sous laquelle la correspondance circulant en franchise doit être présentée.	ARRONDISSEMENTS, circonscriptions ou ressort dans l'étendue duquel la correspondance valablement contre-signée circule en franchise.	RENVOI au deuxième volume de l'Instruction générale, pour le texte des dispositions réglementaires.		RENVOI … pour les tableaux de circonscription.		OBSERVATIONS.
autorisés à contre-signer leur correspondance de service. (Article 355 de l'Instruction générale.)	auxquels la correspondance de service des fonctionnaires et des personnes désignés dans la colonne ci-contre doit être remise en franchise.			Page.	Article.	Nos des tableaux.	Page.	
1.	2.	3.	4.	5.	6.	7.	8.	9.
Lieutenants-généraux commandant les divisions militaires. (Suite.)	Lieutenants de Roi des places de guerre*. Maires* Maréchaux-de-camp commandant les subdivisions militaires* Maréchaux de France* Officiers comptables du service des hôpitaux militaires* Officiers du génie*	S. B.*	Div. mil.	94	3	6	150	
	Officiers de gendarmerie* Officiers de la garde municipale de Paris* Officiers du bataillon de voltigeurs corses*	S. B.*	Tout le R.	90	3	6	150	
	Officiers généraux ou supérieurs, faisant partie des conseils de révision des opérations de recrutement *dans les départements cités page 43, colonne 1re du présent Manuel**	S. B.*	Div. mil.	97	12	6	150	
	Préfets*	S. B.*	Div. mil.	94	2	6	150	
	Premiers présidents des cours royales*	S. B.*	C. roy.	86	2	2	144	
	Présidents des conseils d'administration des corps militaires* Présidents des conseils d'administration des deux régiments d'infanterie de la marine* Présidents des conseils de guerre* Procureurs généraux*	S. B.*	Div. mil.	94	2	6	150	
	Procureurs du Roi*	S. B.*	Tout le R.	94	2	6	150	
	Sous-inspecteurs des fonderies* Sous-inspecteurs des forges*	S. B.*	Div. mil.	94	2	6	150	
	Sous-intendants militaires* Sous-intendants militaires adjoints*	F. R.*	Tout le R.	98	6	7	152	
	Sous-préfets*	S. B.*	Div. mil.	94	2	6	150	
Lieutenants-généraux commandant les divisions militaires en contact avec le littoral	Préfets maritimes*	S. B.*	Arr. mar.	93	4	6 11	150 165	
Lieutenant-général commandant la 1re division militaire	Directeur de la fabrique de pierres à feu à *Saint-Aignan**	S. B.*	"	94	2	6	150	
Lieutenant-général commandant la 11e division militaire	Autorités des provinces espagnoles limitrophes à la 11e division militaire*	L. F.	"	95	5	6	150	
Lieutenant-général commandant la 13e division militaire	Commandant du dépôt provisoire de remonte à *Pontivy**	S. B.*	"	97	11	6	150	
	Directeur de la manufacture royale de machines à vapeur d'*Indret**	S. B.*	"	104	18	6	150	

DÉSIGNATION DES FONCTIONNAIRES ET DES PERSONNES		FORME sous laquelle la correspondance circulant en franchise doit être présentée.	ARRONDISSEMENT, circonscription ou ressort dans l'étendue duquel la correspondance valablement contre-signée circule en franchise.	RENVOI au deuxième volume de l'Instruction générale.				OBSERVATIONS.
autorisés à contresigner leur correspondance de service. (*Article 353 de l'Instruction générale.*)	auxquels la correspondance de service des fonctionnaires et des personnes désignés dans la colonne ci-contre doit être remise en franchise.			POUR le texte des dispositions réglementaires.		POUR les tableaux de contre-seing.		
				Pages.	Articles.	N^{os} des tableaux.	Pages.	
1.	2.	3.	4.	5.	6.	7.	8.	9.
Lieutenant-général commandant la 13e division militaire	Commandant du dépôt provisoire de remonte à *Pontivy**	S. B.*	»	97	11	6	150	
	Conseil d'administration du dépôt des deux régiments d'infanterie de la marine (dépôt colonial) à *Landerneau* (en son président)*	S. B.*	»	84	8	9	150	
Lieutenant-général commandant la 14e division militaire	Commandant du dépôt provisoire de remonte à *Pontivy**	S. B.*	»	97	11	6	150	
Lieutenants de Roi des places de guerre	Administrateur de l'hôtel des invalides*	S. B.	»	86	8	»	»	
	Colonels chefs d'état-major des divisions militaires*	S. B.	Div. mil.	84	8	6	150	
	Commandants des places, forts et postes*	S. B.	Div. mil.	100	21	6	150	
	Inspecteurs des postes*	S. B.	Dép.	151	37	»	»	
	Inspecteurs généraux d'armes, en tournée*	S. B.	Ar. insp. g. d'arm.	94	8	»	»	
	Inspecteurs généraux de gendarmerie*	S. B.	Tout le R.	96	8	»	»	
	Intendants militaires*	S. B.	Tout le R.	96	8	7	152	
	Lieutenants généraux commandant les divisions militaires*	S. B.	Div. mil.	83	8	6	150	
	Lieutenants de Roi des places de guerre*	S. B.	Div. mil.	100	22	6	150	
	Maréchaux de camp commandant les subdivisions militaires*	S. B.	Subd. mil.	84	8	6	151	
	Officiers de gendarmerie*, de la garde municipale de *Paris**, du bataillon de voltigeurs corses*	S. B.	Tout le R.	86	8	»	»	
	Sous-intendants militaires*, Sous-intendants militaires adjoints*	S. B.	Tout le R.	98	19	7	152	
Lieutenants de Roi *faisant fonctions de sous-intendants militaires dans les villes où il n'en existe pas*	Conseils d'administration des corps militaires*	S. B.	Dép.	86	10	7	152	
	Lieutenants de Roi*, Maires*, Sous-préfets* — Faisant fonct. de s.-intend. mil. dans les lieux où il n'en existe pas	S. B.	Dép.	96	10	7	152	Pour l'envoi seulement des pièces relatives au service des vivres et fourrages.

DÉSIGNATION DES FONCTIONNAIRES ET DES PERSONNES		FORME avec laquelle la correspondance doit circuler en franchise [illegible]	ARRONDISSEMENT, circonscription ou rayon dans l'étendue duquel la correspondance [illegible] contresignée circule en franchise.	RENVOI au deuxième volume de l'Instruction générale,				OBSERVATIONS.
autorisés à contresigner leur correspondance de service. (Article 353 de l'Instruction générale.)	auxquels la correspondance de service des fonctionnaires et des personnes désignés dans la colonne ci-contre doit être remise en franchise.			POUR le texte des dispositions réglementaires.		POUR les tableaux de circonscription.		
				Pages.	Articles.	Numéros des tableaux.	Pages.	
1.	2.	3.	4.	5.	6.	7.	8.	9.

DÉSIGNATION DES FONCTIONNAIRES ET DES PERSONNES autorisés à contre-signer leur correspondance de service. (*Article 353 de l'Instruction générale.*) 1.	auxquels la correspondance de service des fonctionnaires et des personnes désignés dans la colonne ci-contre doit être remise en franchise. 2.	FORME sous laquelle la correspondance circulant en franchise doit être présentée. 3.	ARRONDISSEMENT, circonscription ou rayon dans l'étendue duquel la correspondance valablement contre-signée circule en franchise. 4.	RENVOI au deuxième volume de l'Instruction générale, pour le texte des dispositions réglementaires, Page. 5.	Article. 6.	pour les tableaux de circonscription, N° des tableaux. 7.	Page. 8.	OBSERVATIONS 9.
	M							
	Administrateurs de l'hôtel roy. des invalides*	S. B.	»	98	2	»	»	
	Colonels chefs d'état-major des divisions militaires*	S. B.	Div. mil.	95	3	6	150	
	Conservateurs, des forêts*	S. B.	Conserv. for.	131	27	21	203	(1) Pour la correspondance proprement dite, et, en outre, pour le renvoi des avertissements destinés aux redevables de l'enregistrement; ces avertissements peuvent contenir de l'écriture à la main, mais ils ne doivent être ni cachetés, ni pliés en forme de lettres, ni revêtus d'adresses extérieures.
	Conservateurs, des hypothèques (1)*	S. B.	Arr. s.-pr.	130	23	»	»	
	Contrôleurs des contributions directes*	S. B.	Contr. c. dir.	127	12	20	178	
	Directeurs, des contributions directes*	S. B.	Dép.	127	11	»	»	
	Directeurs, des postes*	S. B.	Arr. s.-pr.	138	33	»	»	
	Gardes généraux des forêts*	S. B.	Conserv. for.	131	28	21	203	
	Gardes à cheval des forêts*	S. B.	Conserv. for.	131	29	21	202	
	Inspecteurs généraux d'armes, en tournée*	S. B.	Arr. insp. g. d'arm.	84	7	»	»	
	Inspecteurs généraux de gendarmerie*	S. B.	Tout le R.	96	4	»	»	
	Inspecteurs généraux des finances* / Inspecteurs des finances*	S. B.	Tout le R.	128	1	»	»	
	Inspecteurs des contributions directes*	S. B.	Dép.	127	15	»	»	
	Inspecteurs des forêts*	S. B.	Conserv. for.	131	28	21	202	
	Intendants militaires*	S. B.	Tout le R.	96	8	7	157	
	Juges de paix*	S. B.	Arr. cant.	115	15	»	»	Pour le service de la garde nationale seulement.
Maires	Juges d'instruction*	S. B.	Arr. s.-pr.	89	9	»	»	
	Lieutenants-généraux commandant les divisions militaires*	S. B.	Div. mil.	94	4	6	150	
	Maires*	S. B.	Arr. cant.	115	16	»	»	Pour le service de la garde nationale seulement.
	Maîtres charpentiers entretenus*	S. B.	Circ. m. charp.	165	11	30	228	
	Maréchaux de camp commandant les subdivisions militaires*	S. B.	Subd. mil.	95	5	6	151	
	Officiers de gendarmerie* / de la garde municipale de *Paris** / du bataillon de voltigeurs corses*	S. B.	Tout le R.	96	8	»	»	
	Préfets*	S. B.	Dép.	110	4	»	»	
	Premiers présidents des cours royales*	S. B.	C. Roy.	86	2	7	144	
	Présidents des comités d'arrondissement de l'instruction primaire*	S. B.	Arr. s.-pr.	108	9	»	»	
	Présidents des cours d'assises*	S. B.	Département où se tiennent les assises (2).	87	3	»	»	(2) Cette franchise s'étend même au lieu de la résidence ordinaire des présidents des cours d'assises.
	Receveurs de l'enregistrement et des domaines (3)*	S. B.	Arr. rec. enreg.	130	23	»	»	(3) Même observation que ci-dessus, note n° 1.
	Recteurs d'académie*	S. B.	Arr. acad.	108	7	15	172	
	Sous-inspecteurs des forêts*	S. B.	Conserv. for.	131	28	21	202	
	Sous-intendants militaires* / Sous-intendants militaires adjoints*	S. B.	Tout le R.	96	10	7	157	
	Sous-préfets*	S. B.	Arr. s.-pr.	110	1	»	»	
	Vérificateurs des poids et mesures*	S. B.	Arr. s.-pr. (4)	122	15	»	»	(4) Voir les exceptions à la page 175.

DÉSIGNATION DES FONCTIONNAIRES ET DES PERSONNES autorisés à contre-signer leur correspondance de service. (*Article 338 de l'Instruction générale.*)	auxquels la correspondance de service des fonctionnaires et des personnes désignés dans la colonne ci-contre doit être remise en franchise.	FORME sous laquelle la correspondance circulant en franchise doit être présentée.	ARRONDISSEMENT, circonscription ou rayon dans l'étendue duquel la correspondance valablement contre-signée circule en franchise.	RENVOI au deuxième volume de l'Instruction générale, pour le texte des dispositions réglementaires. Page.	Article.	pour les tableaux de circonscription. Nos des tableaux.	Page.	OBSERVATIONS.
1.	2.	3.	4.	5.	6.	7.	8.	9.
Maires des départements du *Doubs* et du *Jura*	Commissaire particulier près les salines de l'Est, résidant à *Salins* et à *Lons-le-Saulnier**	S. B.	″	128	15	″	″	
Maires du département du *Gard*	Commissaire central de police à *Nismes**	S. B.	″	115	14	″	″	
Maires de la *Gironde*	Commissaire central de police à *Bordeaux**	S. B.	″	115	14	″	″	
Maires dans le département de la *Meurthe*	Commissaires de police à *Dieuze**, *Vic**	S. B.	(1)	115	14	″	″	(1) Cette franchise peut s'étendre à tous les lieux où les deux commissaires de police sont envoyés en mission.
	Commissaire particulier près les salines de l'Est résidant à *Dieuze* et à *Moyenvic**	S. B.	″	128	15	″	″	
Maires dans l'arrondissement de *Gex*	Commissaire en chef des douanes à *Saint-Genis** Commissaire particulier des douanes à *Collonge** Commissaire particulier des douanes à *Gex**	S. B.	″	134	38	″	″	
Maires des communes de l'*Île-d'Oléron*	Intendance sanitaire au *Château* (*Île-d'Oléron*)*	S. B.	″	119	8	″	″	
Maires faisant fonctions de sous-intendants militaires dans les lieux où il n'en existe pas	Conseils d'administration des corps militaires*	S. B.	Dép.	96	10	7	153	
	Lieutenants de Roi*, Maires*, Sous-préfets* faisant fonct. de sous-intend. milit. dans les lieux où il n'en existe pas.	S. B.	Dép.	96	10	7	153	Pour l'envoi des pièces relatives au service des vivres et fourrages militaires.
Maîtres charpentiers entretenus	Chefs d'administration de la marine* Chefs maritimes* Commissaires généraux de la marine* Commissaires principaux de la marine* Commissaires chargés en chef du service dans les ports*	S. B.	Tout le R.	102	1	″	″	
	Conservateurs des forêts*	S. B.	Conserv. for.	131	27	21	203	
	Directeur du service de la surveillance des fournitures des bois de marine*	S. B.	″	104	10	20	158	
	Gardes généraux des forêts*	S. B.	Conserv. for.	131	28	21	203	
	Gardes à cheval des forêts*	S. B.	Conserv. for.	131	28	21	203	
	Inspecteurs des forêts*	S. B.	Conserv. for.	131	28	21	203	
	Maires*	S. B.	Circ. m. charp.	104	11	20	158	
	Préfets maritimes*	S. B.	Tout le R.	102	1	″	″	
	Sous-inspecteurs des forêts*	S. B.	Conserv. for.	131	28	21	203	
Maîtres de pension	Inspecteurs d'académie* Recteurs d'académie*	S. B.	Arr. acad.	108	9	15	172	
Maîtres de poste	Inspecteurs des postes*	S. B.	Dép.	137	50	″	″	
Maîtres des écoles primaires	Inspecteurs d'académie*	S. B.	Arr. acad.	108	8	15	172	
	Présidents des comités d'arrondissement de l'instruction primaire*	S. B.	Arr. s-pr.	108	5	″	″	
	Recteurs d'académie*	S. B.	Arr. acad.	108	6	15	172	

DÉSIGNATION DES FONCTIONNAIRES ET DES PERSONNES		FORME sous laquelle la correspondance circulant en franchise doit être présentée.	ARRONDISSEMENT, circonscription ou ressort dans l'étendue duquel la correspondance ci-dessus et contre-signée circule en franchise.	RENVOI au deuxième volume de l'Instruction générale,				OBSERVATIONS.
				pour la suite des dispositions réglementaires.		pour les tableaux de circonscription.		
autorisés à contre-signer leur correspondance de service. (*Article 353 de l'Instruction générale.*)	auxquels la correspondance de service des fonctionnaires et des personnes désignés dans la colonne ci-contre doit être remise en franchise.			Pages.	Articles.	N.os des tableaux.	Pages.	
1.	2.	3.	4.	5.	6.	7.	8.	9.
Maîtres des requêtes	Premiers présidents des cours royales*	S. B.	C. roy.	86	7	7	144	
Maîtresses des écoles primaires	Inspecteurs d'académie*	S. B.	Arr. acad.	108	8	11	172	
	Présidents des comités d'arrondissement de l'instruction primaire*	S. B.	Arr. s.-pr.	108	9	"	"	
	Recteurs d'académie*	S. B.	Arr. acad.	108	8	11	172	
Maréchaux de France	Administrateur de l'hôtel roy. des invalides*	S. B.	"	96	8	"	"	
	Colonels, chefs d'état-major des divisions militaires*	S. B.	Div. mil.	84	2	6	150	
	Inspecteurs généraux d'armes en tournée*	S. B.	Arr. insp. g. d'arm.	92	8	"	"	
	Inspecteurs généraux de gendarmerie*	S. B.	Tout le R.	96	8	"	"	
	Intendans militaires*	S. B.	Tout le R.	88	8	7	152	
	Lieutenants-généraux commandant les divisions militaires*	S. B.	Div. mil.	84	7	6	150	
	Maréchaux de camp commandant les subdivisions militaires*	S. B.	Subd. mil.	91	3	8	151	
	Officiers de gendarmerie* de la garde municipale de *Paris** du bataill. de voltigeurs corses*	S. B.	Tout le R.	90	8	"	"	
	Sous-intendans militaires* Sous-intendans militaires adjoints*	S. B.	Tout le R.	88	10	7	152	
Maréchaux de camp commandant les subdivisions militaires	Administrateur de l'hôtel royal des invalides*	S. B.*	"	96	8	"	"	
	Administrateurs des hospices civils dans les lieux où il n'existe pas d'hôpitaux militaires*	S. B.*	Subd. mil.	94	7	8	151	
	Colonels chefs d'état-major des divisions militaires*	S. B.*	Div. mil.	80	7	6	150	
	Colonels faisant partie des conseils de révision des opérations de recrutement *dans les départemens cités page 53, col. 1re du présent Manuel**	S. B.*	Div. mil.	87	12	6	150	
	Commandants d'artillerie* des brigades de gendarmerie* de la garde municip. de Paris* du bataill. de voltig. corses* des corps militaires*	S. B.*	Subd. mil.	93	3	8	151	
	des dépôts de recrutement* de remonte* des détachements militaires* des écoles royales militaires* des places, forts et postes*	S. B.*	Div. mil.	98	15	6	150	
	Conseils d'administration des corps militaires* Conseils d'administration des deux régiments d'infanterie de la marine* Conseils de guerre* Directeurs d'artillerie* des fortifications* des manufact. roy. d'armes*	S. B.*	Subd. mil.	91	3	8	151	

(*La suite ci-contre.*)

DÉSIGNATION DES FONCTIONNAIRES ET DES PERSONNES autorisés à contre-signer leur correspondance de service. (Article 553 de l'Instruction générale.)	DÉSIGNATION DES FONCTIONNAIRES ET DES PERSONNES auxquels la correspondance de service des fonctionnaires et des personnes désignés dans la colonne ci-contre doit être remise en franchise.	FORME sous laquelle la correspondance doit être présentée.	ARRONDISSEMENT, circonscription ou ressort dans l'étendue duquel la correspondance également contre-signée circule en franchise.	RENVOI au deuxième volume de l'Instruction générale. Pour le texte des dispositions réglementaires. Pages.	Articles.	Pour les tableaux de circonscriptions. Nos des tableaux.	Pages.	OBSERVATIONS.
1.	2.	3.	4.	5.	6.	7.	8.	9.
Maréchaux de camp commandant les subdivisions militaires (Suite)	Inspecteurs des fonderies[*] ; des forges[*] ; des manufact. roy. d'armes[*] ; des poudreries[*] ; des raffineries de salpêtre[*]	S. B.[*]	Subd. mil.	94	8	6	151	
	Inspecteurs généraux d'armes en tournée[*]	S. B.[*]	Arr. insp. g. d'arm.	94	8	6	151	
	Inspecteurs généraux de gendarmerie[*]	S. B.[*]	Tout le R.	98	8	6	151	
	Intendants militaires[*]	S. B.[*]	Tout le R.	96	8	7	153	
	Lieutenants-généraux commandant les divisions militaires[*]	S. B.[*]	Div. mil.	94	7	6	150	
	Lieutenants de Roi des places de guerre[*] ; Maires[*]	S. B.[*]	Subd. mil.	94	5	6	151	
	Maréchaux de France[*] ; Maréchaux de camp commandant les subdivisions limitrophes[*]	S. B.[*]	»	94	7 *bis*.	32	»	Voir la Circulaire du 15 juillet 1833.
	Officiers comptables du service des hôpitaux militaires[*]	S. B.[*]	Subd. mil.	94	8	6	151	
	Officiers de gendarmerie[*] ; de la garde municipale de *Paris*[*] ; du bataillon de voltigeurs corses[*]	S. B.[*]	Tout le R.	98	8	6	151	
	Officiers du génie[*]	S. B.[*]	Subd. mil.	93	7	6	151	
	Officiers généraux ou supérieurs faisant partie des conseils de révision des opérations de recrutement *dans les départements cités page 15, colonne 1re du présent Manuel*[*]	S. B.[*]	Div. mil.	97	12	5	150	
	Préfets[*]	S. B.[*]	Subd. mil.	94	6	6	151	
	Premiers présidents des Cours royales[*]	S. B.[*]	C. roy.	86	4	5	141	
	Présidents des conseils d'administration des corps militaires[*] ; Présidents des conseils d'administration des deux régiments d'infanterie de la marine[*] ; Présidents des conseils de guerre[*] ; Procureurs du Roi[*] ; Sous-inspecteurs des fonderies[*] ; Sous-inspecteurs des forges[*]	S. B.[*]	Subd. mil.	94	2	6	151	
	Sous-intendants militaires[*] ; Sous-intendants militaires adjoints[*]	S. B.[*]	Tout le R.	96	10	7	153	
	Sous-préfets[*]	S. B.[*]	Subd. mil.	94	7	6	151	
Maréchal de camp commandant le département du *Finistère*	Conseil d'administration du dépôt des deux régiments d'infanterie de la marine (dépôt colonial) à *Landerneau*, ou son président[*]	S. B.[*]	»	94	3	»	»	
Maréchal de camp commandant le département de la *Loire-Inférieure*	Directeur de la manufacture royale de machines à vapeur d'*Indret*[*]	S. B.[*]	»	104	17	»	»	
Maréchal de camp commandant le département de *Loir-et-Cher*	Directeur de la fabrique de pierres à feu à *Saint-Aignan*[*]	S. B.[*]	»	94	8	»	»	

DÉSIGNATION DES FONCTIONNAIRES ET DES PERSONNES autorisés à contre-signer leur correspondance de service. (Article 333 de l'Instruction générale.)	auxquels la correspondance de service des fonctionnaires et des personnes désignés dans la colonne ci-contre doit être remise en franchise.	FORME sous laquelle la correspondance circulant en franchise doit être présentée.	ARRONDISSEMENT, circonscription ou ressort dans l'étendue duquel la correspondance est admise à circuler en franchise.	RENVOI au deuxième volume de l'Instruction générale, pour le texte des dispositions réglementaires. Pages.	Articles.	pour les tableaux de contreseing. Numéros.	Pages.	OBSERVATIONS.
1.	2.	3.	4.	5.	6.	7.	8.	9.
Membres du conseil des haras.	Préfets*	S. B.	Dép.	118	1	»	»	
	Sous-préfets*	S. B.	Arr. s.-pr.	119	1	»	»	
Ministre de la guerre	Administrateurs des hospices civils dans les lieux où il n'existe pas d'hôpit. milit.*	L. F.	Tout le R.	93	»	»	»	
	Agents comptables des vivres et fourrages*							
	Agents comptables du service de l'habillement et du campement	S. B.	Tout le R.	94	1	5	149	Pour le journal militaire.
	Colonels chefs d'état-major des divisions mil.*	L. F.	Tout le R.	93	»	»	»	Pour la correspondance.
		S. B.	*Idem.*	94	1	5	149	Pour le journal militaire.
	Commandants d'artillerie*							
	Commandants des brigades de gendarmerie*	L. F.	Tout le R.	93	»	»	»	
	Commandants des brigades de la g. mun. de Paris*							
	Commandants des brigades du lot. de vét. exer.*							
	Commandants des corps militaires*	L. F.	Tout le R.	93	»	»	»	Pour la correspondance.
	Commandants des dépôts de recrutement*	S. B.	*Idem.*	94	1	5	149	Pour le journal militaire.
	Commandants des dépôts de remonte*							
	Commandants des détachements militaires*							
	Commandants des écoles royales militaires*	L. F.	Tout le R.	93	»	»	»	
	Commandants des places, forts et postes*							
	Commandants des places de 1re, 2e et 3e classes.	S. B.	Tout le R.	94	1	5	149	Pour le journal militaire.
	Conseillers d'état*	L. F.	Tout le R.	82	»	»	»	
	Conseil d'administration de l'hôtel des invalides et de sa succursale	S. B.	»	94	1	5	149	Pour le journal militaire.
	Conseils d'administration des corps milit.*	L. F.	Tout le R.	93	»	»	»	Pour la correspondance.
		S. B.	*Idem.*	94	1	5	149	Pour le journal militaire.
	Conseils d'admin. des deux régim. d'infant. de la marine et du dépôt de ces régim.*	L. F.	Tout le R.	93	»	»	»	
	Conseils d'administration des écoles royales militaires	S. B.	Tout le R.	94	1	5	149	Pour le journal militaire.
	Conseils de guerre*	L. F.	Tout le R.	93	»	»	»	
	Directeur de la fabrique de pierres à feu à *Saint-Aignan**	L. F.	»	82	»	»	»	
	Directeurs d'artillerie*							
	Directeurs des fortific. et arsenaux du génie*	L. F.	Tout le R.	93	»	»	»	Pour la correspondance.
	Directeurs des manufact. royales d'armes*	S. B.	*Idem.*	94	1	5	149	Pour le journal militaire.
	Directeurs des subsistances militaires*	L. F.	Tout le R.	93	»	»	»	
	Gouverneur de l'hôtel des invalides	S. B.	»	94	1	5	149	Pour le journal militaire.
	Greffier en chef de la cour des comptes*	L. F.	»	83	»	»	»	
	Ingénieur en chef des travaux de défense de la ville de *Lyon*	S. B.	»	94	1	5	149	Pour le journal militaire.
	Inspecteurs des fonderies*							
	Inspecteurs des forges*	L. F.	Tout le R.	93	»	»	»	
	Inspecteurs des manufact. royales d'armes*							
	Inspecteurs des poudreries*	L. F.	Tout le R.	93	»	»	»	Pour la correspondance.
	Inspecteurs des raffineries de salpêtre*	S. B.	*Idem.*	94	1	5	149	Pour le journal militaire.
	Inspecteurs généraux d'armes*	L. F.	Tout le R.	93	»	»	»	
	Intendants militaires*	L. F.	Tout le R.	93	»	»	»	Pour la correspondance.
		S. B.	*Idem.*	94	1	5	149	Pour le journal militaire.
	Lieutenants généraux*	L. F.	Tout le R.	93	»	»	»	
	Lieut.-généraux commandant les divis. mil.*	L. F.	Tout le R.	93	»	»	»	Pour la correspondance.
	Lieutenants de Roi des places de guerre*	S. B.	*Idem.*	94	1	5	149	Pour le journal militaire.
	(La suite ci-contre.)							

DÉSIGNATION DES FONCTIONNAIRES ET DES PERSONNES autorisés à contre-signer leur correspondance de service. (Article 353 de l'Instruction générale.)	auxquels la correspondance de service des fonctionnaires et des personnes désignés dans la colonne ci-contre doit être remise en franchise.	FORME sous laquelle la correspondance circulant en franchise doit être présentée.	ARRONDISSEMENT, circonscription ou rayon dans l'étendue duquel la correspondance s'échange circule en franchise.	RENVOI au deuxième volume de l'Instruction générale : entre le texte des dispositions réglementaires. Page.	Articles.	entre les tableaux de circonscription. N.os des tableaux.	Page.	OBSERVATIONS.
1.	2.	3.	4.	5.	6.	7.	8.	9.
Le Ministre de la guerre (*Suite*).	Maires*. Maîtres des requêtes*.	L. F.	Tout le R.	93	″	″	″	
	Maréchaux de France*.	L. F. S. B.	Tout le R. *Idem.*	93 94	1 1	″ 5	″ 145	Pour la correspondance. Pour le journal militaire.
	Maréchaux de camp*.	L. F.	Tout le R.	93	″	″	″	
	Maréchaux de camp commandant les subdivisions militaires*.	L. F. S. B.	Tout le R. *Idem.*	93 94	″ 1	″ 5	″ 145	Pour la correspondance. Pour le journal militaire.
	Officiers comptables du service des hôpitaux militaires*. Officiers de gendarmerie*, de la garde municip. de Paris*, du bataillon de voltig. corses*.	L. F.	Tout le R.	93	″	″	″	
	Officiers du génie*. Payeur général de la guerre*.	L. F.	″	93	″	″	″	
	Préfets*. Présidens des conseils d'administration des corps militaires*. Presid. des conseils d'admin. des deux régim. d'inf. de la marine et du dépôt de ces rég.*. Présidens des conseils de guerre*. Procureurs généraux*. Procureurs du Roi*. Régie des poudres et salpêtres*.	L. F.	Tout le R.	93	″	″	″	
	Sous-inspecteurs des fonderies*, des forges*. Sous-intendans militaires*.	L. F. S. B.	Tout le R. *Idem.*	93 94	″ 1	″ 5	″ 145	Pour la correspondance. Pour le journal militaire.
	Sous-intendans militaires adjoints*. Sous-préfets*.	L. F.	Tout le R.	93	″	″	″	
Ministre de la justice	Adjoints des maires, exerçant le ministère public, près les tribunaux de simple police*. Commissaires de police*. Conseillers d'état*.	L. F.	Tout le R.	86	″	″	″	
	Cour de cassation*. Cour des comptes*.	L. F.	″	86	″	″	″	
	Cours d'assises*. Cours royales*. Juges de paix*. Juges d'instruction*. Lieutenans généraux commandant les divisions militaires*. Maires*. Maîtres des requêtes*. Officiers de gendarmerie*, de la garde municipale de Paris*, du bataillon de voltig. corses*. Préfets*. Présidens des cours et tribunaux*. Procureurs généraux*. Procureurs du Roi*. Sous-préfets*. Tribunaux*.	L. F.	Tout le R.	86	″	″	″	

DÉSIGNATION DES FONCTIONNAIRES ET DES PERSONNES* autorisés à contre-signer leur correspondance de service. (*Article 353 de l'Instruction générale.*)	DÉSIGNATION DES FONCTIONNAIRES ET DES PERSONNES* auxquels la correspondance de service des fonctionnaires et des personnes désignés dans la colonne ci-contre doit être remise en franchise.	FORME sous laquelle la correspondance circulant en franchise doit être présentée.	ARRONDISSEMENT ou circonscription du ressort dans l'étendue duquel la correspondance valablement contre-signée circule en franchise.	RENVOI au deuxième volume de l'Instruction générale, pour le texte des dispositions réglementaires. Pages.	Articles.	RENVOI, pour les tableaux de circonscription. Nos des tableaux.	Pages.	OBSERVATIONS.
1.	2.	3.	4.	5.	6.	7.	8.	9.
Ministre de la marine......	Chef du dépôt des archives de la marine à *Versailles**	L. F.	»	101	»	»	»	
	Chefs d'administration de la marine*							
	Chefs maritimes*							
	Commissaires généraux de la marine*							
	Commissaires principaux de la marine*							
	Commissaires de la marine*							
	Commissaires des classes*							
	Commissaires rapporteurs près les tribunaux maritimes*	L. F.	Tout le R.	101	»	»	»	
	Conseillers d'état*							
	Conseils d'admin. des deux régim. d'infant. de la marine et du dépôt de ces régim.*							
	Conseils d'administration du corps royal d'artillerie de la marine*							
	Conseils d'administration des dépôts des équipages de ligne, à .... *Brest**							
	— *Cherbourg**							
	— *Lorient**							
	— *Rochefort**							
	— *Toulon**	L. F.	»	101	»	»	»	
	Directeur de la manufacture royale de machines à vapeur d'*Indret**							
	Directeur du service de la surveillance des fournitures des bois de marine*							
	Directeurs .... des fonderies royales* ...							
	— des forges royales*	L. F.	Tout le R.	101	»	»	»	
	— des manufactures royales d'armes*							
	Gouverneur du collége royal de la marine, à *Brest**	L. F.	»	101	»	»	»	
	Greffier en chef de la cour des comptes* ...							
	Inspecteurs de la marine dans les ports* ...							
	Inspecteurs adjoints de la marine dans les ports secondaires*							
	Inspecteurs des différents services du département de la marine*							
	Inspecteurs généraux du corps royal d'artillerie de la marine*							
	Maîtres charpentiers entretenus*	L. F.	Tout le R.	101	»	»	»	
	Maîtres des requêtes*							
	Officiers d'administration préposés à l'inscription maritime*							
	Officiers de la marine royale commandant en chef une armée navale, escadre ou division, ou un bâtiment ayant une destination particulière*							
	Payeur général de la marine*	L. F.	»	101	»	»	»	
	Préfets*							
	Préfets maritimes*							
	Sous-inspecteurs de la marine dans les ports secondaires*	L. F.	Tout le R.	101	»	»	»	
	Sous-préfets*							

(*La suite ci-contre.*)

DÉSIGNATION DES FONCTIONNAIRES ET DES PERSONNES		FORME sous laquelle la correspondance circulant en franchise doit être présentée.	CONTRESEIGNEMENT, circonscription ou ressort dans l'étendue duquel la correspondance valablement contre-signée circule en franchise.	RENVOI au deuxième volume de l'Instruction générale,				OBSERVATIONS.
autorisés à contre-signer leur correspondance de service. (*Article 353 de l'Instruction générale.*)	auxquels la correspondance de service des fonctionnaires et des personnes désignés dans la colonne ci-contre doit être remise en franchise.			POUR le texte des dispositions réglementaires.		POUR les tableaux de circonscription.		
				Page.	Article.	Nos des tableaux.	Page.	
1.	2.	3.	4.	5.	6.	7.	8.	9.
Ministre de la marine (*Suite*).	Trésorier général des invalides de la marine*	L. F.	"	101	"	"	"	
	Trésoriers des invalides de la marine*	L. F.	Tout le R.	101	"	"	"	
Ministre de l'instruction publique	Archevêques*							
	Chefs d'institution*	L. F.	Tout le R.	106	"	"	"	
	Conseillers d'état*							
	Conservateurs des bibliothèques... de l'*Arsenal**							
	de la ville de *Paris**	L. F.	"	106	"	"	"	
	*Mazarine**							
	de *Sainte-Geneviève**							
	Conservat. des biblioth. roy. dans les dép.*							
	Curés*							
	Desservants*							
	Directeurs des colléges particuliers*							
	Doyens des facultés*							
	Évêques*							
	Frères des écoles chrétiennes*							
	Grands-vicaires (ou *vicaires généraux*)*							
	Inspecteurs des académies*							
	Inspecteurs généraux de l'Université*							
	Instituteurs*, Institutrices* des écoles primaires	L. F.	Tout le R.	106	"	"	"	
	Maîtres de pension*							
	Maîtres des écoles primaires*							
	Maîtres des requêtes*							
	Maîtresses des écoles primaires*							
	Membres du conseil royal de l'Université*							
	Pasteurs de la confession d'Augsbourg*							
	Pasteurs de l'église réformée*							
	Préfets*							
	Président du conservatoire de la bibliothèque du Roi*	L. F.	"	108	"	"	"	
	Présidents des comités d'arrondissement de l'instruction primaire*							
	Présidents des comités communaux de l'instruction primaire*							
	Présidents des consistoires de la confess. d'Augsbourg*							
	de l'église réformée*							
	du culte israélite*							
	Principaux des colléges communaux*							
	Procureurs généraux*	L. F.	Tout le R.	108	"	"	"	
	Procureurs du Roi*							
	Professeurs des colléges royaux*							
	Proviseurs des colléges royaux*							
	Rabbins dépend. des consistoires israélites*							
	Recteurs des académies*							
	Régents des colléges communaux*							
	Sous-préfets*							
	Succursalistes*							

DÉSIGNATION DES FONCTIONNAIRES ET DES PERSONNES autorisés à contre-signer leur correspondance de service. (*Article 533 de l'Instruction générale.*)	DÉSIGNATION DES FONCTIONNAIRES ET DES PERSONNES auxquels la correspondance de service des fonctionnaires et des personnes désignés dans la colonne ci-contre doit être remise en franchise.	FORME sous laquelle la correspondance circulant en franchise doit être présentée.	ARRONDISSEMENT, circonscription ou ressort dans l'étendue duquel la correspondance valablement contre-signée circule en franchise.	RENVOI au deuxième volume de l'Instruction générale, pour le texte des dispositions réglementaires. Page.	Articles.	RENVOI pour les tableaux de circonscription. Nos des tableaux.	Page.	OBSERVATIONS.
1.	2.	3.	4.	5.	6.	7.	8.	9.
Ministre de l'intérieur et des cultes	Administrateurs des bibliothèques royales*							
	Agents généraux des remontes des haras*							
	Archevêques*							
	Avocats généraux*							
	Chefs des dépôts d'étalons*							
	Commandants des brigades de gendarmerie*	L. F.	Tout le R.	108	"	"	"	
	Commandants des brigades de la garde municip. de *Paris**							
	Commandants des brigades du batail. de voltig. corses*							
	Commandants des gardes nationales*							
	Commissaire estampilleur à *Septème**	L. F.	"	109	"	"	"	
	Commissaires de police*							
	Commissaires extraordinaires du Roi*							
	Conseillers d'état*	L. F.	Tout le R.	109	"	"	"	
	Cours*							
	Desservants*							
	Directeurs de l'administration de l'école polytechnique*							
	Directeurs de la maison roy. de *Charenton**							
	Directeurs de la maison royale des jeunes aveugles*	L. F.	"	109	"	"	"	
	Directeurs de l'école d'accouchement*							
	Directeurs du comité de vaccine*							
	Directeurs des écoles vétérinaires*							
	Directeurs des haras*							
	Directeurs des maisons centr. de détent.*							
	Doyens des facultés de théologie*	L. F.	Tout le R.	110	"	"	"	
	Évêques*							
	Frères des écoles chrétiennes*							
	Grands-vicaires (ou vicaires-généraux)*							
	Greffier en chef de la Cour des comptes*	L. F.	"	109	"	"	"	
	Ingénieurs en chef des mines et usines*							
	Ingénieurs en chef des ponts et chaussées*							
	Ingénieurs ordinaires des mines et usines*							
	Ingénieurs ordinaires des ponts et chaussées*							
	Inspecteurs divisionnaires des mines et usines*							
	Inspecteurs divisionnaires des ponts et chaussées*							
	Inspecteurs généraux des bergeries royales*							
	Inspecteurs généraux des écoles vétérinaires*							
	Inspecteurs généraux des haras*							
	Intendances sanitaires*							
	Juges de paix*							
	Juges d'instruction*	L. F.	Tout le R.	109	"	"	"	
	Lieut.-généraux command. les div. milit.*							
	Maires*							
	Maîtres des requêtes*							
	Maréch. de camp command. les subdiv. milit.*							
	Membres du conseil des haras*							
	Officiers de gendarmerie*							
	Officiers de la garde municip. de Paris*							
	Officiers du bataillon de voltig. corses*							
	Pasteurs de la confession d'Augsbourg*							
	Pasteurs de l'église réformée*							
	Préfets*							

(*La suite ci-contre.*)

DÉSIGNATION DES FONCTIONNAIRES ET DES PERSONNES autorisés à contre-signer leur correspondance de service (Article 358 de l'Instruction générale.)	 auxquels la correspondance de service des fonctionnaires et des personnes désignés dans la colonne ci-contre doit être remise en franchise.	FORME sous laquelle la correspondance circulant en franchise doit être présentée.	ARRONDISSEMENT, circonscription ou ressort dans l'étendue duquel la correspondance réciproquement contre-signée circule en franchise.	RENVOI au deuxième volume de l'Instruction générale. dans la table des dispositions réglementaires. Page.	 Articles.	 dans les tableaux de circonscription. Nos des tableaux.	 Pages.	OBSERVATIONS.
1.	2.	3.	4.	5.	6.	7.	8.	9.
	Préfet apostolique à *Alger**	L. F.	»	109	»	»	»	
	Présidents des colléges électoraux* Présidents des consistoires de la confession d'Augsbourg* Présidents des consistoires de l'église réformée* Présidents des consistoires du culte israélite* Présidents des cours et tribunaux* Procureurs généraux* Procureurs du Roi* Rabbins dépendant des consist. israélites* Régisseurs des bergeries royales*	L. F.	Tout le R.	109	»	»	»	
Ministre de l'intérieur et des cultes. (*Suite.*)	Secrétaires des académies royales des beaux-arts* Secrétaires des académies royales des sciences*	L. F.	»	109	»	»	»	
	Sous-Préfets* Substituts des procureurs du Roi* Succursalistes* Supérieurs des écoles secondaires ecclésiastiques* Supérieurs des séminaires* Vérificateurs des poids et mesures*	L. F.	Tout le R.	109	»	»	»	
Ministère de l'intérieur, administration des cultes	Archevêques* Conseillers d'État* Curés* Desservants* Doyens des facultés de théologie* Évêques* Frères des écoles chrétiennes* Grands vicaires (ou *vicaires généraux*)* Maîtres des requêtes* Pasteurs de la confession d'Augsbourg* Pasteurs de l'église réformée* Préfets* Préfet apostolique à *Alger** Présidents des consistoires de la confession d'Augsbourg* Présidents des consistoires de l'église réformée* Présidents des consistoires du culte israélite* Rabbins dépendant des consist. israélites* Sous-préfets* Succursalistes* Supérieurs des écoles secondaires ecclésiastiques* Supérieurs des séminaires*	L. F.	Tout le R.	110	»	»	»	
	Agents consulaires à l'étranger* Agents des affaires étrangères à l'étranger*	L. F.	Tout le R.	81	»	»	»	
Ministre des affaires étrangères	Agents des affaires étrangères à *Marseille** Agents des affaires étrangères au *Havre**	L. F.	»	81	»	»	»	
	Ambassadeurs de France à l'étranger* Chefs d'administration de la marine* Chefs maritimes*	L. F.	Tout le R.	81	»	»	»	

(*La suite au verso.*)

DÉSIGNATION DES FONCTIONNAIRES ET DES PERSONNES		FORME sous laquelle la correspondance circulant en franchise doit être présentée.	ARRONDISSEMENT, circonscription ou rayon dans l'étendue duquel la correspondance valablement contre-signée circule en franchise.	RENVOI au deuxième volume de l'Instruction générale,				OBSERVATIONS.
				pour le texte des dispositions réglementaires.		pour les tableaux de circonscription.		
autorisés à contre-signer leur correspondance de service. (*Article 353 de l'Instruction générale.*)	auxquels la correspondance de service des fonctionnaires et des personnes désignés dans la colonne ci-contre doit être remise en franchise.			Page.	Article.	Nos des tableaux.	Page.	
1.	2.	3.	4.	5.	6.	7.	8.	9.
Ministre des affaires étrangères. (*Suite.*)	Commissaires du Roi pour la démarcation des frontières : de l'*Est**; du *Nord**							
	Commissaires généraux, Commissaires principaux, Commissaires, de la marine*	L. F.	Tout le R.	91	»	»	»	
	Conseillers d'État*							
	Consuls généraux, Consuls particuliers, à l'étranger*							
	Inspecteur en chef de la navigation du *Rhin à Mayence**							
	Inspecteur du 1er district de la navigation du *Rhin à Strasbourg**	L. F.	»	91	»	»	»	
	Maîtres des requêtes*							
	Ministres chargés d'affaires du Roi à l'étranger*	L. F.	Tout le R.	91	»	»	»	
	Préfets*							
	Préfets maritimes*							
	Procureurs généraux*							
	Procureurs du Roi*	L. F.	Tout le R.	91	»	»	»	Pour la correspondance à laquelle donne lieu l'exécution de l'article 68 du Code de procédure.
	Sous-préfets*	L. F.	Tout le R.	91	»	»	»	
Ministre des finances	Avoués du trésor public dans les départements*							
	Commissaire général du Roi près la régie intéressée des salines de l'*Est**							
	Commissaires particuliers du Roi près la régie intéressée des salines de l'*Est**							
	Commissaires du Roi pour la fabrication des monnaies*							
	Conseillers d'État*							
	Conservateurs des forêts*							
	Conservateurs des hypothèques*	L. F.	Tout le R.	183	»	»	»	
	Contrôleurs : au change des monnaies*; au monnayage*							
	Directeurs de la fabrication des monnaies*							
	Directeurs : de l'enregistrement et des domaines*; des contributions directes*; des contributions indirectes*; des douanes*; des postes*							
	Greffier en chef de la Cour des comptes*	L. F.	»	183	»	»	»	
	Inspecteurs généraux des finances*							
	Inspecteurs des finances*	L. F.	Tout le R.	183	»	»	»	
	(*La suite ci-contre.*)							

DÉSIGNATION DES FONCTIONNAIRES ET DES PERSONNES		FORME sous laquelle la correspondance circulant en franchise doit être présentée.	ARRONDISSEMENT, circonscription ou rayon dans l'étendue duquel la correspondance s'échange contre-signée circule en franchise.	RENVOI au deuxième volume de l'Instruction générale,				OBSERVATIONS.
autorisés à contre-signer leur correspondance de service. (*Article 357 de l'Instruction générale.*)	auxquels la correspondance de service des fonctionnaires et des personnes désignés dans la colonne ci-contre doit être remise en franchise.			dans le texte des dispositions réglementaires.		dans les tableaux de circonscription.		
				Page.	Articles.	Nos des tableaux.	Page.	
1.	2.	3.	4.	5.	6.	7.	8.	9.
Ministre des finances. (*Suite.*)	Inspecteurs en chef de la loterie*. Inspecteurs d'arrondissement de la loterie*. Inspecteurs des postes*.	L. F.	Tout le R.	123	"	"	"	
	Inspecteurs des douanes à... *Lyon**. *Orléans**. *Toulouse**.	L. F.	"	123	"	"	"	
	Maîtres des requêtes*. Payeurs du trésor public*. Préfets*.	L. F.	Tout le R.	123	"	"	"	
	Président de la commission des monnaies*.	L. F.	"	123	"	"	"	
	Procureurs généraux*. Procureurs du Roi*. Receveurs des argues royales*. Receveurs des hospices*. Receveurs généraux des finances*. Receveurs particuliers des finances*. Receveurs municipaux*. Receveurs principaux des contributions indirectes*. Receveurs principaux des douanes*. Sous-préfets*. Trésorier général des invalides de la marine*. Vérificateurs spéciaux du cadastre*.	L. F.	Tout le R.	123	"	"	"	
Ministre du commerce et des travaux publics.	Administrateurs des établissements de bienfaisance*. Agents généraux des remontes des haras*. Chambres de commerce*. Chefs des dépôts d'étalons*. Colonels de gendarmerie*.	L. F.	Tout le R.	117	"	"	"	
	Comité consultatif des arts et manufactures*.	L. F.	"	117	"	"	"	
	Commissaire enthapilleur à *Septème**. Commissions... de commerce*. des manufactures*. des subsistances*. Commissions sanitaires*. Conseillers d'État*.	L. F.	Tout le R.	117	"	"	"	
	Conseils généraux... d'agriculture*. des manufactures*. du commerce*.	L. F.	"	117	"	"	"	
	Conseils de prud'hommes*.	L. F.	Tout le R.	117	"	"	"	
	Directeur de l'école royale de musique et de déclamation*. Directeurs des écoles royales des arts et métiers à... *Angers**. *Châlons**.	L. F.	"	117	"	"	"	
	Directeurs des maisons royales... de *Charenton**. des jeunes aveugles*.							

(*La suite au verso.*)

DÉSIGNATION DES FONCTIONNAIRES ET DES PERSONNES autorisés à contre-signer leur correspondance de service. (Article 253 de l'Instruction générale.)	auxquels la correspondance de service des fonctionnaires et des personnes désignés dans la colonne ci-contre doit être remise en franchise.	FORME sous laquelle la correspondance devant circuler en franchise doit être présentée.	[illegible], circonscription ou ressort dans l'étendue duquel la correspondance s'établissant contre-signée circule en franchise.	RENVOI au deuxième volume de l'Instruction générale, pour le texte des dispositions réglementaires. Page.	Articles.	pour les tableaux de circonscription. N° des tableaux.	Page.	OBSERVATIONS.
1	2.	3.	4.	5.	6.	7.	8.	9.
Ministre du commerce et des travaux publics. (Suite.)	Directeurs des écoles vétérinaires*, des haras*, des maisons centrales de détention*	L. F.	Tout le R.	117	»	»	»	
	Greffier en chef de la cour des comptes*	L. F.	»	117	»	»	»	
	Ingénieurs en chef des mines et usines*, des ponts et chaussées*							
	Ingénieurs ordinaires des mines et usines*, des ponts et chaussées*							
	Inspecteurs divisionnaires des mines et usines*, des ponts et chaussées*							
	Inspecteurs généraux des bergeries royales*, des écoles vétérinaires*, des haras*							
	Intendances sanitaires*	L. F.	Tout le R.	117	»	»	»	
	Jurys de commerce*, des manufactures*, des subsistances*							
	Maires*							
	Maîtres des requêtes*							
	Membres du conseil des haras*							
	Officiers de gendarmerie*, de la garde municipale de Paris*, du bataillon de voltigeurs corses*							
	Préfets*							
	Présidents du comité consultatif des arts et manufactures*							
	Présidents du conservatoire de la bibliothèque du Roi*	L. F.	»	117	»	»	»	
	Présidents des conseils généraux d'agriculture*, des manufactures*, du commerce*							
	Présidents des commissions de commerce*, des manufactures*, des subsistances*							
	Présidents des conseils de prud'hommes*							
	Présidents des jurys de commerce*, des manufactures*, des subsistances*							
	Présidents des sociétés d'agriculture*, des arts*, des sciences*							
	Présid. semainiers des commissions sanitaires*, des intendances sanitaires*	L. F.	Tout le R.	117	»	»	»	
	Receveurs des établissements de bienfaisance*							
	Sociétés d'agriculture*, des arts*, des sciences*							
	Sous-préfets*							
	Vérificateurs des poids et mesures*							

DÉSIGNATION DES FONCTIONNAIRES ET DES PERSONNES		FORME sous laquelle la correspondance circulant en franchise doit être présentée.	ARRONDISSEMENT, circonscription ou ressort dans l'étendue duquel la correspondance valablement contre-signée circule en franchise.	RENVOI au deuxième volume de l'Instruction générale,				OBSERVATIONS.
autorisés à contre-signer leur correspondance de service. (*Article 358 de l'Instruction générale.*)	auxquels la correspondance de service des fonctionnaires et des personnes désignés dans la colonne ci-contre doit être remise en franchise.			POUR le texte des dispositions réglementaires. Page.	Article.	POUR les tableaux de circonscription. N° des tableaux.	Page.	
1.	2.	3.	4.	5.	6.	7.	8.	9.
Ministres de France accrédités tant auprès des diverses cours d'*Allemagne* qu'auprès de la *Confédération suisse*	Préfet du *Bas-Rhin**. Préfet du *Haut-Rhin**.	S. B (1).	»	111	8	»	»	(1) Cette correspondance est également admise à circuler sous enveloppe.

DÉSIGNATION DES FONCTIONNAIRES ET DES PERSONNES		FORME sous laquelle la correspondance circulant en franchise doit être présentée.	ARRONDISSEMENT, circonscription ou ressort dans l'étendue duquel la correspondance valablement contre-signée circule en franchise.	RENVOI au deuxième volume de l'Instruction générale,				OBSERVATIONS.
autorisés à contre-signer leur correspondance de service. (*Article 253 de l'Instruction générale.*)	auxquels la correspondance de service des fonctionnaires et des personnes désignés dans la colonne ci-contre doit être remise en franchise.			pour le texte des dispositions réglementaires.		pour les tableaux de circonscription.		
				Page.	Ar-ticles.	N^os^ des ta-bleaux.	Page.	
1.	2.	3.	4.	5.	6.	7.	8.	9.

DÉSIGNATION DES FONCTIONNAIRES ET DES PERSONNES		FORME sous laquelle la correspondance circulant en franchise doit être présentée.	ARRONDISSEMENT, circonscription ou rayon dans l'étendue duquel la correspondance valablement contre-signée circule en franchise.	RENVOI au deuxième volume de l'Instruction générale,				OBSERVATIONS.
autorisés à contre-signer leur correspondance de service. (Article 353 de l'Instruction générale.)	auxquels la correspondance de service des fonctionnaires et des personnes désignés dans la colonne ci-contre doit être remise en franchise.			POUR le texte des dispositions réglementaires.		POUR les tableaux de circonscription.		
				Page.	Article.	Nos des tableaux.	Page.	
1.	2.	3.	4.	5.	6.	7.	8.	9.
	N							
Notaires certificateurs. . . .	Payeurs du trésor public	S. B.	Dép.	136	8	»	»	

DÉSIGNATION DES FONCTIONNAIRES ET DES PERSONNES autorisés à contre-signer leur correspondance de service. (Article 455 de l'Instruction générale.) 1.	auxquels la correspondance de service des fonctionnaires et des personnes désignés dans la colonne ci-contre doit être remise en franchise. 2.	FORME sous laquelle la correspondance circulant en franchise doit être présentée. 3.	ARRONDISSEMENT, circonscription ou rayon dans l'étendue duquel la correspondance valablement contre-signée circule en franchise. 4.	RENVOI au deuxième volume de l'Instruction générale, pour le texte des dispositions réglementaires : Page. 5.	Articles. 6.	pour les tableaux de circonscription : Nos des tableaux. 7.	Pages. 8.	OBSERVATIONS. 9.
	O							
Officiers comptables du service des hôpitaux militaires.	Administrateur de l'hôtel royal des invalides*	S. B.	»	96	5	»	»	
	Colonels chefs d'état-major des divisions militaires*	S. B.	Div. mil.	91	2	6	150	
	Inspecteurs généraux d'armes, en tournée*	S. B.	Arr. insp. g. d'armes.	94	3	»	»	
	Inspecteurs généraux de gendarmerie*	S. B.	Tout le R.	96	8	»	»	
	Intendants militaires*	S. B.	Tout le R.	96	9	7	152	
	Lieutenants-généraux commandant les divisions militaires*	S. B.	Div. mil.	94	2	6	150	
	Maréchaux de camp commandant les subdivisions militaires*	S. B.	Subd. mil.	94	2	6	151	
	Officiers de gendarmerie* / de la garde municipale de Paris* / du bataillon de voltigeurs corses*	S. B.	Tout le R.	96	8	»	»	
	Sous-intendants militaires* / Sous-intendants militaires adjoints*	S. B.	Tout le R.	98	10	7	152	
Officiers d'administr. préposés à l'inscription maritime (1).	....	»	»	»	»	»	»	(1) Voyez Commissaires des classes.
Officiers de gendarmerie....	Administrateur de l'hôtel royal des invalides*	S. B.*	»	96	5	»	»	
	Administrateurs des hospices civils dans les lieux où il n'existe pas d'hôpitaux militaires* / Colonels chefs d'état-major des divisions militaires*	S. B.*	Tout le R.	96	5	»	»	
	Colonels faisant partie des conseils de révision des opérations de recrutement *dans les départements cités page 43, col. 1re du présent Manuel**	S. B.*	»	97	11	»	»	
	Commandants d'artillerie*	S. B.*	Tout le R.	96	8	»	»	
	Commandants des brigades de gendarmerie* / de la garde municipale de Paris* / du bataillon de voltigeurs corses*	S. B.*	Tout le R.	88	14	»	»	
	Commandants des corps militaires* / des dépôts de recrutement* / de remonte* / des détachements milit.* / des écoles royales milit.* / des places, forts et postes* ; Conseils d'administration des corps militaires* / des deux régim. d'infanterie de la marine et du dépôt de ces régim.* ; Conseils de guerre*	S. B.*	Tout le R.	96	8	»	»	
	Directeur de la fabrique de pierres à feu à *Saint-Aignan**	S. B.*	»	90	8	»	»	
	Directeur de la manufacture royale de machines à vapeur d'*Indret**	S. B.*	»	101	12	»	»	
	Directeurs d'artillerie* / des fortifications* / des manufact. royales d'arm.*	S. B.*	Tout le R.	96	8	»	»	

(*La suite ci-contre.*)

DÉSIGNATION DES FONCTIONNAIRES ET DES PERSONNES		FORME sous laquelle la correspondance doit circuler en franchise doit être présentée.	ARRONDISSEMENT, circonscription ou ressort dans l'étendue duquel la correspondance doit être contre-signée circule en franchise.	RENVOI au deuxième volume de l'Instruction générale,				OBSERVATIONS.
				vers le texte des dispositions réglementaires.		vers les tableaux de circonscriptions.		
autorisés à contre-signer leur correspondance de service. (Article 338 de l'Instruction générale.)	auxquels la correspondance de service des fonctionnaires et des personnes désignés dans la colonne ci-contre doit être remise en franchise.			Page.	Article.	N° des tableaux.	Page.	
1.	2.	3.	4.	5.	6.	7.	8.	9.
Officiers de gendarmerie. (Suite.)	Inspecteurs des fonderies*, des forges*, des manufact. royales d'armes*	S. B.*	Tout le R.	96	8	»	»	
	Inspecteurs des postes*	S. B.*	Dép.	151	59	»	»	
	Inspecteurs des poudreries*, des raffineries de salpêtre*; Inspecteurs généraux d'armes en marine*; Inspecteurs généraux de gendarmerie*	S. B.*	Tout le R.	96	8	»	»	
	Intendants militaires*	S. B.*	Tout le R.	96	8	7	133	
	Juges d'instruction*	S. B.*	Arr. s.-pr.	40	9	»	»	
	Lieutenants-généraux commandant les divisions militaires*	S. B.*	Tout le R.	96	8	»	»	
	Lieutenant-général commandant supérieur des 2e, 12e et 13e divisions militaires*	S. B.*	»	98	3	»	»	
	Lieutenants de Roi des places de guerre*; Maréchaux de France*; Maréchaux de camp commandant les subdivisions militaires*; Maires*; Officiers compt. du service des hôpit. mil.*; Officiers de gendarmerie*, de la garde municipale de Paris*, du bataillon de voltigeurs corses*; Officiers du génie*	S. B.*	Tout le R.	96	8	»	»	
	Officiers généraux ou supérieurs faisant partie des conseils de révision des opérations de recrutement *dans les départements cités page 45, colonne 1re du présent Manuel**	S. B.*	»	97	12	»	»	
	Préfets*	S. B.*	Tout le R.	96	8	9	»	
	Préfets maritimes*	S. B.*	Arr. mar.	96	8	»	»	
	Préfets maritimes à *Brest**, *Rochefort**, *Toulon**	S. B.*	»	98	8	»	»	
	Premiers présidents des cours royales*	S. B.*	Tout le R.	96	8	2	133	
	Présidents des conseils d'administration des corps militaires*; Présid. des cons. d'admin. des deux régim. d'inf. de la marine et du dépôt de ces rég.; Présidents des conseils de guerre*	S. B.*	Tout le R.	96	8	»	»	
	Présidents des cours d'assises*	S. B.*	Département où se tiennent les assises (1).	97	3	»	»	(1) Cette franchise s'étend même au lieu de la résidence ordinaire des présidents des cours d'assises.
	Procureurs généraux*; Procureurs du Roi*; Sous-inspecteurs des fonderies*, des forges*	S. B.*	Tout le R.	96	8	»	»	
	Sous-intendants militaires*; Sous-intendants militaires adjoints*	S. B.*	Tout le R.	96	8	7	133	
	Sous-préfets*	S. B.*	Tout le R.	96	8	»	»	

DÉSIGNATION DES FONCTIONNAIRES ET DES PERSONNES		FORME sous laquelle la correspondance doit circuler en franchise doit être présentée.	ARRONDISSEMENT, circonscription ou rayon dans l'étendue duquel la correspondance valablement contre-signée circule en franchise.	RENVOI au deuxième volume de l'Instruction générale.				OBSERVATIONS.
autorisés à contre-signer leur correspondance de service. (Article 253 de l'Instruction générale.)	auxquels la correspondance de service des fonctionnaires et des personnes désignés dans la colonne ci-contre doit être remise en franchise.			Dans le texte des dispositions réglementaires.		Dans les tableaux de circonscriptions.		
				Pages.	Articles.	Nos des tableaux.	Pages.	
1.	2.	3.	4.	5.	6.	7.	8.	9.
Officiers de gendarmerie dans le départem. de la *Meurthe*.	Commissaires de police à *Dieuze**, *Vic**	S. B.*	(1)	14	115	»	»	(1) Cette franchise s'étend à tous les lieux où les deux commissaires de police peuvent être envoyés en mission.
Officiers de la garde municipale de Paris. Officiers du bataillon de voltigeurs corses.	....	»	»	»	»	»	»	Même correspondance que les officiers de gendarmerie.
Officiers (et autres fonctionnaires) de la garde nationale.	....	»	»	»	»	»	»	Voir les §§ 58 à 65 de l'Introduction, page 18.
Officiers de la marine royale, commandant en chef une armée navale, escadre ou division, ou un bâtiment ayant une destination particulière.	Chefs d'administration de la marine*. Chefs maritimes*. Commissaires généraux de la marine*. Commissaires principaux de la marine*. Commissaires chargés en chef du service dans les ports*. Préfets maritimes*.	S. B.*	Arr. mar.	108	1	11	165	
Officiers du génie	Administrateur de l'hôtel royal des invalides*	S. B.	»	96	8	»	»	
	Colonels chefs d'état-major des divisions militaires*	S. B.	Div. mil.	94	2	8	159	
	Inspecteurs généraux d'armes en tournée*	S. B.	Arr. insp. g. d'arm.	95	2	»	»	
	Inspecteurs généraux de gendarmerie*	S. B.	Tout le R.	96	8	»	»	
	Intendants militaires*	S. B.	Tout le R.	96	8	7	153	
	Lieutenants-généraux commandant les divisions militaires*	S. B.	Div. mil.	94	2	6	150	
	Maréchaux de camp commandant les subdivisions militaires*	S. B.	Subd. mil.	94	2	6	151	
	Officiers de gendarmerie*, de la garde municipale de Paris*, du bataillon de voltig. corses*	S. B.	Tout le R.	96	8	»	»	
	Sous-intendants militaires*. Sous-intendants militaires adjoints*	S. B.	Tout le R.	96	10	7	152	

DÉSIGNATION DES FONCTIONNAIRES ET DES PERSONNES		FORME sous laquelle la correspondance circulant en franchise doit être présentée.	ARRONDISSEMENT, circonscription ou ressort dans l'étendue duquel la correspondance établie sous contre-seing circule en franchise.	RENVOI au deuxième volume de l'Instruction générale,				OBSERVATIONS.
autorisés à contre-signer leur correspondance de service. (*Article 353 de l'Instruction générale.*)	auxquels la correspondance de service des fonctionnaires et des personnes désignés dans la colonne ci-contre doit être remise en franchise.			POUR le texte des dispositions réglementaires.		POUR les tableaux de circonscription.		
				Page.	Articles.	Nos des tableaux	Page.	
1.	2.	3.	4.	5.	6.	7.	8.	9.
Officiers généraux ou supérieurs faisant partie des conseils de révision des opérations de recrutement *dans les départements déjà cités page 45, col. 1re du présent Manuel*.	Conseils d'administration des corps militaires ou leurs présidents* ...... Conseils d'administration des deux régiments d'infanterie de la marine ou leurs présidents*	S. B.	Tout le B.	97	12	»	»	
	Conseil d'administration du dépôt des régiments d'infanterie de la marine (dépôt colonial) à *Landerneau* ou son président*	S. B.	»	97	12	»	»	
	Intendants militaires*	S. B.	Tout le B.	97	12	7	152	
	Lieutenants généraux commandant les divisions militaires* ...... Maréchaux de camp commandant les subdivisions militaires*	S. B.	Div. mil.	97	12	6	150	
	Officiers de gendarmerie* ...... de la garde municipale de Paris* du bataillon de voltig. corses*	S. B.	Tout le B.	97	12	»	»	
	Sous-intendants militaires* ...... Sous-intendants militaires adjoints*	S. B.	Tout le B.	97	12	7	152	

DÉSIGNATION DES FONCTIONNAIRES ET DES PERSONNES		FORME sous laquelle la correspondance circulant en franchise doit être présentée.	[illegible] en dehors duquel la correspondance [illegible] contresignée [illegible] en franchise.	RENVOI au deuxième Volume de l'Instruction générale,				OBSERVATIONS.
autorisés à contre-signer leur correspondance de service. (Article 323 de l'Instruction générale.)	auxquels la correspondance de service des fonctionnaires et des personnes désignés dans la colonne ci-contre doit être remise en franchise.			[illegible]		[illegible]		
				Page.	[illegible]	[illegible]	Page.	
1.	2.	3.	4.	[illegible]	[illegible]	[illegible]	[illegible]	[illegible]

DÉSIGNATION DES FONCTIONNAIRES ET DES PERSONNES		FORME sous laquelle la correspondance circulant en franchise doit être présentée.	CIRCONSCRIPTION, circonscription ou rayon dans l'étendue duquel la correspondance valablement contresignée circule en franchise.	RENVOI au deuxième volume de l'Instruction générale,				OBSERVATIONS.
autorisés à contresigner leur correspondance de service. (Article 853 de l'Instruction générale.)	auxquels la correspondance de service des fonctionnaires et des personnes désignés dans la colonne ci-contre doit être remise en franchise.			POUR le texte des dispositions réglementaires.		POUR les tableaux de circonscriptions.		
				Pages.	Articles.	Nos des tableaux.	Pages.	
1.	2.	3.	4.	5.	6.	7.	8.	9.

DÉSIGNATION DES FONCTIONNAIRES ET DES PERSONNES		FORME sous laquelle la correspondance circulant en franchise doit être présentée.	ARRONDISSEMENT, circonscription ou rayon dans l'étendue duquel la correspondance réciproquement contre-signée circule en franchise.	RENVOI au deuxième volume de l'Instruction générale,				OBSERVATIONS.
autorisés à contre-signer leur correspondance de service (Article 253 de l'Instruction générale.)	auxquels la correspondance de service des fonctionnaires et des personnes désignés dans la colonne ci-contre doit être remise en franchise.			dans le texte des dispositions réglementaires.		dans les tableaux de circonscription.		
				Page.	Article.	N.os des tableaux.	Page.	
1.	2.	3.	4.	5.	6.	7.	8.	9.
	P							
Pasteurs de la confession d'Augsbourg	Inspecteurs ecclésiastiques de la confession d'Augsbourg*	S. B.	Insp. ec. conf. Aug.	108	5	13	169	
	Préfets*	S. B.	Dép.	110	1	»	»	
	Président du directoire du consistoire général à *Strasbourg**	S. B.	»	107	3	»	»	Pour l'envoi seulement des circulaires et instructions imprimées relatives au culte, des comptes et budgets de fabrique et des délibérations des consistoires locaux.
	Présidents des consistoires de la confession d'Augsbourg*	S. B.	Ress. cons. loc.	108	5	14	170	
	Sous-préfets*	S. B.	Arr. s.-pr.	110	1	»	»	
Pasteurs de l'église réformée	Préfets*	S. B.	Dép.	110	1	»	»	
	Sous-préfets*	S. B.	Arr. s.-pr.	110	1	»	»	
Payeurs de la liste civile dans les résidences royales	Trésorier de la couronne*	S. B.	»	152	3	»	»	
Payeurs du trésor public	Conservateurs des forêts*	S. B.	Conserv. for.	131	17	21	203	
	Directeurs des contributions directes*	S. B.	Dép.	127	12	»	»	
	Directeurs des fortifications*	S. B.	Dir. du gén.	126	8	10	159	
	Intendants militaires*	S. B.	Tout le R.	126	8	7	155	
	Notaires certificateurs*	S. B.	Dép.	126	8	»	»	
	Payeurs des départements chefs-lieux des divisions militaires*	S. B.	Div. mil.	126	8	8	156	
	Préposés payeurs*	S. B.	Dép.	126	8	»	»	
	Receveurs particuliers des finances*	S. B.	Dép.	125	8	»	»	Cette franchise n'est autorisée que dans le cas où les receveurs particuliers chargés d'effectuer des payements pour le compte du trésor, remplissent les fonctions de préposés payeurs; mais alors la suscription des dépêches doit porter cet ordre : Receveur du payeur.
	Sous-intendants militaires*	S. B.	Div. mil.	126	8	8	156	
	Sous-intendants militaires adjoints*	S. B.	Div. mil.	98	10	6	150	
	Trésorier de la couronne*	S. B.	»	152	3	»	»	
Payeurs des départements chefs-lieux des divisions militaires	Payeurs du trésor public*	S. B.	Div. mil.	126	8	8	156	
Payeurs du trésor public dans les ports	Payeurs du trésor public dans les ports*. Préposés payeurs*	S. B.	»	127	11	11	185	
Payeur de la *Charente-Inférieure*, à *La Rochelle*	Chef d'administration de la marine, à *Rochefort**	S. B.	»	»	»	»	»	

DÉSIGNATION DES FONCTIONNAIRES ET DES PERSONNES		FORME sous laquelle la correspondance doit être présentée	ARRONDISSEMENT, circonscription ou ressort dans l'étendue duquel la correspondance réciproquement contre-signée circule en franchise	RENVOI au deuxième volume de l'Instruction générale,				OBSERVATIONS.
autorisés à contre-signer leur correspondance de service. (Article 353 de l'Instruction générale.)	auxquels la correspondance de service des fonctionnaires et des personnes désignés dans la colonne ci-contre doit être remise en franchise.			dans le texte des dispositions réglementaires.		dans les tableaux de circonscription.		
				Pages.	Articles.	Nos des tableaux.	Pages.	
1.	2.	3.	4.	5.	6.	7.	8.	9.
Payeurs des départements du *Doubs* et du *Jura*	Commissaire particulier près les salines de l'Est résidant à *Salins* et à *Lons-le-Saulnier**	S. B.	//	126	13	//	//	
Payeur du *Finistère*, à *Brest*	Préfet du *Finistère**	S. B.	//	//	//	//	//	
Payeur de la *Meurthe*	Commissaire particulier près les salines de l'Est résidant à *Dieuze* et à *Moyenvic**	S. B.	//	126	13	//	//	
Payeur du *Var* à *Toulon*	Préfet du *Var**	S. B.	//	//	//	//	//	
	Receveur général des *Bouches-du-Rhône**	S. B.	//	128	7	//	//	
	Receveur général à *Draguignan**	S. B.	//	126	5	//	//	
Payeur de l'armée d'Afrique à *Alger*	Receveur général des *Bouches-du-Rhône**	S. B.	//	126	5	//	//	
Payeur général de la marine	Chefs d'administration de la marine*							
	Chefs maritimes*							
	Commissaires généraux de la marine*							
	Commissaires principaux de la marine*	S. B.	Tout le R.	126	1	//	//	
	Commissaires chargés en chef du service dans les ports*							
	Préfets maritimes*							
Percepteurs	Conservateurs des hypothèques*	S. B.	Arr. s.-pr.	133	22	//	//	
	Contrôleurs des contributions directes*	S. B.	Contr. c. dir.	127	13	20	178	
	Préfets*	S. B.	Dép.	110	1	//	//	
	Receveurs de l'enregistrement et des domaines*	S. B.	Arr. rec. enreg.	130	23	//	//	
	Receveurs généraux des finances*	S. B.	Dép.	129	3	//	//	
	Receveurs particuliers des finances*	S. B.	Arr. s.-pr.	129	3	//	//	
	Sous-préfets*	S. B.	Arr. s.-pr.	110	1	//	//	
Préfet de police	Adjoints des communes rurales de la *Seine**							
	Adjoints des maires de *Meudon**							
	Adjoints des maires de *Sèvres**							
	Adjoints des maires de *Saint-Cloud**							
	Archiviste commissaire de la petite voirie*							
	Caissiers de la caisse de *Poissy**							
	Caissiers de la caisse syndicale*							
	Caissiers du commerce de la marée*							
	Caissiers du commerce de la volaille et du gibier*	L. F.	//	113	17	//	//	
	Colonel d'armes de la garde municipale de *Paris**							
	Commandant de la gendarmerie de la *Seine**							
	Commandant du corps des sapeurs-pompiers de *Paris**							
	Commissaires de police de *Paris**							
	Commissaires de police de *Saint-Denis**							
	Commissaires de police de la *Bourse**							
	Commissaire général de l'approvisionnement de *Paris* en combustibles*							

(*La suite au verso.*)

DÉSIGNATION DES FONCTIONNAIRES ET DES PERSONNES autorisés à contre-signer leur correspondance de service. (*Article 353 de l'Instruction générale.*) 1.	DÉSIGNATION DES FONCTIONNAIRES ET DES PERSONNES auxquels la correspondance de service des fonctionnaires et des personnes désignés dans la colonne ci-contre doit être remise en franchise. 2.	FORME sous laquelle la correspondance circulant en franchise doit être présentée. 3.	ARRONDISSEMENT, circonscription ou ressort dans l'étendue duquel la correspondance réciproquement contre-signée circule en franchise. 4.	RENVOI au deuxième volume de l'Instruction générale, pour le texte des dispositions réglementaires. Pages. 5.	RENVOI … pour le texte des dispositions réglementaires. Articles. 6.	RENVOI … pour les tableaux de circonscription. N.os des tableaux. 7.	RENVOI … pour les tableaux de circonscription. Pages. 8.	OBSERVATIONS. 9.
	Concierges des maisons d'arrêt, de force et de détention sous la surveillance du préfet de police*							
	Conseils d'administration de la garde municipale*							
	Conseils d'administration des sapeurs-pompiers de *Paris**							
	Contrôleurs de la Halle aux cuirs*							
	Contrôleurs de la Halle aux draps et toiles*							
	Contrôleur général de la Halle aux grains et farines*							
	Contrôleur général du recensement et mesurage des bois et charbons*							
	Contrôleur général adjoint du recensement et mesurage des bois et charbons*							
	Dégustateurs des boissons*							
	Directeurs de la caisse de *Poissy**							
	Directeurs de la caisse syndicale*							
	Directeurs du dépôt de mendicité de *Villers-Cotterets**							
	Ingénieur en chef des ponts et chaussées chargé de la direction de l'entretien du pavé de *Paris**							
	Ingénieur en chef chargé des travaux hydrauliques de *Paris**							
Préfet de police (*Suite*).	Inspecteurs généraux de la navigation et des ports*	L. F.	»	113	12	»	»	
	Inspecteurs généraux de la police*							
	Inspecteurs généraux de la salubrité et de l'illumination*							
	Inspecteurs généraux des halles et marchés*							
	Inspecteur adjoint de la salubrité et de l'illumination*							
	Inspecteurs particuliers de la navigation et des ports*							
	Inspecteurs particuliers des halles et marchés*							
	Inspecteurs de la petite voirie*							
	Inspecteurs des poids et mesures*							
	Maires des communes rurales de la *Seine**							
	Maires de *Meudon**							
	Maires de *Sèvres**							
	Maires de *Saint-Cloud**							
	Membres de l'école de pharmacie*							
	Membres du conseil de préfecture de la *Seine**							
	Membres du conseil de salubrité à *Paris**							
	Officiers de paix*							
	Préposés de la navigation et des ports*							
	Sous-préfets de *Sceaux**							
	Sous-préfets de *Saint-Denis**							

(*La suite ci-contre.*)

DÉSIGNATION DES FONCTIONNAIRES ET DES PERSONNES autorisés à contre-signer leur correspondance de service. (Article 353 de l'Instruction générale.)	DÉSIGNATION DES FONCTIONNAIRES ET DES PERSONNES auxquels la correspondance de service des fonctionnaires et des personnes désignés dans la colonne ci-contre doit être remise en franchise.	FORME sous laquelle la correspondance circulant en franchise doit être présentée.	ARRONDISSEMENT, circonscription ou ressort dans l'étendue duquel la correspondance valablement contre-signée circule en franchise.	RENVOI au deuxième volume de l'Instruction générale, pour le texte des dispositions réglementaires. Pages.	Articles.	pour les tableaux de circonscriptions. N.os des tableaux.	Pages.	OBSERVATIONS.
1.	2.	3.	4.	5.	6.	7.	8.	9.
Préfet de police (Suite).	Syndics des agents de change*, des courtiers de commerce*, du commerce de la boucherie*, du commerce de la boulangerie*	I. F.	»	113	12	»	»	
Préfets.	Administrateur de l'hôtel royal des invalides*	S. B.*	»	90	8	»	»	
	Administrateurs des établissements de bienfaisance*	S. B.*	Dép.	110	1	»	»	
	Agents généraux des remontes des haras*	S. B.*	Div. har.	118	5	16	173	
	Archevêques*	S. B.*	Circ. dioc.	106	1	19	167	
	Chefs d'administration de la marine*	S. B.*	Tout le R.	102	1	»	»	
	Chefs des dépôts d'étalons*	S. B.*	Circ. har.	119	7	16	173	
	Chefs maritimes*	S. B.*	Tout le R.	104	1	»	»	
	Colonels chefs d'état-major des divisions militaires*	S. B.*	Div. mil.	94	2	8	159	
	Commandants des brigades de gendarmerie*, de la garde municipale de Paris*, du bataillon de voltigeurs corses*	S. B.*	Dép.	119	1	»	»	
	Commissaires généraux de la marine*, Commissaires principaux de la marine*, Commissaires chargés en chef du service dans les ports*	S. B.*	Tout le R.	102	1	»	»	
	Commissaires de police*	S. B.*	Dép.	119	1	»	»	
	Conseils d'administration des corps militaires*	S. B.*	Tout le R.	119	1	»	»	
	Conservateurs des forêts*	S. B.*	Conserv. for.	131	27	21	201	
	Contrôleurs des contributions directes*	S. B.*	Contr. c. dir.	127	13	»	»	
	Curés*, Desservants*	S. B.*	Dép.	119	1	»	»	
	Directeur du service de la surveillance des fournitures des bois de marine*	S. B.*	»	104	10	»	»	
	Directeurs des douanes*	S. B.*	Dir. doua.	133	20	23	204	
	Directeurs des écoles vétérinaires*	S. B.*	Dép.	110	1	»	»	
	Directeurs des fortifications*	S. B.*	Dir. du gén.	99	21	10	159	
	Directeurs des haras*	S. B.*	Circ. har.	119	7	16	173	
	Directeurs des maisons centrales de détention*	S. B.*	Dép.	119	1	»	»	
	Directeurs des postes*	S. B.*	Dép.	138	53	»	»	
	Évêques*	S. B.*	Circ. dioc.	106	1	18	167	
	Gardes généraux des forêts*	S. B.*	Conserv. for.	131	28	21	202	
	Ingénieurs en chef des mines et usines*	S. B.*	Arr. ing. en ch. m. u.	119	9	19	176	
	Ingénieurs en chef des ponts et chaussées*	S. B.*	Dép.	120	10	»	»	
	Ingénieurs ordinaires des mines et usines*	S. B.*	Arr. ing. ord. m. u.	119	9	19	176	
	Ingénieurs ordinaires des ponts et chaussées*	S. B.*	Dép.	120	10	»	»	
	Inspecteurs généraux d'armes en tournée*	S. B.*	Arr. insp. g. d'arm.	94	3	»	»	
	Inspecteurs généraux de gendarmerie*	S. B.*	Tout le R.	96	8	»	»	
	Inspecteurs généraux des bergeries royales*, des écoles vétérinaires*	S. B.*	Dép.	110	1	»	»	
	Inspecteurs généraux des finances*	S. B.*	Tout le R.	124	1	»	»	
	Inspecteurs généraux des haras*	S. B.*	Arr. insp. har.	119	6	16	173	

(*La suite ci-contre.*)

DÉSIGNATION DES FONCTIONNAIRES ET DES PERSONNES autorisés à contre-signer leur correspondance de service. (Article 331 de l'Instruction générale.)	auxquels la correspondance de service des fonctionnaires et des personnes désignés dans la colonne ci-contre doit être remise en franchise.	FORME sous laquelle la correspondance circulant en franchise doit être présentée.	[illegible] circonscription ou ressort dans l'étendue duquel la correspondance [illegible] contre-signée circule en franchise.	RENVOI au deuxième volume de l'Instruction générale, pour le texte des dispositions réglementaires. Pages.	Articles.	pour les tableaux de circonscription. Nos des tableaux.	Pages.	OBSERVATIONS.
1.	2.	3.	4.	5.	6.	7.	8.	9.
Préfets.......... (Suite).	Inspecteurs divisionnaires des mines et usines*....	S. B.*	Div. insp. des m.	117	9	18	175	
	Inspecteurs divisionnaires des ponts et chaussées*..	S. B.*	Arr. insp. div. ponts.	106	10	17	174	
	Inspecteurs des douanes*..........	S. B.*	Tout le R.	124	1	»	»	
	Inspecteurs des forêts*..........	S. B.*	Conserv. for.	131	38	11	203	
	Inspecteurs des postes*..........	S. B.*	Dép.	127	35	»	»	
	Intendants militaires*..........	S. B.*	Tout le R.	88	8	7	138	
	Juges de paix*.......... Juges d'instruction*..........	S. B.*	Dép.	110	1	»	»	
	Lieutenants-généraux commandant les divisions militaires*..........	S. B.*	Div. mil.	94	1	6	150	
	Maires*..........	S. B.*	Dép.	110	1	»	»	
	Maréchaux de camp commandant les subdivisions militaires*..........	S. B.*	Subd. mil.	94	2	6	151	
	Membres du conseil des haras*..........	S. B.*	Dép.	110	1	»	»	
	Officiers de gendarmerie*.......... de la garde municipale de Paris*.......... du bataill. de voltig. corses*	S. B.*	Tout le R.	96	8	»	»	
	Pasteurs de la confession d'Augsbourg* Pasteurs de l'église réformée*.......... Percepteurs*..........	S. B.*	Dép.	110	1	»	»	
	Préfets*..........	S. B.*	Tout le R.	110	1	»	»	
	Préfets maritimes*..........	S. B.*	Tout le R.	102	1	»	»	
	Premiers présidents des cours royales*...	S. B.*	C. roy.	88	2	3	144	
	Présidents des comités d'arrondissement de l'instruction primaire*..........	S. B.*	Dép.	109	5	»	»	
	Présidents des consistoires*..........	S. B.*	Dép.	110	1	»	»	
	Présidents des cours d'assises*..........	S. B.*	Département où se tiennent les assises (1).	87	3	»	»	(1) Cette franchise s'étend même au lieu de la résidence ordinaire des présidents des cours d'assises.
	Procureurs du Roi*.......... Receveurs des établissem. de bienfaisance*. Receveurs municipaux*..........	S. B.*	Dép.	110	1	»	»	
	Recteurs d'académie*..........	S. B.*	Arr. acad.	109	1	13	177	
	Régisseurs des bergeries royales*..........	S. B.*	Dép.	110	1	»	»	
	Sous-inspecteurs des forêts*..........	S. B.*	Conserv. for.	131	38	11	203	
	Sous-intendants militaires*.......... Sous-intendants militaires adjoints*....	S. B.*	Tout le R.	98	10	7	142	
	Sous-préfets*..........	S. B.*	Dép.	110	1	»	»	Pour la correspondance ordinaire.
		S. B.	Dép.	110	3	»	»	Pour l'envoi du recueil des actes administratifs et [illegible] de l'agriculture.
	Succursalistes*.......... Vérificateurs des poids et mesures*....	S. B.*	Dép.	110	1	»	»	
	Vérificateurs spéciaux du cadastre*....	S. B.*	Tout le R.	138	19	»	»	
Préfets de l'Ain.......... des Basses-Alpes.. des Hautes-Alpes... du Jura..........	Commissaire du Roi pour la démarcation des frontières de l'Est*..........	L. F.	»	93	1	»	»	Cette correspondance n'est admise que pendant la durée de la mission du commissaire du Roi.

DÉSIGNATION DES FONCTIONNAIRES ET DES PERSONNES		FORME sous laquelle la correspondance circulant en franchise doit être présentée.	ARRONDISSEMENT, circonscription ou ressort dans l'étendue duquel la correspondance valablement contresignée circule en franchise.	RENVOI au deuxième volume de l'Instruction générale.				OBSERVATIONS.
autorisés à contre-signer leur correspondance de service (*Article 855 de l'Instruction générale.*)	auxquels la correspondance de service des fonctionnaires et des personnes désignés dans la colonne ci-contre doit être remise en franchise.			POUR le texte des dispositions réglementaires.		POUR les tableaux de circonscription.		
				Page.	Article.	N° des tableaux.	Page.	
1.	2.	3.	4.	5.	6.	7.	8.	9.
Préfets de l'*Aisne*, de l'*Oise*, de *Seine-et-Oise*	Ingénieur en chef chargé de la navigation de l'*Oise**	S. B.*	″	121	13	″	″	
Préfet de l'*Allier*	Ingénieur en chef d'*Indre-et-Loire*, chargé d'améliorer la navigation de la *Loire**. Ingénieur en chef directeur du canal du *Berry* résidant à *Bourges**	S. B.*	″	121	13	″	″	
Préfet des *Ardennes*	Commissaire du Roi pour la démarcation des frontières du *Nord**	L. F.	″	91	1	″	″	Cette correspondance n'est autorisée que pendant la durée de la mission du commissaire du Roi.
	Directeur des contributions indirectes du département des *Ardennes* résidant à *Charleville**	S. B.*	″	111	6	″	″	
Préfets de l'*Ariège*, des *Hautes-Pyrénées*, des *Pyrénées-Orient.*	Autorités des provinces espagnoles limitrophes*	S. B. (1)	″	111	8	″	″	(1) Cette correspondance peut circuler également sous enveloppe. Elle doit être contre-signée de la main même du préfet.
Préfets de la *Charente*, de la *Charente-Inf.*, de la *Dordogne*	Président de la commission administrative des hospices civils de *Bordeaux**	S. B.*	″	122	14	″	″	
Préfet du *Cher*	Ingénieur en chef d'*Indre-et-Loire*, chargé d'améliorer la navigation de la *Loire**. Ingénieur en chef du canal du *Berry*, résidant à *Bourges**. Ingénieur en chef chargé du service de la deuxième division du canal latéral à la *Loire*, résidant à *Nevers**	S. B.*	″	121	13	″	″	
Préfet de la *Côte-d'Or*	Ingénieur des ponts et chaussées résidant à *Châlons-sur-Saône*, chargé de travaux relatifs à l'entretien des routes dans les départements de la *Côte-d'Or*, du *Rhône* et de *Saône-et-Loire**	S. B.*	(2)	121	13	″	″	(2) En quelque lieu que soit cet ingénieur dans les trois départements désignés ci-contre.
Préfet des *Côtes-du-Nord*	Ingénieur chargé de la direction du canal de *Blavet**	S. B.*	″	121	13	″	″	
Préfet du *Doubs**	Commissaire du Roi pour la démarcation des frontières de l'*Est**	L. F.	″	91	1	″	″	Cette correspondance n'est autorisée que pendant la durée de la mission du commissaire du Roi.
	Ingénieurs en ch. des ponts et chaussées, Ingénieurs ordinaires des ponts et chaussées, du *Jura**, du *Bas-Rhin**, du *Haut-Rhin**	S. B.*	″	120	11	″	″	
Préfet du *Finistère*	Directeur des contributions indirectes, à *Morlaix**	S. B.*	″	111	7	″	″	
	Intendance sanitaire à *Brest**	S. B.*	″	118	5	″	″	
	Payeur du trésor, à *Brest**	S. B.*	″	″	″	″	″	
	Receveur gén. du *Finistère* résid. à *Brest**	S. B.*	″	120	6	″	″	
Préfet de la *Haute-Garonne*	Autorités des provinces espagnoles limitrophes*	S. B. (3)	″	111	8	″	″	(3) Cette correspondance peut circuler également sous enveloppe. Elle doit être contre-signée de la main même du préfet.
	Ingénieur en chef directeur de la navigation de la *Garonne**	S. B.*	″	121	13	″	″	
Préfets de la *Gironde*, de *Lot-et-Garonne*, de *Tarn-et-Garonne*	Ingénieur en chef directeur de la navigation de la *Garonne**	S. B.*	″	121	13	″	″	

DÉSIGNATION DES FONCTIONNAIRES ET DES PERSONNES autorisés à contresigner leur correspondance de service. (Article 338 de l'Instruction générale.)	auxquels la correspondance de service des fonctionnaires et des personnes désignés dans la colonne ci-contre doit être remise en franchise.	FORME sous laquelle la correspondance devra circuler en franchise doit être présentée.	ARRONDISSEMENT, circonscription ou rayon dans l'étendue duquel la correspondance circulera valablement contresignée et en franchise.	RENVOI au deuxième volume de l'Instruction générale — POUR le texte des dispositions réglementaires: Pages.	Articles.	POUR les modèles de suscriptions: N.os des tableaux.	Pages.	OBSERVATIONS.
1.	2.	3.	4.	5.	6.	7.	8.	9.
Préfet d'*Ille-et-Vilaine*....	Ingénieur en chef du canal de *Nantes* à *Brest*, résidant à *Josselin**..........	S.B.*	»	121	13	»	»	
Préfet d'*Indre-et-Loire*....	Ingénieur en chef directeur du canal du *Berry*, résidant à *Bourges**..........	S.B.*	»	121	13	»	»	
Préfet de l'*Isère*..........	Commissaire du Roi pour la démarcation des frontières de l'*Est**..........	L. F.	»	91	1	»	»	Cette correspondance n'est autorisée que pendant la durée de la mission du commissaire du Roi.
	Commissaire-estampilleur à *Septème**....	S.B.*	»	110	1	»	»	
Préfet des *Landes*........	Intendance sanitaire.... } Sous-préfet........ } à *Bayonne**....	S.B.*	»	111	2 bis.	»	»	
Préfets de la *Loire*........ de la *Haute-Loire*... de la *Loire-Inférieure*. du *Loiret*........ de *Maine-et-Loire*...	Ingénieur en chef d'*Indre-et-Loire*, chargé d'améliorer la navigation de la *Loire**....	S.B.*	»	121	13	»	»	
Préfet de *Loir-et-Cher*....	Ingénieur en chef d'*Indre-et-Loire* chargé d'améliorer la navigation de la *Loire**.. Ingénieur en chef directeur du canal du *Berry* résid. à *Bourges**..........	S.B.*	»	121	13	»	»	
Préfet de la *Meurthe*.......	Commissaires de police à.. { *Dieuze**....... *Vic**....... }	S.B.*	(1)	142	14	»	»	(1) Cette franchise s'étend à tous les lieux où les deux commissaires de police peuvent être envoyés en mission.
Préfet du *Morbihan*.......	Ingénieur chargé de la direction du canal de *Blavet**..........	S.B.*	»	121	13	»	»	
	Intendance sanitaire à *Lorient**..........	S.B.*	»	118	2	»	»	
Préfets { de la *Moselle*...... du *Nord*....... }	Commissaire du Roi pour la démarcation des frontières du *Nord**..........	L. F.	»	91	1	»	»	Cette correspondance n'est autorisée que pendant la durée de la mission du commissaire du Roi.
Préfet de la *Nièvre*.......	Ingénieur en chef d'*Indre-et-Loire*, chargé d'améliorer la navigation de la *Loire**.. Ingénieur en chef du canal de l'*Yonne*, chargé de la direction des travaux du canal du *Nivernais**..........	S.B.*	»	121	13	»	»	
Préfet des *Basses-Pyrénées*..	Autorités des provinces espagnoles limitrophes*..........	S. B. (2)	»	111	8	»	»	(2) Cette correspondance peut circuler également sous enveloppe. Elle doit être contresignée de la main même du préfet.
	Intendance sanitaire à *Bayonne**......	S.B.*	»	118	3	»	»	
Préfet du *Bas-Rhin*.......	Autorités étrangères des pays limitrophes à la frontière de l'*Est**..........	S. B. (3)	»	111	6	»	»	(3) Cette correspondance peut circuler également sous enveloppe. Elle doit être contresignée de la main même du préfet.
	Commissaire du Roi pour la démarcation des frontières de l'*Est**..........	L. F.	»	91	1	»	»	Cette correspondance n'est autorisée que pendant la durée de la mission du commissaire du Roi.
	Inspecteur général de la navigation du *Rhin*, à *Mayence**..........	S.B.*	»	92	2	»	»	
	Inspecteur du premier district de la navigation du *Rhin*, à *Strasbourg**..........	S.B.*	(4)	92	2	»	»	(4) Cette franchise s'étend à tous les lieux situés sur les bords du *Rhin*, jusqu'à l'embouchure de la *Lauter*.
	Ministres de France accrédités, tant auprès des diverses cours d'*Allemagne* qu'auprès de la confédération suisse*..........	S. B. (5)	»	113	9	»	»	(5) Cette correspondance peut circuler également sous enveloppe. Elle doit être contresignée de la main même du préfet.

DÉSIGNATION DES FONCTIONNAIRES ET DES PERSONNES — autorisés à contre-signer leur correspondance de service. (Article 353 de l'Instruction générale.) 1.	auxquels la correspondance de service des fonctionnaires et des personnes désignés dans la colonne ci-contre doit être remise en franchise. 2.	FORME sous laquelle la correspondance circulant en franchise doit être présentée. 3.	ARRONDISSEMENT, circonscription ou ressort dans l'étendue duquel la correspondance réciproquement contre-signée circule en franchise. 4.	RENVOI au deuxième volume de l'Instruction générale. Pour le texte des dispositions réglementaires. Page. 5.	Article. 6.	Pour les tableaux de circonscription. Nos des tableaux. 7.	Page. 8.	OBSERVATIONS. 9.
Préfet du *Haut-Rhin*	Autorités étrangères des pays limitrophes à la frontière de l'*Est**	S. B. (1)	″	111	8	″	″	(1) Cette correspondance peut circuler également sous enveloppe. Elle doit être contre-signée de la main même du préfet.
	Commissaire du Roi pour la démarcation des frontières de l'*Est**	L. F.	″	91	1	″	″	Cette correspondance n'est autorisée que pendant la durée de la mission du commissaire du Roi.
	Ingénieur en chef du service du *Rhin*, à *Strasbourg**	S. B.*	″	121	13	2	6	
	Inspecteur général de la navigation du *Rhin*, à *Mayence**	S. B.*	″	92	2	″	″	
	Inspecteur du premier district de la navigation du *Rhin*, à *Strasbourg**	S. B.*	(2)	92	3	″	″	(2) Cette franchise s'étend à tous les lieux situés sur les bords du *Rhin*, jusqu'à l'embouchure de la *Lauter*.
	Ministres de France accrédités, tant auprès des diverses cours d'*Allemagne* qu'auprès de la confédération suisse*	S. B. (3)	″	111	8	″	″	(3) Cette correspondance peut circuler également sous enveloppe. Elle doit être contre-signée de la main même du préfet.
Préfet du *Rhône*	Commissaire de police au *Pont-de-Beauvoisin**	S. B.*	″	111	4	″	″	
	Commissaire du Roi pour la démarcation des frontières de l'*Est**	L. F.	″	91	1	″	″	Cette correspondance n'est autorisée que pendant la durée de la mission du commissaire du Roi.
	Ingénieur des ponts-et-chaussées résidant à *Châlons-sur-Saone*, chargé de travaux relatifs à l'entretien des routes dans les départements de la *Côte-d'Or*, du *Rhône* et de *Saone-et-Loire**	S. B.*	(4)	121	13	″	″	(4) En quelque lieu que soit cet ingénieur dans les départements du *Rhône*, de la *Côte-d'Or* et de *Saone-et-Loire*.
Préfet de *Saone-et-Loire*	Ingénieur en chef d'*Indre-et-Loire*, chargé d'améliorer la navigation de la *Loire**	S. B.*	″	121	13	″	″	
	Ingénieur des ponts et chaussées résidant à *Châlons-sur-Saone*, chargé de travaux relatifs à l'entretien des routes dans les départements de la *Côte-d'Or*, du *Rhône* et de *Saone-et-Loire**	S. B.*	(5)	121	13	″	″	(5) En quelque lieu que soit cet ingénieur dans les départements du *Rhône*, de la *Côte-d'Or* et de *Saone-et-Loire*.
Préfet de la *Seine*	Directeur de la maison royale de *Charenton**; Directeur de la maison royale des jeunes aveugles*	S. B.*	″	110	1	″	″	
	Ingénieur en chef de *Seine-et-Oise**	S. B.*	″	121	13	″	6	
Préfet de *Seine-et-Marne*	Inspecteur divisionnaire du canal de l'*Ourcq* et des eaux de *Paris**	S. B.*	″	121	13	″	″	
Préfet de la *Seine-Inférieure*	Intendance militaire au *Havre**	S. B.*	″	118	3	″	″	
Préfet du *Var*	Commissaire du Roi pour la démarcation des frontières de l'*Est**	L. F.	″	91	1	″	″	Cette franchise n'est autorisée que pendant la durée de la mission du commissaire du Roi.
	Directeur des contributions indirectes du département du *Var**; Directeur des douanes du *Var**	S. B.*	″	111	1	″	″	

(*La suite au verso.*)

DÉSIGNATION DES FONCTIONNAIRES ET DES PERSONNES autorisés à contre-signer leur correspondance de service. (Article 153 de l'Instruction générale.) 1.	auxquels la correspondance de service des fonctionnaires et des personnes désignés dans la colonne ci-contre doit être remise en franchise. 2.	FORME sous laquelle la correspondance circulant en franchise doit être présentée. 3.	ARRONDISSEMENT, circonscription ou ressort dans l'étendue duquel la correspondance réciproquement contre-signée circule en franchise. 4.	RENVOI au deuxième volume de l'Instruction générale, pour le texte des dispositions réglementaires. Page. 5.	Article. 6.	pour les tableaux de circonscription. N.° des tableaux. 7.	Page. 8.	OBSERVATIONS. 9.
Préfet du *Var*. (Suite.)	Directeur des douanes, à *Digne**	L. F.	»	141	3	»	»	
	Intendance sanitaire, à *Toulon**	S.B.*	»	148	3	»	»	
	Payeur du *Var*, à *Toulon**	S.B.*	»	»	»	»	»	
	Receveur général du *Var**							
	Receveurs particuliers à { *Brignolles**, *Grasse** }	S.B.*	»	141	4	»	»	
Préfet de l'*Yonne*	Ingénieur en chef du canal de *Bourgogne*, résidant à *Tronency* (Yonne)*	S.B.*	(1)	120	13	»	»	(1) Cette franchise s'étend à tous les lieux situés sur les bords de la Seine et de l'Yonne.
Préfets maritimes	Chefs d'administration de la marine*							
	Chefs maritimes*							
	Commissaires généraux de la marine*	S.B.*	Tout le R.	102	1	»	»	
	Commissaires principaux de la marine*							
	Commissaires chargés en chef du service dans les ports*							
	Commissaires de la marine*							
	Commissaires des classes*	S.B.*	Arr. mar.	102	4	11	165	
	Commissaires rapporteurs près les tribunaux maritimes*							
	Conseils d'administration des régiments d'infanterie de la marine*	S.B.*	Tout le R.	102	3	»	»	
	Conseils d'administration du corps royal d'artillerie de la marine*	S.B.*	Arr. mar.	102	4	11	165	
	Conseils d'administration des dépôts des équipages de ligne à { *Brest**, *Cherbourg**, *Lorient**, *Rochefort**, *Toulon** }	S.B.*	»	102	6	»	»	
	Conseils d'administration du dépôt des régiments d'infanterie de la marine (dépôt colonial), à *Landerneau**	S.B.*	»	102	7	»	»	
	Directeur de la manufacture royale de machines à vapeur d'*Indret**	S.B.*	»	102	1	»	»	
	Directeur du service de la surveillance des fournitures des bois de marine*							
	Directeurs { des fonderies royales*, des forges royales*, des manufact. royales d'armes* }	S.B.*	Tout le R.	102	1	»	»	
	Inspecteurs de la marine dans les ports*							
	Inspecteurs adjoints de la marine dans les ports secondaires*							
	Inspecteurs des différents services dépendant du département de la marine*	S.B.*	Arr. mar.	102	4	11	165	
	Inspecteurs généraux du corps royal d'artillerie de la marine*							
	Inspecteurs généraux d'armes, *au lieu de leur résidence**	S.B.*	Tout le R.	96	7	»	»	
	Lieutenants-généraux commandant les divisions militaires en contact avec le littoral*	S.B.*	Arr. mar.	102	4	11	165	
	Lieutenant-général commandant supérieur des 4e, 12e et 13e divisions militaires*	S.B.*	»	94	3	»	»	
	Maîtres charpentiers entretenus*	S.B.*	Tout le R.	102	1	30	238	
	Officiers d'administration préposés à l'inscription maritime*	S.B.*	Arr. mar.	102	4	11	165	

(*La suite ci-contre.*)

DÉSIGNATION DES FONCTIONNAIRES ET DES PERSONNES autorisés à contre-signer leur correspondance de service. (Article 453 de l'Instruction générale.)	DÉSIGNATION DES FONCTIONNAIRES ET DES PERSONNES auxquels la correspondance de service des fonctionnaires et des personnes désignés dans la colonne ci-contre doit être remise en franchise.	FORME sous laquelle la correspondance circulant en franchise doit être présentée.	ARRONDISSEMENT, circonscription ou rayon dans l'étendue duquel la correspondance valablement contre-signée circule en franchise.	RENVOI au deuxième volume de l'Instruction générale, pour le texte des dispositions réglementaires. Page.	Article.	pour les tableaux de circonscription. N° des tableaux.	Page.	OBSERVATIONS.
1.	2.	3.	4.	5.	6.	7.	8.	9.
Préfets maritimes (Suite.)	Officiers de gendarmerie*; de la garde municipale de Paris*; du bataillon de voltigeurs corses*	S. B.*	Arr. mar.	26	8	11	165	
	Officiers de la marine royale commandant en chef une armée navale, escadre ou division, ou un bâtiment ayant une destination particulière*	S. B.*	Arr. mar.	102	1	11	165	
	Payeur général de la marine*	S. B.*	″	102	1	″	″	
	Préfets*; Préfets maritimes*	S. B.*	Tout le R.	102	1	″	″	
	Sous-inspecteurs de la marine dans les ports secondaires*	S. B.*	Arr. mar.	102	1	11	165	
	Trésorier général des invalides de la marine*	S. B.*	″	102	1	″	″	
	Trésoriers des invalides de la marine*	S. B.*	Arr. mar.	102	1	11	165	
Préfets maritimes à *Brest*, *Rochefort* et *Toulon*	Officiers de gendarmerie*; de la garde municipale de Paris*; du bataillon de voltigeurs corses*	S. B.*	Tout le R.	26	2	″	″	
	Procureurs généraux*; Procureurs du Roi*	S. B.*	Tout le R.	102	2	″	″	
Premier président de la cour de cassation	Adjoints des maires exerçant le ministère public près les tribunaux de simple police*; Commissaires de police*; Conseillers d'État*	S. B.*	Tout le R.	86	1	″	″	
	Cour de cassation*; Cour des comptes*	S. B.*	″	86	1	″	″	
	Cours d'assises*; Cours royales*; Juges de paix*; Juges d'instruction*; Lieutenants-généraux commandant les divisions militaires*; Maires*; Maîtres des requêtes*; Officiers de gendarmerie*, de la garde municipale de Paris*, du bataill. de voltig. corses*; Préfets*; Premiers présidents des cours royales*; Présidents des cours et tribunaux*; Procureurs généraux*; Procureurs du Roi*; Sous-préfets*; Tribunaux en nom collectif*	S. B.*	Tout le R.	86	1	″	″	

DÉSIGNATION DES FONCTIONNAIRES ET DES PERSONNES autorisés à contre-signer leur correspondance de service. (*Article 353 de l'Instruction générale.*)	DÉSIGNATION DES FONCTIONNAIRES ET DES PERSONNES auxquels la correspondance de service des fonctionnaires et des personnes désignés dans la colonne ci-contre doit être remise en franchise.	FORME sous laquelle la correspondance circulera en franchise dans les cas prévus.	ARRONDISSEMENT, circonscription ou rayon dans l'étendue duquel la correspondance valablement contre-signée circule en franchise.	RENVOI au deuxième volume de l'Instruction générale. Pour le texte des dispositions réglementaires. Page.	RENVOI … Article.	RENVOI … Pour les tableaux de circonscription. N[os] des tableaux.	RENVOI … Page.	OBSERVATIONS.
1.	2.	3.	4.	5.	6.	7.	8.	9.
Premiers présidents des cours royales..........	Adjoints des maires exerçant le ministère public près les tribunaux de simple police*.......... Archevêques*.......... Capitaines rapporteurs près les conseils de guerre*.......... Commissaires de police*.......... Conseillers d'État*.......... Conseils de guerre*.......... Cours et tribunaux en nom collectif*.......... Directeurs de l'enregistrement et des domaines*.......... Évêques*.......... Greffiers en chef des cours royales*.......... Greffiers des cours et tribunaux*.......... Juges de paix*.......... Juges d'instruction*.......... Lieutenants-généraux commandant les divisions militaires*.......... Maires*.......... Maîtres des requêtes*.......... Maréchaux de camp commandant les subdivisions militaires*.......... Officiers.......... de gendarmerie*..........; de la garde municipale de Paris*..........; du bataill. de voltig. corses* Préfets*.......... Présidents des conseils de guerre*.......... Présidents des cours et tribunaux*.......... Procureurs du Roi*.......... Proviseurs des colléges royaux*.......... Recteurs d'académie*.......... Sous-préfets*.......... Tribunaux en nom collectif*..........	S. B.*	C. Roy.	88	2	7	112	
Préposés de l'administration des finances soumis à la vérification des inspecteurs..	Inspecteurs généraux des finances*.......... Inspecteurs des finances*..........	S. B.	Tout le R.	[illegible]	1	[illegible]	[illegible]	
Préposés des contributions indirectes..........	Direct. des contrib. ind. de département*	S. B.	Dép.	[illegible]	[illegible]	[illegible]	[illegible]	
	Direct. des contrib. ind. d'arrondissement*	S. B.	Arr. s.-pr.	[illegible]	[illegible]	[illegible]	[illegible]	

DÉSIGNATION DES FONCTIONNAIRES ET DES PERSONNES		FORME sous laquelle la correspondance circulant en franchise doit être présentée.	ARRONDISSEMENT, circonscription ou ressort dans l'étendue duquel la correspondance valablement contre-signée circule en franchise.	RENVOI au deuxième volume de l'Instruction générale,				OBSERVATIONS.
autorisés à contre-signer leur correspondance de service. (*Article 353 de l'Instruction générale.*)	auxquels la correspondance de service des fonctionnaires et des personnes désignés dans la colonne ci-contre doit être remise en franchise.			POUR le texte des dispositions réglementaires.		POUR les tableaux de circonscription.		
				Page.	Article.	N°s des tableaux	Page.	
1.	2.	3.	4.	5.	6.	7.	8.	9.
Préposés des ponts à bascule.	Ingénieurs en chef*, Ingénieurs ordinaires* des ponts et chaussées	S. B.	Dép.	120	10	»	»	
Préposés des ponts à bascule de l'Aisne, de l'*Oise*, de *Seine-et-Oise*	Ingénieur en chef, chargé de la navigation de l'*Oise**	S. B.	»	131	13	»	»	
Préposés des ponts à bascule de l'*Allier*, du *Cher*, d'*Indre-et-Loire*, de *Loir-et-Cher*	Ingénieur en chef du canal du *Berry*, résidant à *Bourges**	S. B.	»	121	13	»	»	
Préposés des ponts à bascule dans les départements de la *Côte-d'Or*, du *Rhône* et de *Saone-et-Loire*	Ingénieur des ponts et chaussées résidant à *Chalons-sur-Saone*, chargé de travaux relatifs à l'entretien des routes dans les départements de la *Côte-d'Or*, du *Rhône* et de *Saone-et-Loire**	S. B.	(1)	121	13	»	»	(1) En quelque lieu que soit cet ingénieur dans les trois départements désignés ci-contre.
Préposés des ponts à bascule dans le département de la *Seine*	Ingénieur en chef de *Seine-et-Oise**	S. B.	»	121	14	»	»	
Préposés des provinces étrangères situées sur le *Rhin*	Inspecteur du 1er district de la navigation du *Rhin* à *Strasbourg**	S. B.	(2)	92	3	»	»	(2) Cette franchise peut s'étendre à tous les lieux situés sur les bords du *Rhin* jusqu'à l'embouchure de la *Lauter*.
Préposés-payeurs	Payeurs du trésor public*	S. B.	Dép.	126	8	»	»	
	Payeurs du trésor public dans les ports*	S. B.	Arr. mar.	137	11	11	163	
Préposé payeur à *Calais*	Receveur général du *Pas-de-Calais**, Receveurs particuliers du *Pas-de-Calais**	S. B.	»	125	4	»	»	
Président de la Chambre des Pairs	Conseillers d'État*, Maîtres des requêtes*, Pairs de France*, Procureurs généraux*, Procureurs du Roi*	L. F.	Tout le R.	83	»	»	»	
Président de la commission administrative des hospices civils de *Bordeaux*	Préfets, Receveurs généraux de la *Charente**, de la *Charente-Infér.**, de la *Dordogne**	S. B.	»	129	14	»	»	
Président de la commiss. de salubrité navale à *Nantes* (3)		»	»	»	»	»	»	(3) Voyez *Commissaire principal de la marine à Nantes*.
Président de la commission des monnaies	Commissaires du Roi pour la fabrication des monnaies*; Contrôleurs au change des monnaies*, au monnayage*	L. F.	Tout le R.	140	60	»	»	
	Contrôleurs des argues à *Lyon**, à *Trévoux**	L. F.	»	140	60	»	»	
	Contrôleurs des bureaux de la garantie*	L. F.	Tout le R.	140	60	»	»	
	Directeurs de la fabrication des monnaies*	L. F.	Tout le R.	150	60	»	»	
		»	Tout le R.	140	62	»	»	Pour l'envoi sous chargement des boîtes contenant les poinçons de garantie.
	Essayeurs des bureaux de la garantie*	L. F.	Tout le R.	140	60	»	»	
	Receveurs des argues à *Lyon**, à *Trévoux**	L. F.	»	140	60	»	»	

DÉSIGNATION DES FONCTIONNAIRES ET DES PERSONNES autorisés à contre-signer leur correspondance de service. (Article 353 de l'Instruction générale.)	auxquels la correspondance de service des fonctionnaires et des personnes désignés dans la colonne ci-contre doit être remise en franchise.	FORME sous laquelle la correspondance doit circuler en franchise dans les cas présents.	ARRONDISSEMENT, circonscription ou ressort dans l'étendue duquel la correspondance est également contre-signée circule en franchise.	RENVOI au deuxième volume de l'Instruction générale. Pour le texte des dispositions réglementaires. Page.	Article.	Pour les tableaux de concordance. N° des tableaux.	Page.	OBSERVATIONS.
1.	2.	3.	4.	5.	6.	7.	8.	9.
Président du consistoire central israélite à Paris.	Consistoires départementaux du culte israélite ou leurs présidents*.	S. B.	Tout le R.	102	6 bis	»	»	
Président du directoire du consistoire général de *Strasbourg*	Inspecteurs ecclésiastiques de la confession d'Augsbourg*. Pasteurs de la confession d'Augsbourg*. Présidents des consistoires locaux de la confession d'Augsbourg*.	S. B.	Tout le R.	103	3	»	»	Pour l'envoi seulement des circulaires et autres instructions relatives au culte, des comptes et budgets des fabriques et des délibérations des consistoires locaux.
Présidents des comités d'arrondissement de l'instruction primaire	Archevêques*.	S. B.	Circ. dioc.	108	1	17	187	
	Curés*.	S. B.	Arr. s.-pr.	108	9	»	»	
	Évêques*.	S. B.	Circ. dioc.	108	1	17	187	
	Inspecteurs d'académie*.	S. B.	Arr. acad.	108	8	15	173	
	Instituteurs* / Institutrices* des écoles primaires. Maires*. Maîtres* / Maîtresses* des écoles primaires.	S. B.	Arr. s.-pr.	108	9	»	»	
	Préfets*.	S. B.	Dép.	108	9	»	»	
	Présidents des comités communaux de l'instruction primaire*.	S. B.	Arr. s.-pr.	108	9	»	»	
	Recteurs d'académie*.	S. B.	Arr. acad.	108	8	15	173	
	Sous-préfets*.	S. B.	Dép.	108	9	»	»	
Présidents des comités communaux de l'instruction primaire	Archevêques*. Évêques*.	S. B.	Circ. dioc.	108	1	17	187	
	Inspecteurs d'académie*.	S. B.	Arr. acad.	108	8	15	173	
	Présidents des comités d'arrondissement de l'instruction primaire*.	S. B.	Arr. s.-pr.	108	9	»	»	
	Recteurs d'académie*.	S. B.	Arr. acad.	108	8	15	173	
Présidents des conseils d'administration des corps militaires.	Administrateur de l'hôtel royal des invalides*.	S. B.	»	96	5	»	»	
	Colonels chefs d'état-major des div. militaires*.	S. B.	Div. mil.	93	4	6	130	
	Colonels des corps auxquels appartiennent les contre-signataires, absents de leurs corps*.	S. B.	(1)	95	14	»	»	(1) En quelque lieu que les régiments se trouvent placés.
	Colonels, faisant partie des conseils de révision des opérations de recrutement dans les départements cités page 45, col. 8 du présent Manuel*.	S. B.	»	97	18	»	»	
	Commandants des corps militaires auxquels appartiennent les contre-signataires*.	S. B.	»	95	10	»	»	
	Commandants des dépôts de recrutement*.	S. B.	Tout le R.	99	23	»	»	
	Commandants des détachements des corps auxquels appartiennent les contre-signataires*.	S. B.	(2)	95	10	»	»	(2) En quelque lieu que les détachements se trouvent placés.
	Inspecteurs généraux d'armes en tournée*.	S. B.	Arr. insp. g. d'arm.	94	7	»	»	
	Inspecteurs généraux de gendarmerie*.	S. B.	Tout le R.	90	8	»	»	
	Intendants militaires*.	S. B.	Tout le R.	90	5	7	137	
	Lieutenants-généraux commandant les divisions militaires*.	S. B.	Div. mil.	93	2	6	130	
	Lieutenants de Roi* / Maires* — (à défaut de command. milit. dans les lieux où il n'en existe pas).	S. B.	Dép.	96	16	7	137	
	Maréchaux de camp commandant les subdivisions militaires*.	S. B.	Subd. mil.	94	7	8	141	

(La suite ci-contre.)

DÉSIGNATION DES FONCTIONNAIRES ET DES PERSONNES		FORME sous laquelle la correspondance circulant en franchise doit être présentée.	ARRONDISSEMENT, circonscription ou ressort dans l'étendue duquel la correspondance réciproquement contre-signée circule en franchise.	RENVOI au deuxième volume de l'Instruction générale,				OBSERVATIONS.
autorisés à contre-signer leur correspondance de service. (Article 353 de l'Instruction générale.)	auxquels la correspondance de service des fonctionnaires et des personnes désignés dans la colonne ci-contre doit être remise en franchise.			pour le texte des dispositions réglementaires.		pour les tableaux de circonscriptions.		
				Pages.	Articles.	N° des tableaux.	Pages.	
1.	2.	3.	4.	5.	6.	7.	8.	9.
Présidents des conseils d'administration des corps militaires. (Suite.)	Officiers de gendarmerie*; de la garde municip. de Paris*; du bataillon de voltigeurs corses*	S. B.	Tout le R.	96	8	″	″	
	Officiers généraux ou supérieurs, faisant partie des conseils de révision des opérations de recrutement *dans les départements cités page 45, col. 1re du présent Manuel**	S. B.	″	97	12	″	″	
	Préfets*	S. B.	Tout le R.	110	1	″	″	
	Sous-intendants militaires* Sous-intendants militaires adjoints*	S. B.	Tout le R.	96	10	3	152	
	Sous-préfets faisant fonctions de sous-intendants militaires dans les lieux où il n'en existe pas*	S. B.	Dép.	96	10	3	152	
Présidents des conseils d'administration dont les corps sont aux armées	Chefs des états-majors généraux des armées dont font partie les corps auxquels appartiennent les contre-signataires*	S. B.	″	98	17	″	″	
Présidents des conseils d'administration des corps d'artillerie, de cavalerie, du génie; des équipages militaires; de l'école de cavalerie à *Saumur*	Commandants des dépôts de remonte à *Alençon**, *Aurillac**, *Caen**, *Castres**, *Clermont-Ferrand**, *Guingamp**, *Morlaix**, *Strasbourg**, *Saint-Avold**, *Saint-Jean-d'Angely**, *Saint-Lô**, *Saint-Maixent**, *Tarbes**	S. B.	″	97	11	″	″	
Présidents des conseils d'administration du corps royal d'artillerie de la marine	Chefs d'administration de la marine* Chefs maritimes* Commissaires généraux de la marine* Commissaires principaux de la marine* Commissaires chargés en chef du service dans les ports* Préfets maritimes*	S. B.	Arr. mar.	102	1	11	165	
Présidents des conseils d'administration des deux régiments d'infanterie de la marine (1)	Chefs d'administration de la marine* Chefs maritimes* Commissaires généraux de la marine* Commissaires principaux de la marine* Commissaires des classes* Officiers d'administration préposés à l'inscription maritime* Préfets maritimes*	S. B.	Tout le R.	102	7	″	″	(1) Indépendamment de la correspondance qui leur est attribuée ci-contre, ces présidents ont encore la correspondance qui appartient aux présidents des conseils d'administrat. des corps militaires en général. (*Voir page 146.*)

DÉSIGNATION DES FONCTIONNAIRES ET DES PERSONNES autorisés à contre-signer leur correspondance de service. (*Article 353* de l'Instruction générale.)	auxquels la correspondance de service des fonctionnaires et des personnes désignés dans la colonne ci-contre doit être remise en franchise.	FORME sous laquelle la correspondance circulant en franchise doit être présentée.	ARRONDISSEMENT, circonscription ou rayon dans l'étendue duquel la correspondance valablement contre-signée circule en franchise.	RENVOI au deuxième volume de l'Instruction générale, entre le texte des dispositions réglementaires. Pages.	Articles.	entre les tableaux de correspondance. N° des tableaux.	Pages.	OBSERVATIONS.
1.	2.	3.	4.	5.	6.	7.	8.	9.
Présidents des conseils d'administration des compagnies d'artillerie de la marine à ... Présidents des conseils d'administration des compagnies d'ouvriers d'artillerie de la marine à ... (Brest, Cherbourg, Lorient, Rochefort, Toulon)	Intendants militaires*. Sous-intendants militaires*. Sous-intendants militaires adjoints*.	S. B.	Tout le R.	104	9	7	152	
Président du conseil d'administration du dépôt des régiments d'infanterie de la marine (dépôt colonial) à *Landerneau* (1)	Chefs d'administration de la marine*. Chefs maritimes*.	S. B.	Tout le R.	103	7	»	»	(1) Indépendamment de la correspondance qui lui est attribuée ci-dessus, ce président échange la correspondance attribuée aux présidents des conseils d'administration des corps militaires. (*Voir page* 146.)
	Commissaire aux revues et armements du port de *Brest*.	S. B.	»	103	4	»	»	
	Commissaires généraux de la marine*. Commissaires principaux de la marine*. Commissaires des classes*. Officiers d'administration préposés à l'inscription maritime*. Préfets maritimes*.	S. B.	Tout le R.	103	2	»	»	
Président du conseil d'administration du dépôt des équipages de ligne à *Brest*.	Chefs d'administration de la marine*. Chefs maritimes*. Commandants des dépôts de recrutement*. Commissaires généraux de la marine*. Commissaires principaux de la marine*. Commissaires des classes*.	S. B.	Tout le R.	103	8	»	»	
	Conseils d'administration des dépôts des équipages de ligne à (*Cherbourg*, *Lorient*, *Rochefort*, *Toulon*)*.	S. B.	»	103	8	»	»	
	Intendants militaires*.	S. B.	Tout le R.	103	8	7	152	
	Préfets maritimes*.	S. B.	Tout le R.	103	8	»	»	
	Sous-intendants militaires*. Sous-intendants militaires adjoints*.	S. B.	Tout le R.	103	8	7	152	
Président du conseil d'administration du dépôt des équipages de ligne à *Cherbourg*.	Chefs d'administration de la marine*. Chefs maritimes*. Commandants des dépôts de recrutement*. Commissaires généraux de la marine*. Commissaires principaux de la marine*. Commissaires des classes*.	S. B.	Tout le R.	103	8	»	»	
	Conseils d'administration des dépôts des équipages de ligne à (*Brest*, *Lorient*, *Rochefort*, *Toulon*)*.	S. B.	»	103	8	»	»	
	Intendants militaires*.	S. B.	Tout le R.	103	8	7	152	
	Préfets maritimes*.	S. B.	Tout le R.	103	8	»	»	
	Sous-intendants militaires*. Sous-intendants militaires adjoints*.	S. B.	Tout le R.	103	8	7	152	

DÉSIGNATION DES FONCTIONNAIRES ET DES PERSONNES		FORME sous laquelle la correspondance circulant en franchise doit être présentée.	ARRONDISSEMENT, circonscription ou ressort dans l'étendue duquel la correspondance réciproquement contre-signée circule en franchise.	RENVOI au deuxième volume de l'Instruction générale.				OBSERVATIONS.
autorisés à contre-signer leur correspondance de service. (Article 354 de l'Instruction générale.)	auxquels la correspondance de service des fonctionnaires et des personnes désignés dans la colonne ci-contre doit être remise en franchise.			POUR le texte des dispositions réglementaires.		POUR les tableaux de circonscription.		
				Page.	Article.	Nos des tableaux.	Page.	
1.	2.	3.	4.	5.	6.	7.	8.	9.
Président du conseil d'administration du dépôt des équipages de ligne à *Lorient*.	Chefs d'administration de la marine*. Chefs maritimes*. Commandants des dépôts de recrutement*. Commissaires généraux de la marine*. Commissaires principaux de la marine*. Commissaires des classes*.	S. B.	Tout le R.	103	6	″	″	
	Conseils d'administration des dépôts des équipages de ligne à *Brest**, *Cherbourg**, *Rochefort**, *Toulon**.	S. B.	Tout le R.	103	6	″	″	
	Intendants militaires*.	S. B.	Tout le R.	103	6	7	152	
	Préfets maritimes*.	S. B.	Tout le R.	103	6	″	″	
	Sous-intendants militaires*. Sous-intendants militaires adjoints*.	S. B.	Tout le R.	103	6	7	152	
Président du conseil d'administration du dépôt des équipages de ligne à *Rochefort*.	Chefs d'administration de la marine*. Chefs maritimes*. Commandants des dépôts de recrutement*. Commissaires généraux de la marine*. Commissaires principaux de la marine*. Commissaires des classes*.	S. B.	Tout le R.	103	6	″	″	
	Conseil d'administration des dépôts des équipages de ligne à *Brest**, *Cherbourg**, *Lorient**, *Toulon**.	S. B.	″	103	6	″	″	
	Intendants militaires*.	S. B.	Tout le R.	103	6	7	152	
	Préfets maritimes*.	S. B.	Tout le R.	103	6	″	″	
	Sous-intendants militaires*. Sous-intendants militaires adjoints*.	S. B.	Tout le R.	103	6	7	152	
Président du conseil d'administration du dépôt des équipages de ligne à *Toulon*.	Chefs d'administration de la marine*. Chefs maritimes*. Commandants des dépôts de recrutement*. Commissaires généraux de la marine*. Commissaires principaux de la marine*. Commissaires des classes*.	S. B.	Tout le R.	103	6	″	″	
	Conseils d'administration des dépôts des équipages de ligne à *Brest**, *Cherbourg**, *Lorient**, *Rochefort**.	S. B.	″	103	6	″	″	
	Intendants militaires*.	S. B.	Tout le R.	103	6	7	152	
	Préfets maritimes*.	S. B.	Tout le R.	103	6	″	″	
	Sous-intendants militaires*. Sous-intendants militaires adjoints*.	S. B.	Tout le R.	103	6	7	152	

DÉSIGNATION DES FONCTIONNAIRES ET DES PERSONNES		FORME sous laquelle la correspondance circulant en franchise doit être présentée.	ARRONDISSEMENT, circonscription ou ressort dans l'étendue duquel la correspondance réciproquement contre-signée circule en franchise.	RENVOI au deuxième volume de l'Instruction générale, pour le texte des dispositions réglementaires.		pour les tableaux de circonscription.		OBSERVATIONS
autorisés à contre-signer leur correspondance de service. (*Article 355 de l'Instruction générale.*)	auxquels la correspondance de service des fonctionnaires et des personnes désignés dans la colonne ci-contre doit être remise en franchise.			Page.	Article.	N.os des tableaux.	Page.	
1.	2.	3.	4.	5.	6.	7.	8.	9.
Présidents des conseils de guerre	Administrateur de l'hôtel royal des invalides*	S. B.	»	96	8	»	»	
	Colonels chefs d'état-major des divisions militaires*	S. B.	Div. mil.	93	3	6	150	
	Inspecteurs généraux d'armes en tournée*	S. B.	Arr. insp. g. d'arm.	94	7	»	»	
	Inspecteurs généraux de gendarmerie*	S. B.	Tout le R.	96	8	»	»	
	Intendants militaires*	S. B.	Tout le R.	96	3	7	152	
	Lieutenants généraux commandant les divisions militaires*	S. B.	Div. mil.	93	3	6	150	
	Maréchaux de camp commandant les subdivisions militaires*	S. B.	Subd. mil.	95	2	6	151	
	Officiers de gendarmerie*, de la garde municip. de Paris*, du bataill. de voltigeurs corses*	S. B.	Tout le R.	96	8	»	»	
	Premiers présidents des cours royales*	S. B.	C. roy.	86	3	2	143	
	Procureurs généraux*, Procureurs du Roi*	S. B.	Tout le R.	98	15	»	»	
	Sous-intendants militaires*, Sous-intendants militaires adjoints*	S. B.	Tout le R.	98	10	7	152	
Présidents des consistoires département. du culte israélite	Président du consistoire central du culte israélite à *Paris**	S. B.	»	188	6 bis.	»	»	
Présidents des consistoires locaux de la confession d'Augsbourg	Inspecteurs ecclésiastiques de la confession d'Augsbourg*	S. B.	Tout le R.	107	3	»	»	
	Pasteurs de la confession d'Augsbourg*	S. B.	Ress. cons. loc.	108	8	11	170	
	Préfets*	S. B.	Dép.	110	1	»	»	
	Président du directoire du consistoire général de *Strasbourg**	S. B.	»	107	3	»	»	Pour l'envoi seulement des circulaires et instructions imprimées relatives au culte, des comptes et budgets de fabriques et des délibérations des consistoires locaux.
	Sous-préfets*	S. B.	Arr. s.-pr.	110	1	»	»	
Présidents des cours d'assises (1)	Adjoints des maires exerçant le ministère public près les tribunaux de simple police*, Commissaires de police*, Cours et tribunaux en nom collectif*, Juges de paix*, Juges d'instruction*, Maires exerçant le ministère public près les tribunaux de simple police*, Officiers de gendarmerie*, de la garde municipale de Paris*, du bataill. de voltigeurs corses*, Préfets*	S. B.	Département où se trouvent les assises.	87	3	»	»	
	Premiers présidents des cours royales*	S. B.	C. roy.	88	2	2	144	(1) Les présidents des cours d'assises peuvent contre-signer leur correspondance du lieu même de leur résidence ordinaire.
	Présidents des cours et tribunaux*, Procureurs du Roi*, Sous-préfets*, Tribunaux en nom collectif*	S. B.	Département où se trouvent les assises.	87	3	»	»	

DÉSIGNATION DES FONCTIONNAIRES ET DES PERSONNES autorisés à contre-signer leur correspondance de service. (Article 853 de l'Instruction générale.)	auxquels la correspondance de service des fonctionnaires et des personnes désignés dans la colonne ci-contre doit être remise en franchise.	FORME sous laquelle la correspondance destinée à circuler en franchise doit être présentée.	ARRONDISSEMENT, circonscription ou rayon dans l'étendue duquel la correspondance réciproquement contresignée circule en franchise.	RENVOI au deuxième volume de l'Instruction générale, pour le texte des dispositions réglementaires: Pages.	Articles.	pour les tableaux de circonscription: N°s des tableaux.	Pages.	OBSERVATIONS.
1.	2.	3.	4.	5.	6.	7.	8.	9.
Présidents des cours et tribunaux	Premiers présidents des cours royales*	S. B.	C. Roy.	86	3	9	144	
	Présidents des cours d'assises*	S. B.	Département où se tiennent les assises (1).	87	3	»	»	(1) Cette franchise s'étend même au lieu de la résidence ordinaire des présidents des cours d'assises.
Présidents de certains tribunaux civils appelés à remplir les fonctions de juges de commerce dans les départements maritimes (2). Présidents de certains tribunaux de commerce dans les départements maritimes (2).	Juges de paix de certains cantons dans les départements maritimes (2)*	S. B.	»	87	6	4	117	(2) Voir le tableau K n° 4, page 117 du 2e volume de l'Instruction générale.
Présidents semainiers des commissions sanitaires	Commissions sanitaires*; Intendances sanitaires*	S. B.	Tout le R.	118	1	»	»	
Présidents semainiers des commissions sanitaires à Boulogne-sur-Mer, Calais, Cherbourg, Dunkerque, Granville, Gravelines, Lannion, Montreuil-sur-Mer, Paimpol, Saint-Brieuc, St-Valery-sur-Somme	Agents consulaires de France*, Consuls de France*, Vice-consuls de France* à l'étranger	S. B.	Tout le R.	118	2	»	»	
Présidents semainiers des intendances sanitaires	Agents consulaires de France*, Consuls de France* à l'étranger	S. B.	Tout le R.	118	2	»	»	
	Commissions sanitaires*; Intendances sanitaires*	S. B.	Tout le R.	118	1	»	»	
	Vice-consuls de France à l'étranger*	S. B.	Tout le R.	118	2	»	»	
Présidents semainiers des intendances sanitaires à *Bayonne*	Préfet des *Landes**	S. B	»	118	3	»	»	
	Préfet des *Basses-Pyrénées**	S. B.	»	118	3	»	»	
Brest	Préfet du *Finistère**	S. B.	»	118	3	»	»	
Le Château (Île d'Oléron)	Maires des communes de l'*Île-d'Oléron**	S. B.	»	118	4	»	»	
Le Havre	Préfet de la *Seine-Inférieure**	S. B.	»	118	3	»	»	
Lorient	Préfet du *Morbihan**	S. B.	»	118	3	»	»	
Nantes	Délégué de la commission de salubrité navale à *Saint-Nazaire**	S. B.	»	102	3	»	»	
Toulon	Préfet du *Var**	S. B.	»	118	3	»	»	
Principaux des colléges communaux	Inspecteurs d'académie*; Recteurs d'académie*	S. B.	Arr. acad.	102	1	»	»	
Procureur général de la cour de cassation	Adjoints des maires exerçant le ministère public près les trib. de simple police*; Commissaires de police*	S. B.*	Tout le R.	86	1	»	»	
	Conseillers d'état*; Cour de cassation*; Cour des comptes*	S. B.*	»	86	1	»	»	
	Cours d'assises*; Cours royales*; Juges de paix*; Juges d'instruction*; Lieutenants-généraux commandant les divisions militaires*; Maires*; Maîtres des requêtes*; Officiers de gendarmerie*, de la garde municip. de Paris*, du bataill. de voltigeurs corses*	S. B.*	Tout le R.	86	1	»	»	

(*La suite au verso.*)

DÉSIGNATION DES FONCTIONNAIRES ET DES PERSONNES autorisés à contre-signer leur correspondance de service. (Article 353 de l'Instruction générale.)	DÉSIGNATION DES FONCTIONNAIRES ET DES PERSONNES auxquels la correspondance de service des fonctionnaires et des personnes désignés dans la colonne ci-contre doit être remise en franchise.	FORME sous laquelle la correspondance circulant en franchise doit être présentée.	ARRONDISSEMENT, circonscription ou ressort dans l'étendue duquel la correspondance réciproquement contre-signée circule en franchise.	RENVOI au deuxième volume de l'Instruction générale, pour le texte des dispositions réglementaires. Page.	Articles.	pour les tableaux de correspondance. N° des tableaux.	Page.	OBSERVATIONS.
1.	2.	3.	4.	5.	6.	7.	8.	9.
Procureur général de la cour de cassation. (Suite.)	Préfets*							
	Premiers présidents des cours royales*							
	Présidents des cours et tribunaux*							
	Procureurs généraux*	S. B.*	Tout le R.	86	[illegible]	[illegible]	[illegible]	
	Procureurs du Roi*							
	Sous-préfets*							
	Tribunaux en nom collectif*							
Procureur général de la cour des comptes	Administrateur de l'hôtel roy. des invalides*	L. F.	»	83	[illegible]	[illegible]	[illegible]	
	Caissiers des hôpitaux*							
	Caissiers des monnaies*	L. F.	Tout le R.	83	[illegible]	[illegible]	[illegible]	
	Directeur général des poudres et salpêtres*							
	Directeur de l'imprimerie royale*	L. F.	»	83	[illegible]	[illegible]	[illegible]	
	Économes des colléges royaux*							
	Payeurs du trésor*							
	Préfets*	L. F.	Tout le R.	83	[illegible]	[illegible]	[illegible]	
	Receveurs généraux des finances*							
	Receveurs municipaux*							
	Trésorier général des invalides de la marine*	L. F.	»	83	[illegible]	[illegible]	[illegible]	
Procureurs généraux	Adjoints des maires exerçant le ministère public près les tribunaux de simple police*	S. B.*	C. Roy.	87	4	3	143	
	Administrateur de l'hôtel roy. des invalides*	S. B.*	»	86	[illegible]	[illegible]	[illegible]	
	Archevêques*	S. B.*	C. Roy.	87	4	8	142	
	Capitaines rapporteurs près les conseils de guerre*	S. B.*	Tout le R.	87	[illegible]	[illegible]	[illegible]	
	Commandants des brigades de gendarmerie* / de la garde municipale de Paris* / du bataillon de voltig. corses*	S. B.*	Tout le R.	99	14	[illegible]	[illegible]	
	Commissaires de police*	S. B.*	C. Roy.	87	4	3	143	
	Conseils de guerre*	S. B.*	Tout le R.	87	[illegible]	[illegible]	[illegible]	
	Conservateurs des forêts*	S. B.*	Conserv. for. (1)	141	21	21	202	(1) Cette franchise peut s'étendre aux conservateurs [illegible].
	Cours et tribunaux en nom collectif*							
	Directeurs de l'enregistrement et des domaines*	S. B.*	C. Roy.	81	3	2	144	
	Directeurs des postes*	S. B.*	C. Roy.	129	13	8	144	
	Évêques*	S. B.*	C. Roy.	87	4	7	142	
	Greffiers des cours et tribunaux*							

(La suite ci-contre.)

DÉSIGNATION DES FONCTIONNAIRES ET DES PERSONNES autorisés à contresigner leur correspondance de service. (Article 353 de l'Instruction générale.)	auxquels la correspondance de service des fonctionnaires et des personnes désignés dans la colonne ci-contre doit être remise en franchise.	FORME sous laquelle la correspondance circulant en franchise doit être présentée.	ARRONDISSEMENT, circonscription ou ressort dans l'étendue duquel la correspondance valablement contresignée circule en franchise.	RENVOI au deuxième volume de l'Instruction générale, pour le texte des dispositions réglementaires : Page.	Articles.	pour les tableaux de circonscription : N.os des tableaux.	Pages.	OBSERVATIONS.
1.	2.	3.	4.	5.	6.	7.	8.	9.
Procureurs généraux. (Suite.)	Inspecteurs généraux de gendarmerie*	S. B.*	Tout le R.	86	3	»	»	
	Intendants militaires*	S. B.*	Tout le R.	86	9	5	154	
	Juges de paix* ; Juges d'instruction* ; Lieutenants-généraux commandant les divisions militaires*	S. B.*	Tout le R.	87	5	»	»	
	Lieutenant-général commandant supérieur des 1re, 12e et 13e divisions militaires*	S. B.*	»	24	3	6	158	
	Maires*	S. B.*	C. Roy.	87	5	2	123	
	Maréchaux de camp commandant les subdivisions militaires*	S. B.*	C. Roy.	87	5	2	158	
	Officiers { de gendarmerie* ; de la garde municipale de *Paris** ; du bataillon de voltig. corses* }	S. B.*	Tout le R.	86	8	»	»	
	Préfets*	S. B.*	C. Roy.	87	5	3	145	
	Préfets maritimes à { *Brest** ; *Rochefort** ; *Toulon** }	S. B.*	»	102	2	»	»	
	Premiers présidents des cours royales*	S. B.*	C. Roy.	86	2	2	144	
	Présidents des conseils de guerre*	S. B.*	Tout le R.	87	5	»	»	
	Présidents des cours et tribunaux*	S. B.*	C. roy.	87	5	2	144	
	Procureurs généraux* ; Procureurs du Roi*	S. B.*	Tout le R.	87	5	»	»	
	Proviseurs des colléges royaux* ; Recteurs d'académie* ; Sous-préfets* ; Tribunaux en nom collectif*	S. B.*	C. Roy.	87	5	2	133	
Procureurs généraux des départements frontières	Autorités étrangères des pays limitrophes*	S. B. (1).	»	89	8	»	»	(1) Cette correspondance peut être admise à circuler également sous enveloppe.
Procureurs du Roi près les tribunaux de première instance	Adjoints des maires exerçant le ministère public près les tribunaux de simple police*	S. B.*	Arr. s.-pr.	93	4	»	»	
	Administrateur de l'hôtel roy. des invalides*	S. B.*	»	93	4	»	»	
	Archevêques*	L. F.	Circ. dioc.	88	9	17	167	
	Capitaines-rapporteurs près les conseils de guerre*	S. B.*	Tout le R.	88	15	»	»	
	Commandants des brigades { de gendarmerie* ; de la garde municipale de *Paris** ; du bataillon de voltigeurs corses* }	S. B.*	Tout le R.	98	14	»	»	

(*La suite au verso.*)

DÉSIGNATION DES FONCTIONNAIRES ET DES PERSONNES autorisés à contre-signer leur correspondance de service. (Article 451 de l'Instruction générale.)	auxquels la correspondance de service des fonctionnaires et des personnes désignés dans la colonne ci-contre doit être remise en franchise.	FORME sous laquelle la correspondance circulant en franchise doit être présentée.	CIRCONSCRIPTION dans l'étendue de laquelle la correspondance contresignée circule en franchise.	RENVOI au deuxième volume de l'Instruction générale: pour le texte des dispositions réglementaires. Pages.	Articles.	pour le tableau de correspondance. Numéros.	Pages.	OBSERVATIONS.
1.	2.	3.	4.	5.	6.	7.	8.	9.
Procureurs du Roi près les tribunaux de première instance. (Suite.)	Commissaires de police*	S. B.*	Arr. s.-pr.	86	6	»	»	
	Conseils de guerre*	S. B.*	Tout le R.	95	14	»	»	
	Conservateurs des forêts*	S. B.*	Conserv. for. (1)	131	27	21	203	(1) [illegible]
	Conservateurs des hypothèques*	S. B.*	Arr. s.-pr.	130	22	»	»	
	Directeurs de l'enregistrement et des domaines*	S. B.*	Dép.	128	21	»	»	
	Directeurs des maisons centrales de détention*	S. B.*	Tout le R.	115	18	»	»	
	Directeurs des postes*	S. B.*	Arr. s.-pr.	128	53	»	»	
	Évêques*	L. F.	Circ. dioc.	84	8	12	127	
	Gardes généraux des forêts*	S. B.*	Conserv. for. (2)	131	28	21	203	(2) Même observation que ci-dessus.
	Gardes à cheval des forêts*			131	29			
	Inspecteurs des forêts*			131	22			
	Inspecteurs généraux de gendarmerie*	S. B.*	Tout le R.	76	4	»	»	
	Intendants militaires*	S. B.*	Tout le R.	76	4	7	142	
	Juges de paix*	S. B.*	Tout le R.	85	6	»	»	
	Juges d'instruction*	S. B.*	Tout le R.	88	9	»	»	
	Lieutenants-généraux commandant les divisions militaires*	S. B.*	Tout le R.	74	2	6	139	
	Lieutenant-général commandant supérieur des 4e, 12e et 13e divisions militaires*	S. B.*	»	74	3	6	140	
	Maires*	S. B.*	Arr. s.-pr.	89	6	»	»	
	Maréchaux de camp commandant les subdivisions militaires*	S. B.*	Subd. mil.	74	2	8	141	
	Officiers de gendarmerie*; de la garde municipale de *Paris**; du bataill. de voltigeurs corses*	S. B.*	Tout le R.	76	4	»	»	
	Préfets*	S. B.*	Dép.	116	1	»	»	
	Préfets maritimes à *Brest**, *Rochefort**, *Toulon**	S. B.*	»	102	6	»	»	
	Premiers présidents des cours royales*	S. B.*	C. Roy.	82	8	9	144	
	Présidents des conseils de guerre*	S. B.*	Tout le R.	95	15	»	»	
	Présidents des cours d'assises*	S. B.*	Département où se tiennent les assises (3).	87	5	»	»	(3) Cette franchise n'a lieu qu'en [illegible]
	Procureurs généraux*	S. B.*	Tout le R.	82	6	»	»	
	Procureurs du Roi*	S. B.*	Tout le R.	89	6	»	»	
	Receveurs de l'enregistrement et des domaines*	S. B.*	Arr. s.-pr.	130	23	»	»	
	Recteurs d'académie*	S. B.*	Arr. acad.	109	2	15	171	
	Sous-inspecteurs des forêts*	S. B.*	Conserv. for. (4)	131	29	21	203	(4) Cette franchise peut [illegible]
	Sous-préfets*	S. B.*	Arr. s.-pr.	89	6	»	»	
Procureurs du Roi des départements frontières	Autorités étrangères des pays limitrophes*	S. B. (5)	»	89	8	»	»	(5) Cette correspondance peut également circuler sous enveloppe.

DÉSIGNATION DES FONCTIONNAIRES ET DES PERSONNES		FORME sous laquelle la correspondance circulant en franchise doit être présentée.	ARRONDISSEMENT, circonscription ou ressort dans l'étendue duquel la correspondance est uniquement contresignée, circule en franchise.	RENVOI au deuxième volume de l'Instruction générale,				OBSERVATIONS.
autorisés à contre-signer leur correspondance de service. (Article 353 de l'Instruction générale.)	auxquels la correspondance de service des fonctionnaires et des personnes désignés dans la colonne ci-contre doit être remise en franchise.			pour le texte des dispositions réglementaires.		pour les tableaux de circonscription.		
				Page.	Article.	N° des tableaux.	Page.	
1.	2.	3.	4.	5.	6.	7.	8.	9.
Procureurs du Roi près les cours d'assises (1)	Adjoints des maires, exerçant le ministère public près les tribunaux de simple police* Commissaires de police* Maires* Sous-préfets*	S. B*.	Dép.	88	7	[illegible]	[illegible]	(1) Le contre-seing est attaché aux procureurs du Roi près les cours d'assises est indépendant du contre-seing auquel les magistrats qui en exercent les fonctions ont déjà droit en leur qualité de procureurs du Roi près les tribunaux de première instance. (Voir page 153.)
Proviseurs des colléges royaux	Inspecteurs d'académie*	S. B.	Arr. acad.	108	8	15	172	
	Premiers présidents des Cours royales*	S. B.	C. roy.	86	5	7	144	
	Recteurs d'académie*	S. B.	Arr. acad.	108	8	15	172	

DÉSIGNATION DES FONCTIONNAIRES ET DES PERSONNES		FORME sous laquelle la correspondance circulant en franchise doit être présentée.	ARRONDISSEMENT, circonscription ou rayon dans l'étendue duquel la correspondance valablement contre-signée circule en franchise.	RENVOI au deuxième volume de l'Instruction générale,				OBSERVATIONS.
autorisés à contre-signer leur correspondance de service. (*Article 353 de l'Instruction générale.*)	auxquels la correspondance de service des fonctionnaires et des personnes désignés dans la colonne ci-contre doit être remise en franchise.			entre le texte des dispositions réglementaires.		vers les tableaux de circonscription.		
				Page.	Article.	N°s des tableaux.	Page.	
1.	2.	3.	4.	5.	6.	7.	8.	9.

DÉSIGNATION DES FONCTIONNAIRES ET DES PERSONNES autorisés à contre-signer leur correspondance de service. (*Article 353 de l'Instruction générale.*)	auxquels la correspondance de service des fonctionnaires et des personnes désignés dans la colonne ci-contre doit être remise en franchise.	FORME sous laquelle la correspondance circulant en franchise doit être présentée.	ARRONDISSEMENT, circonscription ou ressort dans l'étendue duquel la correspondance valablement contre-signée circule en franchise.	RENVOI au deuxième volume de l'Instruction générale, pour le texte des dispositions réglementaires. Page.	Article.	pour les tableaux de circonscription. N°s des tableaux.	Page.	OBSERVATIONS.
1.	2.	3.	4.	5.	6.	7.	8.	9.
	R							
Receveur central des finances de la *Seine* (1)	Intendant de la 1re division militaire*. Sous-intendant militaire attaché à l'École polytechnique*	S. B.	»	126	1	»	»	(1) Le receveur central de la *Seine* a, en outre, la correspondance attribuée aux receveurs généraux des finances.
Receveur de l'entrepôt des sels à *Paris*	Contrôleurs aux sondes à *Chaussy**, *Conternon**, *Épinai**, *Javelle**, *La Glacière**, *Saint-Denis**, *Saint-Roch-lès-Amiens**, *Vaugirard**	S. B.	»	135	35	35	218	
Receveurs des [illegible] à *Lyon*, *Trévoux*	Président de la commission des monnaies*	L. F.	»	140	60	»	»	
Receveur des droits de navigation sur le *Rhin* à *Strasbourg*	Inspecteur général de la navigation du *Rhin* à *Mayence**	S. B.	»	92	3	»	»	
	Inspecteur du 1er district de la navigation du *Rhin* à *Strasbourg**	S. B.	(1)	92	3	»	»	(1) Cette franchise s'étend à tous les lieux situés sur les bords du *Rhin* jusqu'à l'embouchure de la *Lauter*.
Receveurs contrôleurs ambulants ou sédentaires des contributions indirectes	Receveurs particuliers entreposeurs des arrondissements où il n'existe pas de directeurs des contributions indirectes*	S. B.	Arr. s.-pt.	135	42	41	223	
Receveurs de la loterie	Inspecteurs en chef de la loterie*	S. B. (2). — (3). —	[illegible]	139	57 60	28	224	(2) Les receveurs de la loterie peuvent aussi correspondre avec les inspecteurs par lettres *fermées*; mais sous la condition de soumettre préalablement le contenu de leurs dépêches à la vérification des directeurs des postes qui les font fermer en leur présence, et y apposent le cachet de leur bureau.
	Inspecteurs de la loterie*	S. B. (2). — (3). —	Arr. insp. lot.	139	58 59	28	224	(3) Pour l'envoi sous chargement des paquets contenant les registres à souches. Ces paquets sont revêtus d'une enveloppe sur laquelle le receveur de la loterie appose, indépendamment de son contre-seing, le numéro de son bureau; ils sont fermés de cachets de cinq timbres, savoir: celui du receveur, celui du directeur des postes, et trois de [illegible], dont un au milieu.
Receveurs de l'enregistrement et des domaines	Conservateurs des forêts*	S. B.	Conserv. for.	131	27	21	203	
	Conservateurs des hypothèques*	S. B.	Dép.	130	23	»	»	
	Contrôleurs des contributions directes*	S. B.	Contr. c. dir.	130	24	20	179	
	Directeurs de l'enregistrement et des domaines*	S. B.	Dép.	129	21	»	»	
	Gardes généraux des forêts*	S. B.	Conserv. for.	131	28	21	203	
	Gardes à cheval des forêts*	S. B.	Conserv. for.	132	29	21	203	

(*La suite au verso.*)

DÉSIGNATION DES FONCTIONNAIRES ET DES PERSONNES autorisés à contre-signer leur correspondance de service. (Article 253 de l'Instruction générale.)	auxquels la correspondance de service des fonctionnaires et des personnes désignés dans la colonne ci-contre doit être remise en franchise.	FORME sous laquelle la correspondance circulant en franchise doit être présentée.	[illegible] dans l'étendue duquel la correspondance relative au service circule en franchise.	RENVOI au deuxième volume de l'Instruction générale. Pages	Articles	Nos des tableaux	Pages	OBSERVATIONS.
1.	2.	3.	4.	5.	6.	7.	8.	9.
Receveurs de l'enregistrement et des domaines. (*Suite.*)	Gardes à pied des forêts*. Gardes de la pêche*.	S. B.	Conserv. for.	121	30	21	169	
	Inspecteurs de l'enregistrement et des domaines*.	S. B.	Dép.	132	43	»	»	
	Inspecteurs des forêts*.	S. B.	Conserv. for.	131	38	»	»	
	Maires*.	S. B.	Arr. rec. enreg.	130	23	»	»	Contre-seing [illegible]
	Percepteurs*.	S. B.	Arr. rec. enreg.	130	24	»	»	
	Procureurs du Roi*.	S. B.	Art. s.-pr.	130	25	»	»	
	Receveurs de l'enregistr. et des domaines*. Receveurs du timbre*.	S. B.	Dép.	120	23	»	»	
	Sous-inspecteurs des forêts*.	S. B.	Conserv. for.	121	34	21	203	
	Vérificateurs de l'enregistrement et des domaines*.	S. B.	Dép.	130	23	»	»	
Receveurs du timbre.	Conservateurs des hypothèques*.	S. B.	Dép.	130	23	»	»	
	Directeurs de l'enregistr. et des domaines*.	S. B.	Dép.	129	21	»	»	
	Inspecteurs de l'enregistr. et des domaines*. Receveurs de l'enregistr. et des domaines*. Receveurs du timbre*. Vérificateurs de l'enregistr. et des domaines*.	S. B.	Dép.	130	23	»	»	
Receveurs des établissements de bienfaisance.	Préfets*.	S. B.	Dép.	110	1	»	»	
	Sous-préfets*.	S. B.	Arr. s.-pr.	110	1	»	»	
Receveurs généraux des finances.	Directeurs des domaines*.	S. B.	Dép.	125	2	»	»	
	Greffier en chef de la cour des comptes.	L. F.	»	125	3	»	»	Pour l'envoi des comptes.
	Inspecteurs en chef de la loterie*.	S. B.	[illegible]	139	57	18	234	
	Inspecteurs de la loterie*.	S. B.	Arr. insp. lot.	139	58	18	234	
	Notaires-certificateurs.	S. B.	Dép.	125	5	»	»	Pour l'envoi des [illegible] de certificats de vie.
	Percepteurs*. Receveurs particuliers des finances*. Receveurs principaux des douanes*. Sous-préfets*.	S. B.	Dép.	125	2	»	»	
	Trésorier de la couronne*.	S. B.	»	125	3	»	»	
Receveur général des Bouches-du-Rhône.	Payeur de l'armée d'Afrique à *Alger**. Payeur du trésor public à *Toulon**. Receveur général de la *Corse**.	S. B.	»	126	7	»	»	
Receveur général de la *Corse*.	Receveur général des *Bouches-du-Rhône**.	S. B.	»	126	7	»	»	

DÉSIGNATION DES FONCTIONNAIRES ET DES PERSONNES autorisés à contre-signer leur correspondance de service. (Article 131 de l'Instruction générale.)	auxquels la correspondance de service des fonctionnaires et des personnes désignés dans la colonne ci-contre doit être remise en franchise.	FORME sous laquelle la correspondance doit circuler en franchise, doit être présentée.	ARRONDISSEMENT, circonscription ou rayon, dans l'étendue duquel la correspondance indiquée ci-contre doit circuler en franchise.	RENVOI au deuxième volume de l'Instruction générale, pour le texte des dispositions réglementaires. Pages.	Articles.	pour les tableaux de contre-seing. N^os des tableaux.	Pages.	OBSERVATIONS.
1.	2.	3.	4.	5.	6.	7.	8.	9.
Receveurs généraux de la Charente, de la Charente-Inf., de la Dordogne	Président de la commission administrative des hospices civils de Bordeaux*	S. B.	»	122	15	»	»	
Receveur général du Finistère, résidant à Brest	Préfet du Finistère*	S. B.	»	126	6	»	»	
Receveur général du Pas-de-Calais	Préposé-payeur à Calais*	S. B.	»	125	4	»	»	
Receveur gén. de la Sarthe	Intendant de la 4e division militaire*	S. B.	»	126	7	6	130	
	Sous-intendant militaire chargé de l'école de La Flèche, en résidence au Mans*	S. B.	»	129	7	»	»	
Receveur général de Seine-et-Oise	Intendant de la 1re division militaire*	S. B.	»	129	7	»	»	
	Sous-intendant militaire chargé de l'école de Saint-Cyr, en résid. à Versailles*	S. B.	»	129	7	»	»	
Receveur général du Var	Payeur du département du Var, résidant à Toulon*	S. B.	»	126	3	»	»	
	Préfet du Var*	S. B.	»	111	»	»	»	
Receveurs municipaux	Greffier en chef de la cour des comptes	S. B.	»	128	13 bis	»	»	Pour l'envoi des coupures et pièces à l'appui.
	Préfets*	S. B.	Dép.	110	1	»	»	
	Sous-préfets*	S. B.	Arr. s.-pr.	118	1	»	»	
Receveurs particuliers ambulants ou sédentaires des contributions indirectes	Receveurs particuliers entreposeurs des arrondissements où il n'existe pas de directeurs des contributions indirectes*	S. B.	Arr. s.-pr.	135	45	27	212	
Receveurs particuliers entreposeurs des arrondissements où il n'existe pas de directeurs des contributions indir.	Receveurs contrôleurs ambulants ou sédentaires des contributions indirectes*; Receveurs particuliers ambulants ou sédentaires des contributions indirectes*	S. B.	Arr. s.-pr.	136	45	27	212	
Receveurs particuliers des finances	Directeurs des contributions directes*	S. B.	Dép.	125	3	»	»	
	Directeurs des douanes*	S. B.	Arr. s.-pr.	125	3	»	»	
	Directeurs des postes*	S. B.	Arr. s.-pr.	130	53	»	»	
	Inspecteurs en chef de la loterie*	S. B.	Dir. insp. en ch. lot.	137	57	28	224	
	Inspecteurs de la loterie*	S. B.	Arr. insp. lot.	139	58	29	224	
	Payeurs du trésor public*	S. B.	Dép.	125	3	»	»	Cette correspondance n'est autorisée que dans le cas où les receveurs particuliers, chargés d'effectuer des paiements pour le compte du Trésor, remplissent les fonctions de préposés-payeurs; mais alors la suscription des dépêches doit porter ces mots: Service du payeur.
	Percepteurs*	S. B.	Arr. s.-pr.	125	2	»	»	
	Receveurs généraux des finances*	S. B.	Dép.	125	2	»	»	
	Receveurs principaux des douanes*	S. B.	Arr. s.-pr.	125	2	»	»	

DÉSIGNATION DES FONCTIONNAIRES ET DES PERSONNES autorisés à contre-signer leur correspondance de service. (Article 354 de l'Instruction générale.)	auxquels la correspondance de service des fonctionnaires et des personnes désignés dans la colonne ci-contre doit être remise en franchise.	FORME sous laquelle la correspondance circulant en franchise doit être présentée.	ARRONDISSEMENT, circonscription ou rayon dans l'étendue duquel la correspondance réciproquement contre-signée circule en franchise.	RENVOI au deuxième volume de l'Instruction générale, pour le texte des dispositions réglementaires. Page.	Article.	pour les tableaux de circonscription. N° des tableaux.	Page.	OBSERVATIONS.
1.	2.	3.	4.	5.	6.	7.	8.	9.
Receveurs particuliers des finances du *Pas-de-Calais*	Préposé payeur à *Calais**	S. B.	"	125	3	"	"	
Recev. partic. des finances à *Brignolles*, *Grasse*	Préfet du *Var**	S. B.	"	111	4	"	"	
Receveurs principaux des douanes	Directeurs des douanes*	S. B.	Dir. doua.	133	34	22	203	
	Directeurs des postes*	S. B.	Arr. s.-pr.	128	52	"	"	
	Inspecteurs des douanes*	S. B.	Insp. doua.	133	34	22	204	
	Receveurs des douanes*	S. B.	Arr. rec. pp. doua.	134	37	25	213	
	Receveurs généraux des finances*	S. B.	Dép.	123	2	"	"	
	Receveurs particuliers des finances*	S. B.	Arr. s.-pr.	125	3	"	"	
	Sous-inspecteurs des douanes*	S. B.	S.-insp. doua.	133	35	23	204	
	.....							
	.....							
Receveurs principaux des douanes à *Agde*	Contrôleurs aux sels à *Bagnas**, *Béziers**, *Marseillan**	S. B.	"	134	37	25	213	
Aigues-Mortes	Contrôleurs aux sels à *Lunel**, *Saint-Gilles**							
Aubenton	Agent spéc. des doua. près les trib. à *Vervins**							
La Rochelle	Contrôleurs aux sels à *Croix-Chapeau**, *Dampierre**							
Les Sables	Contrôleur aux sels à *La Motte-Achard**							
Lille	Agent spéc. des doua. près les trib. à *Douai**							
Narbonne	Contrôleurs aux sels à *Estarac**, *Grimaud**, *Lac**, *Peyriac**, *Sigean**, *Sainte-Lucie**, *Tuillavignes**							
	.....							
	.....							
Receveurs des douanes	Directeurs des douanes*	S. B.	Dir. doua.	133	34	21	203	
	Directeurs des postes*	S. B.	Arr. s.-pr.	128	52	"	"	
	Inspecteurs des Douanes*	S. B.	Insp. doua.	133	34	22	203	
	Receveurs principaux des douanes*	S. B.	Arr. rec. pp. doua.	134	37	25	213	
	Sous-inspecteurs des douanes*	S. B.	S.-insp. doua.	133	35	23	204	
Receveurs des bureaux de transit des douanes	Receveurs des bureaux de transit des douanes*; Receveurs des entrepôts des douanes*	S. B.	Tout le R.	133	36	24	211	Pour l'encaissement des extraits d'acquits-à-caution.
Receveurs des entrepôts des douanes	Receveurs des bureaux de transit des douanes*; Receveurs des entrepôts des douanes*	S. B.	Tout le R.	133	36	24	211	Pour l'encaissement des extraits d'acquits-à-caution.
Recteurs d'académie	Archevêques*	S. B.	Arr. acad.	108	7	15	172	
	Chefs d'institution*	S. B.	Arr. acad.	108	8	15	172	
	Évêques*	S. B.	Arr. acad.	108	7	15	172	
	Grands-vicaires (ou *vicaires généraux*)*	S. B.	Arr. acad.	108	7	15	172	Pendant la vacance du siége seulement.
	Inspecteurs d'académie*	S. B.	Arr. acad.	108	7	15	172	
	Instituteurs des écoles primaires*; Institutrices des écoles primaires*	S. B.	Arr. acad.	108	8	15	172	
	Maires*	S. B.	Arr. acad.	108	7	15	172	

(*La suite ci-contre.*)

DÉSIGNATION DES FONCTIONNAIRES ET DES PERSONNES autorisés à contre-signer leur correspondance de service. (Article 353 de l'Instruction générale.)	auxquels la correspondance de service des fonctionnaires et des personnes désignés dans la colonne ci-contre doit être remise en franchise.	FORME sous laquelle la correspondance circulant en franchise doit être présentée.	ARRONDISSEMENT, circonscription ou ressort dans l'étendue duquel la correspondance valablement contre-signée circule en franchise.	RENVOI au deuxième volume de l'Instruction générale, pour le texte des dispositions réglementaires. Page.	Article.	pour les tableaux de circonscriptions. Nos des circonscriptions.	Page.	OBSERVATIONS.
1.	2.	3.	4.	5.	6.	7.	8.	9.
Recteurs d'académie (*Suite.*)	Maîtres de pension*; Maîtres*, Maîtresses* des écoles primaires	S. B.	Arr. acad.	108	8	15	172	
	Préfets*	S. B.	Arr. acad.	108	7	15	172	
	Premiers présidents des cours royales*	S. B.	C. roy.	86	8	7	165	
	Présidents des comités d'arrondissement de l'instruction primaire*; Président des comités communaux de l'instruction primaire*; Principaux des colléges communaux*	S. B.	Arr. acad.	108	8	15	172	
	Procureurs généraux*	S. B.	C. roy.	87	8	2	153	
	Procureurs du Roi*	S. B.	Arr. acad.	108	7	15	172	
	Proviseurs des colléges royaux*	S. B.	Arr. acad.	108	8	15	172	
	Sous-préfets*	S. B.	Arr. acad.	108	7	15	172	
Régisseurs des bergeries royales	Préfets*	S. B.	Dép.	110	1	″	″	
	Sous-préfets*	S. B.	Arr. s.-pr.	110	1	″	″	
Régisseurs des manufactures royales de tabac	Directeurs des contributions indirectes*	S. B.	Tout le R.	137	50	″	″	
	Garde-magasins des tabacs en feuille (1)*	S. B.	″	137	50	″	″	(1) Ces agents sont répartis dans les départements ci-après : *Ille-et-Vilaine, Lot, Lot-et-Garonne, Nord, Pas-de-Calais, Bas-Rhin.*
	Inspecteurs spéciaux du service des tabacs, résidant habituellement à *Paris* (2)*	S. B.	Tout le R.	129	18	″	″	(2) Lorsque ces inspecteurs sont en tournée.

DÉSIGNATION DES FONCTIONNAIRES ET DES PERSONNES autorisés à contre-signer leur correspondance de service. (*Article 258 de l'Instruction générale.*)	DÉSIGNATION DES FONCTIONNAIRES ET DES PERSONNES auxquels la correspondance de service des fonctionnaires et des personnes désignés dans la colonne ci-contre doit être remise en franchise.	FORME sous laquelle la correspondance circulant en franchise doit être présentée.	ARRONDISSEMENT, circonscription ou contrée dans l'étendue duquel la correspondance valablement contresignée circule en franchise.	RENVOI au deuxième volume de l'Instruction générale, POUR le texte des dispositions réglementaires. Page.	RENVOI … POUR le texte des dispositions réglementaires. Articles.	RENVOI … POUR les tableaux de circonscription. Nos des tableaux.	RENVOI … POUR les tableaux de circonscription. Page.	OBSERVATIONS.
1.	2.	3.	4.	5.	6.	7.	8.	9.

DÉSIGNATION DES FONCTIONNAIRES ET DES PERSONNES autorisés à contre-signer leur correspondance de service. (Article 353 de l'Instruction générale.)	DÉSIGNATION DES FONCTIONNAIRES ET DES PERSONNES auxquels la correspondance de service des fonctionnaires et des personnes désignés dans la colonne ci-contre doit être remise en franchise.	FORME sous laquelle la correspondance doit circuler en franchise dans l'un et l'autre cas.	ARRONDISSEMENT, circonscription ou ressort dans l'étendue duquel la correspondance doit être contresignée et remise en franchise.	RENVOI au deuxième volume de l'Instruction générale, pour le texte des dispositions réglementaires: Page.	Articles.	pour les tableaux de circonscription: Nos des tableaux.	Page.	OBSERVATIONS.
1.	2.	3.	4.	5.	6.	7.	8.	9.
	S							
Secrétaire général du conseil d'État	Archiviste du Conseil d'État* Conseillers d'État* Maîtres des requêtes* Secrétaires des comités du Conseil d'État*	L. F.	»	85	»	»	»	
Sous-directeur des parcs de construction à Châteauroux	Directeur des établissements et commandant supér. du train des équipages, à Vernon*	S. B.	»	99	19	»	»	
Sous-inspecteurs de la loterie	Inspecteurs en chef de la loterie*	S. B. (1).	Dir. insp. gén. lot.	132	57	»	»	(1) Les sous-inspect. de la loterie peuvent aussi correspondre avec les inspecteurs par lettres fermées; mais sous la condition de soumettre préalablement le contenu de leurs dépêches à la vérification des directeurs des postes qui les font fermer en leur présence, et y apposent le cachet de leur bureau.
	Inspecteurs de la loterie*		Arr. insp. lot.	132	58	»	»	
Sous-inspecteurs de la marine dans les ports secondaires	Chefs d'administration de la marine* Chefs maritimes* Commissaires généraux de la marine* Commissaires principaux de la marine* Commissaires chargés en chef du service dans les ports*	S. B.	Arr. mar.	102	1	11	162	
	Commissaires des classes*	S. B.	Arr. mar.	103	2	11	162	
	Inspecteurs de la marine, à *Brest**, *Cherbourg**, *Lorient**, *Rochefort**, *Toulon**	S. B.	»	103	3	»	»	
	Inspecteurs adjoints de la marine dans les ports secondaires*	S. B.	Tout le R.	102	4	»	»	
	Préfets maritimes*	S. B.	Arr. mar.	102	1	11	162	
	Sous-inspecteurs de la marine dans les ports secondaires*	S. B.	Tout le R.	103	3	»	»	
Sous-inspecteurs des douanes	Capitaines de brigade des douanes* Contrôleurs de brigade des douanes*	S. B.	S.-insp. dou.	133	33	22	204	
	Directeurs des douanes*	S. B.	Dir. dou.	133	32	22	204	
	Inspecteurs des douanes*	S. B.	Insp. dou.	133	34	22	204	
	Receveurs principaux des douanes* Receveurs des douanes*	S. B.	S.-insp. dou.	133	33	22	204	
Sous-inspecteur des douanes chargé du service des soudes à *Paris*	Contrôleurs aux soudes à *Chauny**, *Couternon**, *Épinal**, *Javelle**, *La Glacière**, *Saint-Denis**, *Saint-Roch-lès-Amiens**, *Vaugirard**	S. B.	»	133	35	22	208	
	Inspecteur des douanes chargé du service des soudes, à *Paris**	S. B.	»	133	34	22	208	Cette correspondance n'est autorisée que lorsque l'inspecteur ou le sous-inspecteur est en tournée.
Sous-inspecteurs des fonderies	Administrateur de l'hôtel des invalides*	S. B.	»	96	8	»	»	
	Colonels chefs d'état-major des divis. milit.*	S. B.	Div. mil.	95	2	6	150	
	Commandants d'artillerie* Directeurs d'artillerie*	S. B.	Dir. d'art.	97	10	9	154	
	Inspecteurs généraux d'armes en tournée*	S. B.	Arr. insp. g. d'arm.	91	7	»	»	
	Inspecteurs généraux de gendarmerie*	S. B.	Tout le R.	96	8	»	»	
	Intendants militaires*	S. B.	Tout le R.	96	8	7	152	

(*La suite au verso.*)

DÉSIGNATION DES FONCTIONNAIRES ET DES PERSONNES autorisés à contre-signer leur correspondance de service (*Article 353 de l'Instruction générale.*)	auxquels la correspondance de service des fonctionnaires et des personnes désignés dans la colonne ci-contre doit être remise en franchise.	FORME sous laquelle la correspondance circulant en franchise doit être présentée.	ARRONDISSEMENT, circonscription ou ressort dans l'étendue duquel la correspondance valablement contre-signée circule en franchise.	RENVOI au deuxième volume de l'Instruction générale, pour le texte des dispositions réglementaires: Page.	Article.	pour les tableaux de circonscriptions: Numéro des tableaux.	Page.	OBSERVATIONS.
1.	2.	3.	4.	5.	6.	7.	8.	9.
Sous-inspecteurs des fonderies (*Suite*).	Lieutenants-généraux commandant les divisions militaires*	S. B.	Div. mil.	93	2	5	130	
	Maréchaux de camp commandant les subdivisions militaires*	S. B.	Subd. mil.	93	2	6	131	
	Officiers de gendarmerie* de la garde municipale de *Paris** du bataillon de voltigeurs corses*	S. B.	Tout le R.	96	8	«	«	
	Sous-intendants militaires* Sous-intendants militaires adjoints*	S. B.	Tout le R.	96	10	7	139	
Sous-inspecteurs des forêts.	Conservateurs des forêts*	S. B.	Conserv. for.	131	27	21	203	
	Directeur du service de la surveillance des fournitures des bois de marine*	S. B.	«	131	29	«	«	
	Directeurs de l'enregistrement et des domaines*	S. B.	Conserv. for.	131	28	21	203	
	Gardes généraux des forêts* Gardes à cheval des forêts*	S. B.	Conserv. for.	131	28	21	203	
	Inspecteurs des forêts*	S. B.	Conserv. for.	131	28	21	203	
	Inspecteurs généraux des finances* Inspecteurs des finances*	S. B.	Tout le R.	134	7	«	«	
	Juges de paix* Maires* Maîtres charpentiers entreteneus*	S. B.	Conserv. for.	131	28	21	203	
	Préfets* Procureurs du Roi*	S. B.	Conserv. for. (1)	131	28	21	203	(1) Ces fonctionnaires [illegible]
	Receveurs de l'enregistrement et des domaines* Sous-inspecteurs des forêts* Sous-préfets*	S. B.	Conserv. for.	131	28	21	203	
Sous-inspecteurs des forges.	Administrateur de l'hôtel roy. des invalides*	S. B.	«	96	8	«	«	
	Colonels chefs d'état-major des divisions militaires*	S. B.	Div. mil.	93	2	5	130	
	Commandants d'artillerie* Directeurs d'artillerie*	S. B.	Dir. d'art.	92	10	9	134	
	Inspecteurs généraux d'armes en tournée*	S. B.	Arr. insp. g. d'arm.	94	7	«	«	
	Inspecteurs généraux de gendarmerie*	S. B.	Tout le R.	96	8	«	«	
	Intendants militaires*	S. B.	Tout le R.	96	8	7	139	
	Lieutenants-généraux commandant les divisions militaires*	S. B.	Div. mil.	93	2	5	130	
	Maréchaux de camp commandant les subdivisions militaires*	S. B.	Subd. mil.	93	2	6	131	
	Officiers de gendarmerie* de la garde municipale de *Paris** du bataillon de voltigeurs corses*	S. B.	Tout le R.	96	8	«	«	
	Sous-intendants militaires* Sous-intendants militaires adjoints*	S. B.	Tout le R.	96	10	7	139	

DÉSIGNATION DES FONCTIONNAIRES ET DES PERSONNES		FORME sous laquelle la correspondance doit circuler en franchise, doit être présentée.	ARRONDISSEMENT, circonscription ou rayon dans l'étendue duquel la correspondance ... contre-signée circule en franchise.	RENVOI au deuxième volume de l'Instruction générale				OBSERVATIONS.
				vers le texte des dispositions réglementaires.		vers les tableaux de contreseing.		
autorisés à contre-signer leur correspondance de service. (*Article 153 de l'Instruction générale.*)	auxquels la correspondance de service des fonctionnaires et des personnes désignés dans la colonne ci-contre doit être remise en franchise.			Pages.	Articles.	N.os des tableaux.	Pages.	
1.	2.	3.	4.	5.	6.	7.	8.	9.
Sous-inspecteurs des postes...	Directeurs des postes pour lesquels font dépêche les bureaux des contre-signataires*	S. B.	1	138	54	[illegible]	[illegible]	
	Inspecteurs des postes*	S. B.	Tout le R.	137	52	[illegible]	[illegible]	
	Sous-inspecteurs des postes des bureaux pour lesquels font dépêche les bureaux des contre-signataires*	S. B.	1	138	54	[illegible]	[illegible]	
Sous-intendants militaires...	Administrateurs de l'hôtel roy. des invalides*	S. B.	1	98	8	7	152	
	Administrateurs des hospices civils dans les lieux où il n'existe pas d'hôpitaux militaires* ; Agents comptables des vivres et fourrages* ; Colonels chefs d'état-major des div. milit.*	S. B.	Tout le R.	98	10	7	152	
	Colonels faisant partie des conseils de révision des opérations de recrutement *dans les départements cités page 45, col. 1re du présent Manuel**	S. B.	Tout le R.	97	13	7	152	
	Commandants d'artillerie* ; des brigades de gendarmerie*, de la garde municipale de Paris*, du bataill. de voltigeurs corses* ; des corps militaires* ; des dépôts de recrutement*, de remonte* ; des détachements militaires* ; des écoles royales militaires* ; des places, forts et postes*	S. B.	Tout le R.	96	10	7	152	
	Conseils d'administration des corps militaires* ; des deux rég. d'inf. de la marine* ; des compagnies d'artillerie de la marine, des compagnies d'ouvr. d'artillerie de la marine à *Brest**, *Cherbourg**, *Lorient**, *Rochefort**, *Toulon**	S. B.	1	102	8	7	152	
	Conseils d'administration des dépôts des équipages de ligne à *Brest**, *Cherbourg**, *Lorient**, *Rochefort**, *Toulon**	S. B.	1	103	8	7	152	
	Conseil d'administr. du dépôt des régim. d'inf. de la mar. (dépôt colonial), à *Landerneau**	S. B.	1	90	10	7	152	
	Conseils de guerre*	S. B.	Tout le R.	90	10	7	152	
	Directeur de la fabrique de pierres à feu à *Saint-Aignan**	S. B.	1	96	10	7	152	
	Directeur de la manufacture royale de machines à vapeur d'*Indret**	S. B.	1	103	12	7	152	
	Directeurs d'artillerie* ; des fortifications* ; des manufact. royales d'armes* ; des subsistances militaires* ; Inspecteurs des fonderies* ; des forges* ; des manufact. royales d'armes* ; des poudreries* ; des raffineries de salpêtre*	S. B.	Tout le R.	96	10	7	152	
	(*La suite au verso.*)							

DÉSIGNATION DES FONCTIONNAIRES ET DES PERSONNES auxquels la correspondance... autorisés à contre-signer leur correspondance de service. (Article 353 de l'Instruction générale.)	auxquels la correspondance de service des fonctionnaires et des personnes désignés dans la colonne ci-contre doit être remise en franchise.	FORME sous laquelle la correspondance doit circuler en franchise doit être présentée.	ARRONDISSEMENT, circonscription ou ressort dans l'étendue duquel la correspondance valablement contre-signée circule en franchise.	RENVOI au deuxième volume de l'Instruction générale. Pour le texte des dispositions réglementaires. Pages.	Articles.	Pour les tableaux de circonscription. N° des tableaux.	Pages.	OBSERVATIONS.
1.	2.	3.	4.	5.	6.	7.	8.	9.
Sous-intendants militaires... (Suite.)	Inspecteurs généraux d'armes en tournée*.	S. B.	Tout le R.	98	10	7	152	
	Inspecteurs généraux de gendarmerie*...	S. B.	Tout le R.	96	8	7	152	
	Intendants militaires*...							
	Lieutenants-généraux commandant les divisions militaires*...	S. B.	Tout le R.	98	10	7	152	
	Lieutenant-général commandant supérieur des 8e, 12e et 13e divisions militaires*...	S. B.*	"	95	3	7 6	152 150	
	Lieutenants de Roi des places de guerre*...							
	Maires*...							
	Maréchaux de France*...							
	Maréchaux de camp commandant les subdivisions militaires*...	S. B.	Tout le R.	98	18	6	151	
	Officiers comptables du service des hôpitaux militaires*...							
	Officiers { de gendarmerie*... de la garde municipale de Paris* du bataillon de voltigeurs corses* }	S. B.	Tout le R.	98	8	7	152	
	Officiers du génie*...	S. B.	Tout le R.	98	10	7	152	
	Officiers généraux ou supérieurs faisant partie des conseils de révision des opérations de recrutement dans les départements (voir page 45, colonne 1re du présent Manuel)*...	S. B.	Tout le R.	97	13	7	152	
	Payeurs du Trésor public*...	S. B.	Div. mil.	98	10	6	150	
	Préfets*...							
	Présidents des conseils d'administration des corps militaires*...							
	Présidents des conseils d'administration des deux régiments d'infant. de la marine et du dépôt de ces régim. (dépôt colonial)*...							
	Présidents des conseils de guerre*...	S. B.	Tout le R.	98	10	7	152	
	Sous-inspecteurs... { des fonderies*... des forges*... }							
	Sous-intendants militaires*...							
	Sous-intendants militaires adjoints*...							
	Sous-préfets*...							
Sous-intendants militaires des 12e, 13e et 14e divisions...	Commandant du dépôt provisoire de remonte à Pontivy*...	S. B.	"	97	11	8 7	150 152	
Sous-intendant militaire attaché à l'école polytechnique.	Receveur général des finances de la Seine*.							
Sous-intendant militaire chargé de l'école de la Flèche, résidant au Mans...	Receveur général de la Sarthe*...	S. B.	"	138	7	"	"	
Sous-intendant militaire chargé de l'école de Saint-Cyr, résidant à Versailles...	Receveur général de Seine-et-Oise*...							
Sous-intendant militaire à Saint-Omer...	Agent d'administration de l'atelier du fort Saint-François*...	S. B.	"	108	22	"	"	

DÉSIGNATION DES FONCTIONNAIRES ET DES PERSONNES — autorisés à contre-signer leur correspondance de service. (Article 353 de l'Instruction générale.)	DÉSIGNATION DES FONCTIONNAIRES ET DES PERSONNES — auxquels la correspondance de service des fonctionnaires et des personnes désignés dans la colonne ci-contre doit être remise en franchise.	FORME pour laquelle la correspondance circulant en franchise doit être présentée.	ARRONDISSEMENT, circonscription ou ressort dans l'étendue duquel la correspondance valablement contre-signée circule en franchise.	RENVOI au deuxième volume de l'Instruction générale — pour le texte des dispositions réglementaires — Pages.	Articles.	RENVOI — pour les tableaux de circonscription — Nos des tableaux.	Pages.	OBSERVATIONS.
1.	2.	3.	4.	5.	6.	7.	8.	9.
Sous-intendants militaires adjoints (1)	………	»	»	»	»	»	»	(1) Mêmes correspondances que les sous-intendants militaires. (Voir page 165.)
Sous-préfets	Administrateur de l'hôtel roy. des invalides*	S.B.*	»	96	8	»	»	
	Administrateurs des établissements de bienfaisance*	S.B.*	Arr. s.-pr.	110	1	»	»	
	Agents généraux des remontes des haras*	S.B.*	Div. har.	113	5	16	173	
	Archevêques*	S.B.*	Circ. dioc.	106	1	12	167	
	Chefs des dépôts d'étalons*	S.B.*	Circ. har.	113	7	16	173	
	Colonels chefs d'état-major des div. milit.*	S.B.*	Div. mil.	94	5	6	150	
	Commandants des brigades de gendarmerie*, de la garde munic. de Paris*, du bataill. de voltig. corses*	S.B.*	Arr. s.-pr.	110	4	»	»	
	Commissaires de police*							
	Conservateurs des forêts*	S.B.*	Conserv. for.	131	27	21	203	
	Contrôleurs des contributions directes*	S.B.*	Contr. c. dir.	123	12	20	178	
	Curés*, Desservants*	S.B.*	Arr. s.-pr.	110	1	»	»	
	Directeur du service de la surveillance des fournitures des bois de marine*	S.B.*	»	104	10	»	»	
	Directeurs des contributions directes*	S.B.*	Dép.	122	12	»	»	
	Directeurs des haras*	S.B.*	Circ. har.	113	7	16	173	
	Directeurs des écoles vétérinaires*, des maisons centrales de détention*	S.B.*	Arr. s.-pr.	110	1	»	»	
	Directeurs des postes*	S.B.*	Arr. s.-pr.	138	52	»	»	
	Évêques*	S.B.*	Circ. dioc.	106	1	12	167	
	Gardes généraux des forêts*	S.B.*	Conserv. for.	131	28	21	203	
	Ingénieurs en chef des mines et usines*	S.B.*	Arr. ing. en ch. m. u.	119	9	19	176	
	Ingénieurs en chef des ponts et chaussées*	S.B.*	Dép.	120	10	»	»	
	Ingénieurs ordinaires des mines et usines*	S.B.*	Arr. ing. ord. m. u.	119	9	19	176	
	Ingénieurs ordinaires des ponts et chaussées*	S.B.*	Dép.	120	10	»	»	
	Inspecteurs généraux d'armes en tournée*	S.B.*	Arr. insp. g. d'arm.	94	3	»	»	
	Inspecteurs généraux de gendarmerie*	S.B.*	Tout le R.	96	8	»	»	
	Inspecteurs généraux des bergeries royales*, des écoles vétérinaires*	S.B.*	Arr. s.-pr.	110	1	»	»	
	Inspecteurs généraux des finances*	S.B.*	Tout le R.	124	1	»	»	
	Inspecteurs généraux des haras*	S.B.*	Arr. har.	113	8	16	173	
	Inspecteurs divisionnaires des mines et usines*	S.B.*	Div. insp. m. u.	119	9	18	175	
	Inspecteurs divisionnaires des ponts et chaussées*	S.B.*	Arr. insp. div. p. ch.	120	10	17	174	
	Inspecteurs des contributions directes*	S.B.*	Dép.	122	12	»	»	
	Inspecteurs des finances*	S.B.*	Tout le R.	124	1	»	»	
	Inspecteurs des forêts*	S.B.*	Conserv. for.	131	25	21	203	
	Inspecteurs des postes*	S.B.*	Dép.	137	53	»	»	
	Intendants militaires*	S.B.*	Tout le R.	96	6	7	155	
	Juges de paix*	S.B.*	Arr. s.-pr.	118	1	»	»	
	Juges d'instruction*	S.B.*	Arr. s.-pr.	85	8	»	»	
	Lieutenants généraux commandant les divisions militaires*	S.B.*	Div. mil.	94	2	6	150	
	Maires*	S.B.*	Arr. s.-pr.	110	1	»	»	
	Maréchaux de camp commandant les subdivisions militaires*	S.B.*	Subd. mil.	94	2	6	151	
	Membres du conseil des haras*	S.B.*	Arr. s.-pr.	110	1	»	»	
	Officiers de gendarmerie*, de la garde munic. de *Paris**, du bataill. de voltig. corses*	S.B.*	Tout le R.	96	8	»	»	

(*La suite au verso.*)

DÉSIGNATION des fonctionnaires et des personnes		FORME sous laquelle la correspondance circulant en franchise doit être présentée.	ARRONDISSEMENT, circonscription ou ressort dans l'étendue duquel la correspondance réciproquement contresignée circule en franchise.	RENVOI au deuxième volume de l'Instruction générale, dans le texte des dispositions réglementaires		dans les tableaux de correspondance		OBSERVATIONS.
autorisés à contresigner leur correspondance de service. (Art. 553 de l'Instruction générale.)	auxquels la correspondance de service des fonctionnaires et des personnes désignés dans la colonne ci-contre doit être remise en franchise.			Pages.	Articles.	N°s des tableaux.	Pages.	
1.	2.	3.	4.	5.	6.	7.	8.	9.
Sous-préfets. (Suite.)	Pasteurs... de la confession d'Augsbourg* / de l'église réformée*	S. B.*	Arr. s.-pr.	110	1	»	»	
	Percepteurs*							
	Préfets*	S. B.*	Dép.	110	1	»	»	
	Premiers présidents des cours royales*	S. B.*	C. roy.	86	3	9	111	
	Présidents des comités d'arrondissement de l'instruction primaire*	S. B.*	Dép.	108	9	»	»	
	Présidents des consistoires*	S. B.*	Arr. s.-pr.	110	1	»	»	
	Présidents des cours d'assises*	S. B.*	Département où se tiennent les assises (1).	87	2	»	»	(1) Cette franchise n'a lieu que hors du lieu de la résidence ordinaire des présidents des cours d'assises.
	Régisseurs des bergeries royales* / Receveurs des établissements de bienfaisance*	S. B.*	Arr. s.-pr.	110	1	»	»	
	Receveurs généraux des finances*	S. B.*	Dép.	125	2	»	»	
	Receveurs municipaux*	S. B.*	Arr. s.-pr.	110	1	»	»	
	Recteurs d'académie*	S. B.*	Arr. acad.	108	7	15	115	
	Sous-inspecteurs des forêts*	S. B.*	Conserv. for.	131	72	21	283	
	Sous-intendants militaires* / Sous-intendants militaires adjoints*	S. B.*	Tout le R.	96	10	7	138	
	Sous-préfets*	S. B.*	Dép.	110	1	»	»	
	Succursalistes*	S. B.*	Arr. s.-pr.	110	1	»	»	
	Vérificateurs des poids et mesures*	S. B.*	Arr. s.-pr. (2).	110	1	»	»	(2) Voir les exceptions à la page 110.
Sous-préfets faisant fonctions de sous-intendant militaires dans les villes où il n'en existe pas	Conseils d'administrat. des corps militaires*	S. B.	Dép.	95	10	7	153	
	Lieutenants de Roi*, Maires*, Sous-préfets* faisant fonctions de sous-intendants militair. dans les lieux où il n'en existe pas.	S. B.	Dép.	96	10	7	137	Pour l'envoi seulement des pièces relatives au service des vivres et fourrages.
Sous-préfets dans les départements de l'Aisne, de l'Oise, de Seine-et-Oise	Ingénieur en chef chargé de la navigation de l'Oise*	S. B.*	»	121	13	»	»	
Sous-préfets dans les départements de l'Allier, du Cher, de Loir-et-Cher	Ingénieur en chef d'Indre-et-Loire chargé d'améliorer la navigation de la Loire*. Ingénieur en chef directeur du canal de Berry résid. à Bourges*	S. B.*	»	121	13	»	»	
Sous-préfets des départements de la Côte-d'Or et du Rhône	Ingénieur des ponts et chaussées résidant à Châlons-sur-Saône, chargé de travaux relatifs à l'entretien des routes dans les départements de la Côte-d'Or, du Rhône et de Saône-et-Loire*	S. B.*	(3)	121	13	»	»	(3) En quelque lieu des trois départements désignés que soit cet ingénieur.
Sous-préfets d'Indre-et-Loire	Ingénieur en chef directeur du canal de Berry résid. à Bourges*	S. B.*	»	121	13	»	»	
Sous-préfets dans les départements de la Loire, de la Haute-Loire, de la Loire-Inférieure, du Loiret, de Maine-et-Loire, de la Nièvre	Ingénieur en chef d'Indre-et-Loire chargé d'améliorer la navigation de la Loire*	S. B.*	»	121	13	»	»	

DÉSIGNATION DES FONCTIONNAIRES ET DES PERSONNES		FORME sous laquelle la correspondance circulant en franchise doit être présentée.	ARRONDISSEMENT, circonscription ou ressort dans l'étendue duquel la correspondance valablement contre-signée circule en franchise.	RENVOI au deuxième volume de l'Instruction générale,				OBSERVATIONS.
autorisés à contre-signer leur correspondance de service. (Art. 351 de l'Instruction générale.)	auxquels la correspondance de service des fonctionnaires et des personnes désignés dans la colonne ci-contre doit être remise en franchise.			pour le texte des dispositions réglementaires.		pour les tableaux de circonscription.		
				Page.	Article.	Nos des tableaux.	Page.	
1.	2.	3.	4.	5.	6.	7.	8.	9.
Sous-préfets de la *Meurthe*	Commissaires de police { à *Dieuze** / à *Vic** }	S. B.*	(1)	115	13	»	»	(1) Cette franchise s'étend à tous les lieux où les deux commissaires de police peuvent être envoyés en mission.
Sous-préfets de *Saone-et-Loire*	Ingénieur en chef d'*Indre-et-Loire*, chargé d'améliorer la navigation de la *Loire**	S. B.*	»	121	13	»	»	
	Ingénieur des ponts et chaussées résidant à *Châlons-sur-Saone*, chargé de travaux relatifs à l'entretien des routes dans les départemens de la *Côte-d'Or*, du *Rhône* et de *Saone-et-Loire**	S. B.*	(2)	121	13	»	»	(2) En quelque lieu des trois départemens désignés ci-contre que soit cet ingénieur.
Sous-préfets dans le département de *Seine-et-Marne*	Inspecteur divisionnaire du canal de l'*Ourcq* et des eaux de *Paris**	S. B.*	»	121	13	»	»	
Sous-préfet de *Bayonne*	Préfet des *Landes**	S. B.*	»	111	8 *bis*.	»	»	
Sous-préfet de *Dinan*	Sous-préfet de *Saint-Malo**	S. B.*	»	112	9	»	»	
Sous-préfet de *Gex*	Commissaire en chef des douanes à *Saint-Genix**; Commissaires particuliers des douanes à { *Collonge** / *Gex** }	S. B.*	»	134	35	»	»	
Sous-préfet de *Sceaux*	Capitaines d'armement de la garde nationale*	S. B.*	Arr. s.-pr.	»	»	»	»	
	Directeur de la maison royale de *Charenton**	S. B.*	»	110	1	»	»	
	Ingénieur en chef de *Seine-et-Oise**	S. B.*	»	121	13	»	»	
Sous-préfet de *Saint-Denis*	Capitaines d'armement de la garde nationale*	S. B.*	Arr. s.-pr.	»	»	»	»	
	Ingénieur en chef de *Seine-et-Oise**	S. B.*	»	121	13	»	»	
Sous-préfet de *Saint-Malo*	Sous-préfet de *Dinan**	S. B.*	»	112	9	»	»	
Sous-préfet de *Vienne*	Commissaire [illegible] à *Septème**	S. B.*	»	110	1	»	»	
Stationnaires des télégraphes	Administrateur en chef des lignes télégraphiques	S. B.	»	112	10	»	»	Pour l'envoi seulement des procès-verbaux en chiffres.
Succursalistes	Archevêques*; Évêques*	S. B.	Circ. dioc.	106	1	12	167	
	Préfets*	S. B.	Dép.	110	1	»	»	
	Sous-préfets*	S. B.	Arr. s.-pr.	110	1	»	»	
Surveillans dans les séminaires { de *Dôle* / de *Lons-le-Saulnier* / de *Poligny* }	Grand-vicaire résidant à *Lons-le-Saulnier**	S. B.	»	106	1	»	»	Indépendamment de la correspondance avec l'évêque de *Saint-Claude*.
Supérieurs des écoles secondaires ecclésiastiques	Archevêques*; Évêques*	S. B.	Circ. dioc.	106	1	12	167	

DÉSIGNATION DES FONCTIONNAIRES ET DES PERSONNES		FORME sous laquelle la correspondance doit circuler en franchise dans être présentée.	ARRONDISSEMENT, circonscription ou rayon dans l'étendue duquel la correspondance réciproquement contre-signée circule en franchise.	RENVOI au deuxième volume de l'Instruction générale.				OBSERVATIONS.
autorisés à contre-signer leur correspondance de service. (Art. 353 de l'Instruction générale.)	auxquels la correspondance de service des fonctionnaires et des personnes désignés dans la colonne ci-contre doit être remise en franchise.			Pour le texte des dispositions réglementaires.		Pour les tableaux de circonscription.		
				Page.	Articles.	Numéros.	Pages.	
1.	2.	3.	4.	5.	6.	7.	8.	9.
Supérieurs des séminaires..	Archevêques* Évêques*	S. B.	Circ. dioc.	106	1	12	127	
Syndics des gens de mer....	Commissaires des classes*	S. B.	Arr. mar.	102	6	11	102	

DÉSIGNATION DES FONCTIONNAIRES ET DES PERSONNES autorisés à contre-signer leur correspondance de service. (Art. 251 de l'Instruction générale.)	DÉSIGNATION DES FONCTIONNAIRES ET DES PERSONNES auxquels la correspondance de service des fonctionnaires et des personnes désignés dans la colonne ci-contre doit être remise en franchise.	FORME sous laquelle la correspondance circulant en franchise doit être présentée.	ARRONDISSEMENT, circonscription ou rayon dans l'étendue duquel la correspondance valablement contre-signée circule en franchise.	RENVOI au deuxième volume de l'Instruction générale, pour le texte des dispositions réglementaires : Page.	RENVOI … pour le texte des dispositions réglementaires : Article.	RENVOI … pour les tableaux et circulaires : N°s [illegible]	RENVOI … pour les tableaux et circulaires : Page.	OBSERVATIONS.
1.	2.	3.	4.	5.	6.	7.	8.	9.

DÉSIGNATION DES FONCTIONNAIRES ET DES PERSONNES autorisés à contre-signer leur correspondance de service. (Article 358 de l'Instruction générale.) 1.	auxquels la correspondance de service des fonctionnaires et des personnes désignés dans la colonne ci-contre doit être remise en franchise. 2.	FORME sous laquelle la correspondance admise en franchise doit être présentée. 3.	ARRONDISSEMENT, circonscription ou rayon dans l'étendue duquel la correspondance est admise contre-signée ou en franchise. 4.	RENVOI au deuxième volume de l'Instruction générale, pour le texte des dispositions réglementaires. Page. 5.	Article. 6.	pour les tableaux de circonscription. Nos des tableaux. 7.	Page. 8.	OBSERVATIONS. 9.
	T							
Trésorier de la couronne...	Archiviste de la couronne*. Conservateur des forêts de la couronne*. Conservateur des résidences et maisons royales à *Paris**. Conservateur du mobilier de la couronne*. Directeurs des dépenses de la liste civile*. Directeurs des dépenses des bâtimens de la couronne*. Directeurs des domaines et du contentieux de la liste civile*.	S. B.	»	142	3	»	»	
	Gardes généraux des forêts de la couronne*.	S. B.	Tout le R.	142	3	»	»	
	Inspecteurs des forêts de la couronne*.	S. B.	»	142	3	22	228	
	Payeurs de la liste civile dans les résidences royales*.	S. B.	»	142	3	»	»	
	Payeurs du trésor*. Receveurs généraux des finances*.	S. B.	Tout le R.	142	3	»	»	
Trésorier général des invalides de la marine...	Chefs d'administration de la marine*. Chefs maritimes*. Commissaires généraux de la marine*. Commissaires principaux de la marine*. Commissaires chargés en chef du service dans les ports*.	S. B.	Tout le R.	102	1	»	»	
	Greffier en chef de la cour des comptes.	L. F.	»	103	13	»	»	Pour l'envoi des comptes.
	Préfets maritimes*.	S. B.	Tout le R.	102	1	»	»	
	Trésoriers des invalides de la marine*.	S. B.	Tout le R.	103	13	»	»	
Trésoriers des invalides de la marine...	Chefs d'administration de la marine*. Chefs maritimes*. Commissaires généraux de la marine*. Commissaires principaux de la marine*. Commissaires chargés en chef du service dans les ports*. Préfets maritimes*.	S. B.	Arr. mar.	102	1	»	102	
	Trésorier général des invalides de la marine*. Trésoriers des invalides de la marine*.	S. B.	Tout le R.	103	13	»	»	

DÉSIGNATION DES FONCTIONNAIRES ET DES PERSONNES		FORME sous laquelle la correspondance circulant en franchise doit être présentée.	ARRONDISSEMENT, circonscription ou rayon dans l'étendue duquel la correspondance valablement contre-signée circule en franchise.	RENVOI au deuxième volume de l'Instruction générale,				OBSERVATIONS.
autorisés à contre-signer leur correspondance de service. (Article 351 de l'Instruction générale.)	auxquels la correspondance de service des fonctionnaires et des personnes désignés dans la colonne ci-contre doit être remise en franchise.			pour le texte des dispositions réglementaires.		pour les tableaux de circonscription.		
				Page.	Article.	Nos des tableaux.	Page.	
1.	2.	3.	4.	5.	6.	7.	8.	9.

DÉSIGNATION DES FONCTIONNAIRES ET DES PERSONNES		FORME sous laquelle la correspondance doit circuler en franchise dans son parcours.	[illegible], circonscription ou rayon dans l'étendue duquel la correspondance réciproque contre-signée circule en franchise.	RENVOI au deuxième volume de l'Instruction générale,				OBSERVATIONS.
autorisés à contre-signer leur correspondance de service. (Article 353 de l'Instruction générale.)	auxquels la correspondance de service des fonctionnaires et des personnes désignés dans la colonne ci-contre doit être remise en franchise.			pour le texte des dispositions réglementaires.		pour les tableaux de contre-seing.		
				Page.	Articles.	Numéros des tableaux.	Page.	
1.	2.	3.	4.	5.	6.	7.	8.	9.
	U							

DÉSIGNATION DES FONCTIONNAIRES ET DES PERSONNES autorisés à contresigner leur correspondance de service (Article 333 de l'Instruction générale.) 1.	auxquels la correspondance de service des fonctionnaires et des personnes désignés dans la colonne ci-contre doit être remise en franchise. 2.	FORME sous laquelle la correspondance circulant en franchise doit être présentée. 3.	ARRONDISSEMENT, circonscription ou ressort dans l'étendue duquel la correspondance valablement contresignée circule en franchise. 4.	RENVOI au deuxième volume de l'Instruction générale, sous le texte des dispositions réglementaires. Pages. 5.	Articles. 6.	sous les tableaux de circonscription. que concernent. 7.	Pages. 8.	OBSERVATIONS. 9.
V								
Vérificateurs de l'enregistrement et des domaines....	Conservateurs des hypothèques*........	S. B.	Dép.	130	23	»	»	
	Directeurs de l'enregistrement et des domaines*..........	S. B.	Dép.	129	24	»	»	
	Inspecteurs de l'enregistrement et des domaines*..........	S. B.	Dép.	129	22	»	»	
	Receveurs de l'enregistrement et des domaines*..........	S. B.	Dép.	130	23	»	»	
	Receveurs du timbre*..........							
	Vérificateurs de l'enregistrement et des domaines*..........	S. B.	Dép.	129	22	»	»	
Vérificateurs des poids et mesures..........	Juges de paix*..........	S. B.	Arr. s.-pr. (1).	123	13	»	»	(1) Voir ci-après les exceptions.
	Maires*..........							
	Préfets*..........	S. B.	Dép.	110	1	»	»	
	Sous-préfets*..........	S. B.	Arr. s.-pr. (1).	110	1	»	»	
Vérificateurs des poids et mesures en résidence à : Ancenis......	Juges de paix, Maires, Sous-préfets, des arr. de... Ancenis*, Châteaubriant*..							
Angers......	Juges de paix, Maires, Sous-préfets, des arr. de... Angers*, Segré*......							
Arcis-sur-Aube	Juges de paix, Maires, Sous-préfets, des arr. de... Arcis-sur-Aube*, Nogent-sur-Seine*							
Auch......	Juges de paix, Maires, Sous-préfets, des arr. de... Auch*, Lombez*......							
Bagnères......	Juges de paix, Maires, Sous-préfets, des arr. de... Argelès*, Bagnères*......							
Condom......	Juges de paix, Maires, Sous-préfets, des arr. de... Condom*, Lectoure*......							
Digne......	Juges de paix, Maires, Sous-préfets, des arr. de... Barcelonette*, Castellane*, Digne*......	S. B.	(2)	122	13	»	»	(2) En quelque lieu que soient ces vérificateurs dans les arrondissements de sous-préfecture qui leur sont assignés.
Embrun......	Juges de paix, Maires, Sous-préfets, des arr. de... Briançon*, Embrun*......							
Luxeuil......	Juges de paix, Maires, Sous-préfets, des arr. de... Lure*, Luxeuil*......							
Metz......	Juges de paix, Maires, Sous-préfets, des arr. de... Briey*, Metz*......							
Montauban...	Juges de paix, Maires, Sous-préfets, des arr. de... Castel-Sarrasin*, Montauban*....							
Montélimart...	Juges de paix, Maires, Sous-préfets, des arr. de... Montélimart*, Nyons*....							
Redon......	Juges de paix, Maires, Sous-préfets, des arr. de... Montfort*, Redon*......							

DÉSIGNATION DES FONCTIONNAIRES ET DES PERSONNES		FORME sous laquelle la correspondance circulant en franchise doit être présentée.	ARRONDISSEMENT, circonscription ou ressort dans l'étendue duquel la correspondance réciproquement contre-signée circule en franchise.	RENVOI au deuxième volume de l'Instruction générale				OBSERVATIONS.
autorisés à contre-signer leur correspondance de service. (Article 353 de l'Instruction générale.)	auxquels la correspondance de service des fonctionnaires et des personnes désignés dans la colonne ci-contre doit être remise en franchise.			pour le texte des dispositions réglementaires. Page.	Article.	pour les tableaux de circonscription. Nos d'ordre.	Page.	
1.	2.	3.	4.	5.	6.	7.	8.	9.
Vérificateurs spéciaux du cadastre	Directeurs des contributions directes* Géomètres en chef du cadastre* Préfets* Vérificateurs spéciaux du cadastre*	S. B.	Tout le R.	128	16	"	"	
Vicaires généraux (1)		"	"	"	"	"	"	(1) Voyez Grands-vicaires.
Vice-consuls de France à l'étranger	Chefs d'administration de la marine Chefs maritimes Commissaires généraux de la marine Commissaires principaux de la marine Commissaires chargés en chef du service dans les ports	L. P.	Tout le R.	102	1	"	"	
	Commissions sanitaires à Boulogne-sur-Mer*, Calais*, Cherbourg*, Dunkerque*, Granville*, Gravelines*, Lannion*, Montreuil-sur-Mer*, Paimpol*, Saint-Brieuc*, St-Vallery-sur-Somme*	S. B.	"	118	2	"	"	
	Intendances sanitaires*	S. B.	Tout le R.	118	2	"	"	
	Préfets maritimes	L. P.	Tout le R.	102	1	"	"	

<table>
<tr><th colspan="2">DÉSIGNATION DES FONCTIONNAIRES ET DES PERSONNES</th><th rowspan="2">FORME sous laquelle la correspondance devant circuler en franchise doit être présentée.</th><th rowspan="2">ARRONDISSEMENT, circonscription ou rayon dans l'étendue duquel la correspondance exclusivement contre-signée circule en franchise.</th><th colspan="4">RENVOI au deuxième volume de l'Instruction générale,</th><th rowspan="3">OBSERVATIONS.</th></tr>
<tr><th rowspan="2">autorisés à contre-signer leur correspondance de service. (Article 253 de l'Instruction générale.)</th><th rowspan="2">auxquels la correspondance de service des fonctionnaires et des personnes désignés dans la colonne ci-contre doit être remise en franchise.</th><th colspan="2">pour le texte des dispositions réglementaires.</th><th colspan="2">pour les tableaux de circonscription.</th></tr>
<tr><th></th><th></th><th>Page.</th><th>Article.</th><th>Nos des tableaux.</th><th>Page.</th></tr>
<tr><td>1.</td><td>2.</td><td>3.</td><td>4.</td><td>5.</td><td>6.</td><td>7.</td><td>8.</td><td>9.</td></tr>
<tr><td></td><td></td><td></td><td></td><td></td><td></td><td></td><td></td><td></td></tr>
</table>

DÉSIGNATION DES FONCTIONNAIRES ET DES PERSONNES		FORME sous laquelle la correspondance circulant en franchise doit être présentée.	CIRCONSCRIPTION dans l'étendue de laquelle la correspondance valablement contresignée circule en franchise.	RENVOI au deuxième volume de l'Instruction générale,				OBSERVATIONS
autorisés à contre-signer leur correspondance de service, (*Article 353 de l'Instruction générale.*)	auxquels la correspondance de service des fonctionnaires et des personnes désignés dans la colonne ci-contre doit être remise en franchise.			pour le texte des dispositions réglementaires.		pour les tableaux de circonscription.		
				Page.	Article.	N° des tableaux.	Page.	
1.	2.	3.	4.	5.	6.	7.	8.	9.

TABLEAUX SUPPLÉMENTAIRES

AUXQUELS RENVOIENT LES § 6, 18, 19 ET 52

DE L'INTRODUCTION DU PRÉSENT MANUEL.

TABLEAU N° 1

Indiquant les Fonctionnaires autorisés à remplacer leur Contre-seing par l'empreinte d'une griffe. (§ 6 de l'Introduction du présent Manuel.)

NUMÉROS d'ordre. 1.	DÉSIGNATION DES FONCTIONNAIRES. 2.	OBSERVATIONS. 3.
1.	Le Président de la Chambre des Pairs.	
2.	Les Ministres secrétaires d'état à département.	
3.	L'Intendant-général de la Liste civile.	
4.	Le Grand-chancelier de la Légion d'honneur.	
5.	Le Procureur-général de la cour des comptes.	
6.	Le Procureur-général près la cour royale de Paris.	
7.	Le Commandant supérieur des gardes nationales de Paris et du département de la Seine.	
8.	Le Lieutenant-général commandant supérieur des 1re, 12e et 13 divisions militaires.	
9.	Le Préfet de police.	
10.	Les Préfets des départements (1)..	(1) Une empreinte-modèle de la griffe délivrée à chaque préfet par l'administration des postes est envoyée au directeur du bureau chef-lieu du département.
11.	Le Directeur général des ponts et chaussées et des mines.	
12.	Le Directeur général de l'enregistrement et des domaines.	
13.	Le Directeur de l'administration des forêts.	
14.	Le Directeur de l'administration des douanes.	
15.	Le Directeur de l'administration des contributions indirectes.	
16.	Le Directeur de l'administration des tabacs.	
17.	Le Directeur de l'administration des postes.	
18.	Le Directeur de l'administration de la loterie.	
19.	Le Directeur de l'administration de la caisse d'amortissement et de la caisse des dépôts et consignations.	
20.	Le Président de la commission des monnaies.	
21.	Le Secrétaire général du conseil d'etat.	
22.	Le Directeur de l'imprimerie royale.	

TABLEAU N° 2

Indiquant les Fonctionnaires auxquels est attribuée d'une manière permanente la faculté de fermer leur correspondance de service. (§ 18 de l'Introduction du présent Manuel.)

NUMÉROS D'ORDRE. 1.	DÉSIGNATION DES FONCTIONNAIRES. 2.	OBSERVATIONS. 3.
1.	Le Président de la Chambre des Pairs.	
2.	Les Ministres secrétaires d'état à département.	
3.	L'Intendant général de la Liste civile.	
4.	Le Grand chancelier de la Légion d'honneur.	
5.	Le Procureur-général de la cour des comptes.	
6.	Le Commandant supérieur des gardes nationales de Paris et du département de la Seine.	
7.	Le Lieutenant-général commandant supérieur des 4e, 12 et 13 divisions militaires.	
8.	Le Préfet de police.	
9.	Le Directeur général des ponts et chaussées et des mines.	
10.	Le Directeur général de l'enregistrement et des domaines.	
11.	Le Directeur de l'administration des forêts.	
12.	Le Directeur de l'administration des douanes.	
13.	Le Directeur de l'administration des contributions indirectes.	
14.	Le Directeur de l'administration des tabacs.	
15.	Le Directeur de l'administration des postes.	
16.	Le Directeur de l'administration de la loterie.	
17.	Le Directeur de l'administration de la caisse d'amortissement et de la caisse des dépôts et consignations.	
18.	Le Président de la commission des monnaies.	
19.	L'administrateur en chef des lignes télégraphiques.	
20.	Le Secrétaire général du conseil d'état.	
21.	Les Commissaires du Roi pour la démarcation des frontières de l'*Est* et du *Nord*.	
22.	Les Inspecteurs des télégraphes.	
23.	Les Directeurs des télégraphes.	

TABLEAU N° 3

[I]NDIQUANT les Fonctionnaires qui ne peuvent qu'éventuellement, et seulement en cas de nécessité, fermer leur correspondance de service. (§ 12 de l'Introduction du présent Manuel.)

NUMÉROS D'ORDRE 1.	DÉSIGNATION DES FONCTIONNAIRES. 2.	OBSERVATIONS. 3.
1.	L'Administrateur de l'hôtel royal des militaires invalides.	
2.	Les Archevêques.	
3.	Les Chefs d'administration de la marine.	
4.	Les Chefs maritimes.	
5.	Les Commandants des brigades de gendarmerie.	
6.	Les Commissaires chargés en chef du service dans les ports.	
7.	Les Commissaires généraux de la marine.	
8.	Les Commissaires principaux de la marine.	
9.	Les Commissaires de police.	
10.	Les Évêques.	
11.	Les Inspecteurs généraux d'armes.	
12.	Les Inspecteurs généraux de gendarmerie.	
13.	Les Inspecteurs généraux des finances.	
14.	Les Inspecteurs des finances.	
15.	Les Intendants militaires.	
16.	Les Juges de paix (1)	(1) La faculté de *fermer en cas de nécessité*, attribuée aux juges de paix, ne s'applique qu'à la correspondance de ces fonctionnaires avec les Préfets et les Sous-préfets.
17.	Les Juges d'instruction.	
18.	Les Lieutenants-généraux commandant les divisions militaires.	
19.	Les Maréchaux de camp commandant les subdivisions militaires.	
20.	Les Officiers de gendarmerie.	
21.	Les Préfets des départements.	
22.	Les Préfets maritimes.	
23.	Le Premier président de la cour de cassation.	
24.	Les Premiers présidents des cours royales.	
25.	Les Présidents des cours d'assises.	
26.	Le Procureur général de la cour de cassation.	
27.	Les Procureurs-généraux.	
28.	Les Procureurs du Roi.	
29.	Les Sous-Préfets.	

TABLEAU N° 4

Indiquant les Officiers, Sous-Officiers et autres personnes exerçant des fonctions dans la Garde nationale, dont la correspondance, exclusivement relative au service de la Garde nationale, peut circuler en franchise sous le couvert des Préfets, des Sous-Préfets ou des Maires, dans l'étendue du département où cette correspondance a pris naissance. (§ 52 de l'Introduction du présent Manuel.)

NUMÉROS D'ORDRE. 1.	DÉSIGNATION DES FONCTIONNAIRES. 2	OBSERVATIONS. 3.
1.	Les Colonels des légions cantonnales, *tant en cette qualité que comme présidents des conseils d'administration des légions.*	
2.	Les Lieutenants-colonels des légions cantonnales.	
3.	Les Commandants des gardes nationales des communes.	
4.	Les Commandants des corps cantonnaux des armes spéciales.	
5.	Les Commandants des corps communaux des armes spéciales.	
6.	Les Chefs de bataillons cantonnaux, *tant en cette qualité que comme présidents des conseils d'administration des bataillons cantonnaux.*	
7.	Les Majors des légions cantonnales.	
8.	Les Adjudants-majors des bataillons cantonnaux.	
9.	Les Sergents-Majors appartenant à des bataillons cantonnaux.	
10.	Les Maréchaux des logis appartenant à des escadrons cantonnaux.	
11.	Les Chirurgiens-majors des légions cantonnales.	
12.	Les Inspecteurs d'armement.	
13.	Les Capitaines d'armement.	
14.	Les Officiers d'armement.	
15.	Les Sous-Officiers d'armement.	
16.	Les Rapporteurs des conseils de discipline.	
17.	Les Secrétaires des conseils de discipline.	
18.	Les Membres des jurys de révision.	
19.	Les Suppléants des membres des jurys de révision.	

POSTES MILITAIRES.

TABLEAU DES FRANCHISES

ATTRIBUÉES

A LA CORRESPONDANCE DE SERVICE DES OFFICIERS ET FONCTIONNAIRES

FAISANT PARTIE DES ARMÉES,

PAR LE RÈGLEMENT SUR LES POSTES MILITAIRES

EN DATE DU 1er MARS 1823 (*).

(*) Les dispositions du règlement en date du 1er mars 1823, relatives aux franchises, sont applicables à la correspondance de service des officiers et fonctionnaires attachés aux armées, non-seulement hors du royaume, mais même sur le territoire français, à partir de la formation des armées et jusqu'à leur dislocation.

24

POSTES MILITAIRES.

PREMIÈRE PARTIE.

DES FRANCHISES

SANS CONDITION DE CONTRE-SEING.

ÉTENDUE DES FRANCHISES ACCORDÉES sans condition de contre-seing.	DÉSIGNATION DES OFFICIERS ET FONCTIONNAIRES ATTACHÉS AUX ARMÉES qui jouissent de la franchise à raison de leur qualité et sans condition de contre-seing.	FORME sous laquelle la correspondance circulant en franchise doit être présentée.	CIRCONSCRIPTION dans l'étendue de laquelle la correspondance réciproquement contresignée circule en franchise.	OBSERVATIONS
1.	2.	3.	4.	5.
Franchise illimitée	Le général en chef	L. F. ou S. B.	Toute l'armée.	
	Le major général			
	Le chef de l'état-major général			
	L'intendant en chef			
	Les généraux commandant les corps d'armée			
	Les chefs d'état-major des corps d'armée			

ÉTENDUE DES FRANCHISES ACCORDÉES sans condition de contre-seing. 1.	DÉSIGNATION DES OFFICIERS ET FONCTIONNAIRES ATTACHÉS AUX ARMÉES qui jouissent de la franchise à raison de leur qualité et sans condition de contre-seing. 2.	FORME sous laquelle la correspondance circulant en franchise doit être présentée. 3.	CIRCONSCRIPTION dans l'étendue de laquelle la correspondance valablement contre-signée circule en franchise. 4.	OBSERVATIONS. 5.

POSTES MILITAIRES.

DEUXIÈME PARTIE.

DES FRANCHISES

SOUS LA CONDITION D'UN CONTRE-SEING.

DÉSIGNATION DES OFFICIERS ET FONCTIONNAIRES ATTACHÉS AUX ARMÉES, autorisés à contre-signer leur correspondance de service.	auxquels la correspondance de service des officiers et fonctionnaires désignés dans la colonne ci-contre doit être remise en franchise.	FORME sous laquelle la correspondance circulant en franchise doit être présentée.	CIRCONSCRIPTION dans l'étendue de laquelle la correspondance réciproquement contre-signée circule en franchise.	OBSERVATIONS.
1.	2.	3.	4.	5.
	A			
Agents en chef des différents services administratifs	Intendants militaires * Préposés des différents services administratifs auxquels appartiennent les contre-signataires * Sous-intendants militaires * Sous-intendants militaires adjoints *	S. B.	Toute l'armée.	

DÉSIGNATION DES OFFICIERS ET FONCTIONNAIRES ATTACHÉS AUX ARMÉES, autorisés à contre-signer leur correspondance de service.	auxquels la correspondance de service des officiers et fonctionnaires désignés dans la colonne ci-contre doit être remise en franchise.	FORME sous laquelle la correspondance circulant en franchise doit être présentée.	CIRCONSCRIPTION dans l'étendue de laquelle la correspondance valablement contre-signée circule en franchise.	OBSERVATIONS.
1.	2.	3.	4.	5.
	C			
Chef de l'état-major général	Militaires de tous grades*	L. F.	Toute l'armée.	
Chefs d'état-major des corps d'armée	Officiers chargés d'un commandement*	L. F.	Corps d'armée.	
Chefs d'état-major des divisions	Commandants des corps militaires*	S. B.	Division.	
	Commandants des détachements militaires*			
	Intendants militaires*			
	Sous-intendants militaires*			
	Sous-intendants militaires adjoints*			
	....			
	....			
	....			
Chef d'état-major des subdivisions ou brigades	Commandants des corps militaires*	S. B.	Subdivision.	
	Commandants des détachements militaires*			
	Intendants militaires*	S. B.	Division.	
	Sous-intendants militaires*			
	Sous-intendants militaires adjoints*			
	....			
	....			
	....			
Commandants des corps militaires	Chefs d'état-major des divisions*	S. B.	Division.	
	Chefs d'état-major des subdivisions ou brigades*	S. B.	Subdivision.	
	Commandants de détachements des corps auxquels appartiennent les contre-signataires*	S. B.	(1)	(1) En quelque lieu que se trouvent placés les détachements.
	Intendants militaires*	S. B.	Division.	
	Lieutenants-généraux commandant les divisions*			
	Maréchaux de camp commandant les subdivisions ou brigades*	S. B.	Subdivision.	
	Officiers de gendarmerie*	L. F.	Toute l'armée.	
	Sous-intendants militaires*	S. B.	Division.	
	Sous-intendants militaires adjoints*			
	....			
	....			
	....			
	....			
	....			
Commandants de détachements des corps militaires	Chefs d'état-major des divisions*	S. B.	Division.	
	Chefs d'état-major des subdivisions ou brigades*	S. B.	Subdivision.	
	Commandants des corps militaires auxquels appartiennent les contre-signataires*	S. B.	(2)	(2) En quelque lieu que les corps se trouvent placés.

(La suite ci-contre.)

DÉSIGNATION DES OFFICIERS ET FONCTIONNAIRES ATTACHÉS AUX ARMÉES,		FORME sous laquelle la correspondance circulant en franchise doit être présentée.	CIRCONSCRIPTION dans l'étendue de laquelle la correspondance valablement contre-signée circule en franchise.	OBSERVATIONS.
autorisés à contre-signer leur correspondance de service.	auxquels la correspondance de service des officiers et fonctionnaires désignés dans la colonne ci-contre doit être remise en franchise.			
1.	2.	3.	4.	5.
Commandants de détachements des corps militaires. (Suite.)	Intendants militaires*	S. B.	Division.	
	Lieutenants-généraux commandant les divisions*			
	Maréchaux de camp commandant les subdivisions ou brigades*	S. B.	Subdivision.	
	Officiers de gendarmerie*	L. F.	Toute l'armée.	
	Sous-intendants militaires*	S. B.	Division.	
	Sous-intendants militaires adjoints*			
Commissaire des postes	Employés de tous grades des postes militaires*	S. B.	Toute l'armée.	
	Intendants militaires*			
	Sous-intendants militaires*			
	Sous-intendants militaires adjoints*			

DÉSIGNATION DES OFFICIERS ET FONCTIONNAIRES ATTACHÉS AUX ARMÉES, autorisés à contre-signer leur correspondance de service.	auxquels la correspondance de service des officiers et fonctionnaires désignés dans la colonne ci-contre doit être remise en franchise.	FORME sous laquelle la correspondance circulant en franchise doit être présentée.	CIRCONSCRIPTION dans l'étendue de laquelle la correspondance valablement contre-signée circule en franchise.	OBSERVATIONS.
1.	2.	3.	4.	5.
	E			
Employés de tous grades des postes militaires	Commissaire des postes*	S. B.	(1)	(1) En quelque lieu que se trouve le commissaire des postes.
	G			
Général en chef	Militaires et agents de tous grades*	L. F.	Toute l'armée.	
Généraux commandant les corps d'armée	Militaires et agents de tous grades*	L. F.	Corps d'armée.	

DÉSIGNATION DES OFFICIERS ET FONCTIONNAIRES ATTACHÉS AUX ARMÉES, autorisés à contre-signer leur correspondance de service.	auxquels la correspondance de service des officiers et fonctionnaires désignés dans la colonne ci-contre doit être remise en franchise.	FORME sous laquelle la correspondance doit circuler en franchise doit être présentée.	CIRCONSCRIPTION dans l'étendue de laquelle la correspondance réciproquement [illegible] circule en franchise.	OBSERVATIONS.
1.	2.	3.	4.	5.
	I			
Intendant en chef	Agents de tous grades des différents services administratifs*	S. B.	Toute l'armée.	
	Intendants militaires*; Lieutenants généraux*; Maréchaux de camp*	L. F.	Toute l'armée.	
	Officiers de santé*	S. B.	Toute l'armée.	
	Sous-intendants militaires*; Sous-intendants militaires adjoints*	L. F.	Toute l'armée.	
Intendants militaires	Agents de tous grades des différents services administratifs*; Chefs d'état-major des divisions*, des subdivisions ou brigades*; Commandants des corps militaires*, des détachements militaires*	S. B.	Division.	
	Commissaire des postes*	S. B.	(1)	(1) En quelque lieu que se trouve le commissaire des postes.
	Intendants militaires*	S. B.	Toute l'armée.	
	Lieutenants-généraux commandant les divisions*	S. B.	Division.	
	Lieutenants-généraux commandant l'artillerie*, le génie*	L. F.	Toute l'armée.	
	Maréchaux de camp commandant les subdivisions ou brigades*	S. B.	Division.	
	Maréchaux de camp commandant l'artillerie*, le génie*	L. F.	Toute l'armée.	
	Officiers d'artillerie, chargés d'un commandement*	S. B.	Division.	
	Officiers de gendarmerie*	L. F.	Toute l'armée.	
	Officiers de santé en chef*	S. B.	(2)	(2) En quelque lieu que se trouvent placés les officiers de santé en chef.
	Officiers de santé ordinaires, chargés d'un service*; Officiers du génie, chargés d'un commandement*	S. B.	Division.	
	Sous-intendants militaires*; Sous-intendants militaires adjoints*	S. B.	Toute l'armée.	

DÉSIGNATION DES OFFICIERS ET FONCTIONNAIRES ATTACHÉS AUX ARMÉES,		FORME sous laquelle la correspondance circulant en franchise doit être présentée.	CIRCONSCRIPTION dans l'étendue de laquelle la correspondance valablement contre-signée circule en franchise.	OBSERVATIONS.
autorisés à contre-signer leur correspondance de service.	auxquels la correspondance de service des officiers et fonctionnaires désignés dans la colonne ci-contre doit être remise en franchise.			
1.	2.	3.	4.	5.

DÉSIGNATION DES OFFICIERS ET FONCTIONNAIRES ATTACHÉS AUX ARMÉES, autorisés à contre-signer leur correspondance de service. 1.	auxquels la correspondance de service des officiers et fonctionnaires désignés dans la colonne ci-contre doit être remise en franchise. 2.	FORME sous laquelle la correspondance circulant en franchise doit être présentée. 3.	CIRCONSCRIPTION dans l'étendue de laquelle la correspondance réciproquement contre-signée circule en franchise. 4.	OBSERVATIONS. 5.
	L			
Lieutenants-généraux commandant les divisions	Commandants des corps militaires*	S. B.	Division.	
	Commandants des détachements militaires*			
	Intendants militaires*			
	Lieutenants-généraux commandant l'artillerie*	L. F.	Toute l'armée.	
	Lieutenants-généraux commandant le génie*			
	Maréchaux de camp commandant les subdivisions ou brigades*	L. F.	Division.	
	Maréchaux de camp commandant l'artillerie*	L. F.	Toute l'armée.	
	Maréchaux de camp commandant le génie*			
	Officiers d'artillerie, chargés d'un commandement*	S. B.	Division.	
	Officiers de gendarmerie*	L. F.	Toute l'armée.	
	Officiers du génie, chargés d'un commandement*			
	Sous-intendants militaires*	S. B.	Division.	
	Sous-intendants militaires adjoints*			
Lieutenants-généraux commandant l'artillerie	Intendants militaires*			
	Lieutenants-généraux commandant les divisions*	L. F.	Toute l'armée.	
	Maréchaux de camp commandant les subdivisions ou brigades*			
	Officiers d'artillerie*	S. B.	Toute l'armée.	
	Officiers de gendarmerie			
	Sous-intendants militaires*	L. F.	Toute l'armée.	
	Sous-intendants militaires adjoints*			
Lieutenants-généraux commandant le génie	Intendants militaires*			
	Lieutenants-généraux commandant les divisions*			
	Maréchaux de camp commandant les subdivisions ou brigades*	L. F.	Toute l'armée.	
	Officiers de gendarmerie*			
	Officiers du génie*	S. B.	Toute l'armée.	
	Sous-intendants militaires*			
	Sous-intendants militaires adjoints*	L. F.	Toute l'armée.	

DÉSIGNATION DES OFFICIERS ET FONCTIONNAIRES ATTACHÉS AUX ARMÉES,		FORME sous laquelle la correspondance circulant en franchise doit être présentée.	CIRCONSCRIPTION dans l'étendue de laquelle la correspondance valablement contre-signée circule en franchise.	OBSERVATIONS.
autorisés à contre-signer leur correspondance de service.	auxquels la correspondance de service des officiers et fonctionnaires désignés dans la colonne ci-contre doit être remise en franchise.			
1.	2.	3.	4.	5.

DÉSIGNATION DES OFFICIERS ET FONCTIONNAIRES ATTACHÉS AUX ARMÉES, autorisés à contre-signer leur correspondance de service.	auxquels la correspondance de service des officiers et fonctionnaires désignés dans la colonne ci-contre doit être remise en franchise.	FORME sous laquelle la correspondance circulant en franchise doit être présentée.	CIRCONSCRIPTION dans l'étendue de laquelle la correspondance valablement contre-signée circule en franchise.	OBSERVATIONS.
1.	2.	3.	4.	5.
	M			
Major général de l'armée.	Militaires de tous grades*	L. F.	Toute l'armée.	
Maréchaux de camp commandant les subdivisions ou brigades.	Commandants des corps militaires* / des détachements militaires*	S. B.	Subdivision.	
	Intendants militaires*	S. B.	Division.	
	Lieutenants-généraux commandant les divisions*	L. F.	Division.	
	Lieutenants-généraux commandant l'artillerie* / le génie* ; Maréchaux de camp commandant l'artillerie* / le génie*	L. F.	Toute l'armée.	
	Officiers d'artillerie, chargés d'un commandement*	S. B.	Division.	
	Officiers de gendarmerie* / du génie, chargés d'un commandement*	L. F.	Toute l'armée.	
	Sous-intendants militaires* / Sous-intendants militaires adjoints*	S. B.	Division.	
Maréchaux de camp commandant l'artillerie.	Intendants militaires* / Lieutenants-généraux commandant les divisions* / Maréchaux de camp commandant les subdivisions ou brigades*	L. F.	Toute l'armée.	
	Officiers d'artillerie* / de gendarmerie*	S. B.	Toute l'armée.	
	Sous-intendants militaires* / Sous-intendants militaires adjoints*	L. F.	Toute l'armée.	
Maréchaux de camp commandant le génie.	Intendants militaires* / Lieutenants-généraux commandant les divisions* / Maréchaux de camp commandant les subdivisions ou brigades* / Officiers de gendarmerie*	L. F.	Toute l'armée.	
	Officiers du génie*	S. B.	Toute l'armée.	
	Sous-intendants militaires* / Sous-intendants militaires adjoints*	L. F.	Toute l'armée.	

DÉSIGNATION DES OFFICIERS ET FONCTIONNAIRES ATTACHÉS AUX ARMÉES,		FORME sous laquelle la correspondance circulant en franchise doit être présentée.	CIRCONSCRIPTION dans l'étendue de laquelle la correspondance valablement contre-signée circule en franchise.	OBSERVATIONS.
autorisés à contre-signer leur correspondance de service.	auxquels la correspondance de service des officiers et fonctionnaires désignés dans la colonne ci-contre doit être remise en franchise.			
1.	2.	3.	4.	5.

DÉSIGNATION DES OFFICIERS ET FONCTIONNAIRES ATTACHÉS AUX ARMÉES, autorisés à contre-signer leur correspondance de service.	auxquels la correspondance de service des officiers et fonctionnaires désignés dans la colonne ci-contre doit être remise en franchise.	FORME sous laquelle la correspondance doit circuler en franchise doit être présentée.	CIRCONSCRIPTION dans l'étendue de laquelle la correspondance valablement contre-signée circule en franchise.	OBSERVATIONS.
1.	2.	3.	4.	5.
	O			
Officiers d'artillerie sans commandement	Lieutenants-généraux*, Maréchaux de camp* : Commandant l'artillerie	S. B.	Toute l'armée.	
Officiers d'artillerie chargés d'un commandement (1)	Intendants militaires*			(1) Indépendamment de la correspondance qui leur est attribuée ci-contre, ces officiers ont encore celle qui appartient aux commandants de détachements des corps militaires. (Voir page 324.)
	Lieutenants-généraux commandant les divisions*	S. B.	Division.	
	Lieutenants-généraux commandant l'artillerie*	S. B.	Toute l'armée.	
	Maréchaux de camp commandant les subdivisions ou brigades*	S. B.	Division.	
	Maréchaux de camp commandant l'artillerie*	S. B.	Toute l'armée.	
	Officiers d'artillerie chargés d'un commandement*			
	Sous-intendants militaires*	S. B.	Division.	
	Sous-intendants militaires adjoints*			
Officiers de gendarmerie	Commandants des corps militaires*			
	Commandants des détachements militaires*			
	Intendants militaires*			
	Lieutenants-généraux*			
	Maréchaux de camp*	L. F.	Toute l'armée.	
	Officiers de gendarmerie*			
	Sous-intendants militaires*			
	Sous-intendants militaires adjoints*			
	Sous-officiers de gendarmerie*	S. B.	Toute l'armée.	
Officiers de santé en chef	Intendants militaires*			
	Officiers de santé chargés d'un service*	S. B.	Toute l'armée.	
	Sous-intendants militaires*			
	Sous-intendants militaires adjoints*			
Officiers de santé chargés d'un service	Intendants militaires*	S. B.	Division.	
	Officiers de santé en chef*	S. B.	(2)	(2) En quelque lieu que se trouvent placés les officiers de santé en chef.
	Sous-intendants militaires*	S. B.	Division.	
	Sous-intendants militaires adjoints*			
Officiers du génie sans commandement	Lieutenants-généraux*, Maréchaux de camp* : Commandant le génie	S. B.	Toute l'armée.	

26.

DÉSIGNATION DES OFFICIERS ET FONCTIONNAIRES ATTACHÉS AUX ARMÉES, autorisés à contre-signer leur correspondance de service. 1.	auxquels la correspondance de service des officiers et fonctionnaires désignés dans la colonne ci-contre doit être remise en franchise. 2.	FORME sous laquelle la correspondance doit circuler en franchise doit être présentée. 3.	CIRCONSCRIPTION dans l'étendue de laquelle la correspondance réciproquement contre-signée circule en franchise. 4.	OBSERVATIONS. 5.
Officiers du génie chargés d'un commandement (1)........	Intendants militaires*............	S. B.	Division.	(1) Indépendamment de la correspondance qui leur est attribuée ci-contre, ces officiers ont encore celle qui appartient aux commandants de détachements des corps militaires. (Voir page 196.)
	Lieutenants-généraux commandant les divisions*............			
	Lieutenants-généraux commandant le génie*............	S. B.	Toute l'armée.	
	Maréchaux de camp commandant les subdivisions ou brigades*............	S. B.	Division.	
	Maréchaux de camp commandant le génie*............	S. B.	Toute l'armée.	
	Officiers du génie chargés d'un commandement*............	S. B.	Division.	
	Sous-intendants militaires*............			
	Sous-intendants militaires adjoints*............			
	....			
	....			
	....			

DÉSIGNATION DES OFFICIERS ET FONCTIONNAIRES ATTACHÉS AUX ARMÉES,		FORME sous laquelle la correspondance circulant en franchise doit être présentée.	CIRCONSCRIPTION dans l'étendue de laquelle la correspondance valablement contre-signée circule en franchise.	OBSERVATIONS.
autorisés à contre-signer leur correspondance de service.	auxquels la correspondance de service des officiers et fonctionnaires désignés dans la colonne ci-contre doit être remise en franchise.			
1.	2.	3.	4.	5.
	P			
Préposés des différents services administratifs.	Agents en chef des services auxquels appartiennent les contre-signataires	S. B.	(1)	(1) En quelque lieu que se trouvent les agents en chef.

DÉSIGNATION DES OFFICIERS ET FONCTIONNAIRES ATTACHÉS AUX ARMÉES.		FORME dans laquelle la correspondance circulant en franchise doit être présentée.	CIRCONSCRIPTION dans l'étendue de laquelle la correspondance valablement contre-signée circule en franchise.	OBSERVATIONS.
Autorisés à contre-signer leur correspondance de service.	auxquels la correspondance de service des officiers et fonctionnaires désignés dans la colonne ci-contre doit être remise en franchise.			
1.	2.	3.	4.	5.
	S			
Sous-intendants militaires et sous-intendants militaires adjoints.	Agents de tous grades des différents services administratifs*	S. B.	Division.	
	Chefs d'état-major des divisions*			
	Chefs d'état-major des subdivisions ou brigades*			
	Commandants des corps militaires*			
	Commandants des détachements militaires*			
	Commissaire des postes*	S. B.	(1)	(1) En quelque lieu que se trouve le commissaire des postes.
	Intendants militaires*	S. B.	Toute l'armée.	
	Lieutenants-généraux commandant les divisions*	S. B.	Division.	
	Lieutenants-généraux commandant l'artillerie*	L. F.	Toute l'armée.	
	Lieutenants-généraux commandant le génie*			
	Maréchaux de camp commandant les subdivisions ou brigades*	S. B.	Division.	
	Maréchaux de camp commandant l'artillerie*	L. F.	Toute l'armée.	
	Maréchaux de camp commandant le génie*			
	Officiers d'artillerie, chargés d'un commandement*	S. B.	Division.	
	Officiers de gendarmerie*	L. F.	Toute l'armée.	
	Officiers de santé en chef*	S. B.	(*)	(*) En quelque lieu que se trouvent placés les officiers de santé en chef.
	Officiers de santé ordinaires, chargés d'un service*	S. B.	Division.	
	Officiers du génie, chargés d'un commandement*			
	Sous-intendants militaires*	S. B.	Toute l'armée.	
	Sous-intendants militaires adjoints*			
Sous-officiers de gendarmerie	Officiers de gendarmerie	S. B.	Toute l'armée.	

DÉSIGNATION DES OFFICIERS ET FONCTIONNAIRES ATTACHÉS AUX ARMÉES.		FORME sous laquelle la correspondance circulant en franchise doit être présentée.	CIRCONSCRIPTION dans l'étendue de laquelle la correspondance réciproquement contre-signée circule en franchise.	OBSERVATIONS.
Autorisés à contre-signer leur correspondance de service.	auxquels la correspondance de service des officiers et fonctionnaires désignés dans la colonne ci-contre doit être remise en franchise.			
1.	2.	3.	4.	5.

DÉSIGNATION DES OFFICIERS ET FONCTIONNAIRES ATTACHÉS AUX ARMÉES.		FORME sous laquelle la correspondance circulant en franchise doit être présentée.	CIRCONSCRIPTION dans l'étendue de laquelle la correspondance réciproquement contresignée circule en franchise.	OBSERVATIONS.
Autorisés à contre-signer leur correspondance de service.	auxquels la correspondance de service des officiers et fonctionnaires désignés dans la colonne ci-contre doit être remise en franchise.			
1.	2.	3.	4.	5.

www.ingramcontent.com/pod-product-compliance
Ingram Content Group UK Ltd.
Pitfield, Milton Keynes, MK11 3LW, UK
UKHW022016170726
13837UKWH00001B/216

9 782329 221014